북경어언대학출판사 편
원제 新概念汉语 3 - 课本
편저 崔永华 | 편역 임대근, 이수영

본책

들어가는 말

중국어, 욕심부리지 말고 차근차근,
새롭게, 쉽게, 재미있게 배우세요!

『신개념 중국어』 시리즈는 중국 북경어언대학출판사에서 출간한 『新概念汉语』 시리즈의 한국어판입니다. 외국인에 대한 중국어 교수법을 다년간 연구해 온 교수진이 기획 및 집필에 참여해 내용이 실용적이고 흥미로우며, 간단하고 효과적인 학습법·교수법을 기초로 설계되어 커리큘럼이 체계적이고 탄탄합니다.

새롭다! 『신개념 중국어』 시리즈는 기존의 교재들과 차별화됩니다. 한 과가 두 페이지(1~2권) 또는 네 페이지(3~4권)로 보기 좋게 펼쳐지고 끝나는 단순함, 풍부하고 다채로운 연습으로 학습 포인트를 자연스럽게 체득하게 하는 영민함, 학습 내용을 일방적으로 전달하지 않고 적재적소에서 질문을 던져 가며 차분하게 안내하는 친절함 등이 교재 곳곳에 녹아 있습니다.

쉽다! 『신개념 중국어』 시리즈의 각 권은 40과(1~2권) 또는 20과(3~4권)로, 양질의 본문 학습과 연습이 유기적으로 이루어집니다. 본문은 익혀야 할 학습 포인트가 많지 않고 명확해 부담이 없으며, 연습은 반복적이고 종합적이라 충분한 복습이 됩니다. 한 과 한 과 차근차근 학습해 나가다 보면 말하기는 물론 듣기·쓰기·읽기까지 가벼운 책 한 권으로 모두 가능해집니다.

재미있다! 『신개념 중국어』 시리즈는 지루할 틈이 없습니다. 본문에는 중국의 문화와 유머, 중국인의 사상과 감성 등이 가득 담겨 있으며, 풍부한 삽화는 내용 연상 및 이해에 도움이 됩니다. 연습은 형태가 창의적이고 다채로워 단조롭지 않습니다.

다년간 중국어 교재 연구·개발에 열정을 쏟아 온 다락원과 강의 경험이 풍부한 국내 교수님이 주체가 되어 재편한 『신개념 중국어』 시리즈는 다양한 학습자와 교사가 편리하게 활용할 수 있는 신개념 중국어 완성 프로그램입니다. 원서의 특장점을 최대한 부각하고, 국내 실정을 고려해 부족함이 없도록 수정·보완했습니다. 중국어 공부를 처음 시작하는 입문자부터 고급자까지 본 시리즈를 통해 활기차게 생동하는 중국과 중국어를 배울 수 있을 거라 확신합니다.

다락원 중국어 출판부

차례

들어가는 말	3
차례	4
이 책의 구성과 활용법	6
일러두기	9

학습 포인트	단어	핵심 어법	간체자	
01 第一次上路 첫 번째 운전				12
· 감정 표현하기	· 대사	· '即……又……' 문형 · 반복을 나타내는 부사 '又'	灯 变 绿 车	
02 您找我有事儿吗? 무슨 일로 저를 부르셨나요?				16
· 동작 표현하기 ①	· 몸으로 하는 동작	· 진행·지속을 나타내는 조사 '着' · 부사 '却'	戴 边 景 对	
03 一片绿叶 파란 나뭇잎 하나				20
· 감동적인 이야기 소개하기	· 형용사 ①	· 一+양사 중첩 · 방향보어 '下来'	树 黄 伤 结	
04 影子 그림자				24
· 기억에 남는 에피소드 말하기	· 중국의 학제	· '又……又……' 문형 · 부사 '一直'	学 现 超 泉	
05 画像 초상화 그리기				28
· 경험해 본 적 없는 일 말하기	· 그림·서적	· 부사 '从来' · 개사 '为'	画 家 诚 求	
06 想哭就哭吧。 울고 싶으면 우세요.				32
· 연구 내용 소개하기 ①	· 신체 부위(얼굴)	· '想……就……' 문형 · 부사 '反而'	泪 产 质 命	
07 照片是我照的。 사진은 제가 찍었어요.				36
· 동작 표현하기 ②	· 전자제품	· 부사 '才'와 '就' · '장소+동사술어+着+대상' 문형	紧 举 写 捡	
08 采访 인터뷰하기				40
· 유명한 소설, 영화 소개하기	· 듣거나 말하는 행위	· '把+A+동사+成+B' · 부사 '一定'	绝 访 欢 电	
09 元隆平 위앤룽핑				44
· 위인의 업적 소개하기	· 숫자의 단위	· 방향보어 '出' · 접속사 '并'	为 亿 称 之	
10 幸福像自助餐。 행복은 뷔페와 같습니다.				48
· 비유법으로 말하기	· 식품	· 비슷함을 나타내는 '像' · 개사 '对'	据 饭 装 盘	

학습 포인트	단어	핵심 어법	간체자	
11 水星 수성				52
• 지역 소개하기	• 가족 관계	• 동사 '算是' • 거리를 나타내는 'A+离+B+近/远'	离 阳 达 度	
12 送蜡烛 초 선물하기				56
• 오해한 경험 말하기	• 신분	• 부사 '原来' • 개사 '给'	点 送 兴 祝	
13 卖扇子 부채 팔기				60
• 동작 표현하기 ③	• 손으로 하는 동작	• 방향보어 '起来' • 방향보어 '上来'	的 证 围 抢	
14 找声音 소리 찾기				64
• 정도 표현하기	• 형용사 ②	• '一……就……' 문형 • 부사 '终于'	翻 倒 弄 终	
15 一封被退回来的信 되돌아온 편지 한 통				68
• 실수한 경험 말하기	• 편지 용어	• 부사 '竟然' • 이유, 원인을 묻는 '怎么'	细 邮 编 贴	
16 汽车的颜色和安全 자동차의 색깔과 안전				72
• 연구 내용 소개하기 ②	• 정도부사	• 부사 '尤其' • '不是……, 而是……' 문형	色 宽 跟 关	
17 明天别来了。 내일은 나오지 마세요.				76
• 동작 표현하기 ②	• 감정	• 부사어를 만드는 조사 '地' • 금지를 나타내는 '别……了'	厂 严 检 满	
18 狗不理 거우부리				80
• 명칭의 유래 소개하기	• 직업	• 부사 '还' • 부사 '只好'	客 传 已 钱	
19 不敢说。 말할 용기가 없어요.				84
• 진찰 경험 말하기	• 질병과 치료	• 부사 '必须' • 개사 '跟'	真 议 须 声	
20 数字中国 숫자로 보는 중국				88
• 수치 활용해 말하기	• 지역	• 숫자 읽기 • 백분율	部 陆 总 里	

부록

번체자 본문	94
녹음 대본과 모범답안	101
단어 색인	121

이 책의 구성과 활용법

『신개념 중국어 3』은 초급~초중급 수준의 학습자, 新HSK 3급 수준의 학습자를 대상으로 합니다. 40~80시간에 걸쳐 이 책에서 다루는 주제별 표현과 570여 개의 단어(词), 300여 개의 글자(字), 40개의 어법 포인트 등을 마스터한다면 新HSK 4급 수준에 도달할 수 있으며, 준중급 수준의 중국어 듣기, 말하기, 읽기, 쓰기 능력을 갖출 수 있습니다. 또, 문단 만들기를 중점적으로 훈련하여 비교적 길게 익숙한 화제로 대화하거나 상황을 묘사, 설명할 수 있습니다.

본 책

매 과의 첫 번째~두 번째 페이지에서는 본문을 통한 단어·표현·어법 학습이 이루어지고, 세 번째~네 번째 페이지에서는 앞에서 배운 단어·표현·어법을 활용한 활동이 이루어집니다

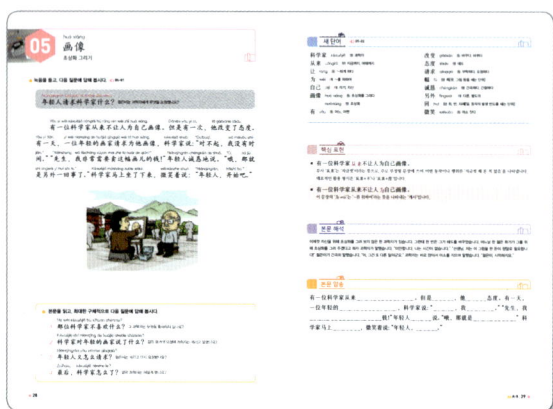

본문	에피소드, 중국 문화, 유머 등의 다양한 주제별 단문을 듣고, 질문에 답하는 방식으로 학습합니다.
새 단어	모르는 단어의 품사와 의미를 확인합니다.
핵심 표현	핵심 문형과 표현, 어법을 익힙니다.
본문 해석	해석을 통해 본문을 완전히 이해합니다.
본문 암송	제시어를 참고하며 빈칸을 채워 본문의 내용을 다시 말해 봅시다.

이렇게 학습하세요!

① 오른쪽 페이지는 가리고, 과 제목과 질문을 읽은 다음 삽화를 통해 본문 내용을 유추합니다.
② 본문 녹음을 두 번 들으면서 본문 앞 질문에 대한 답이 무엇일지 생각해 봅니다.
③ 오른쪽 페이지의 '새 단어'를 열어 확인하고, 발음과 뜻을 익힙니다.
④ 본문 녹음을 다시 들으며 자신이 생각한 답이 맞는지 확인합니다.
⑤ 오른쪽 페이지의 '핵심 표현'을 학습한 후, 녹음을 다시 듣습니다.
⑥ 오른쪽 페이지의 '본문 해석'을 확인한 후, 녹음을 여러 번 따라 읽고, 혼자서도 읽어 봅니다.
⑦ 본문을 가리고, 본문 아래 질문에 최대한 구체적으로 답해 봅니다.
⑧ '본문 암송' 코너의 제시어를 참고하며 빈칸을 채워 본문의 내용을 다시 말해 봅시다.
⑨ '본문 해석'을 보면서 중국어로 다시 말해 봅니다.

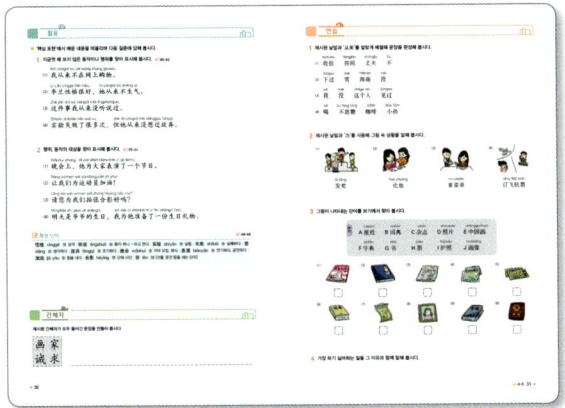

활용	앞에서 배운 핵심 표현이 사용된 모범 문장을 익히며 활용법을 익힙니다.
확장 단어	모르는 단어의 품사와 의미를 확인합니다.
간체자	상용 간체자 4개를 사용해 하나의 문장을 작문해 봅니다.
연습	다양한 형태의 '어법→단어→말하기' 연습으로, 학습한 모든 내용을 완전히 터득합니다.

이렇게 학습하세요!

❶ '활용'의 전체 녹음을 두 번 듣습니다.
❷ 한 문장씩 따라 읽어 본 후, 질문에 대한 답이 무엇인지 표시해 봅니다.
❸ 모르는 단어가 있으면 하단의 '확장 단어'에서 발음과 뜻을 익힙니다.
❹ 최하단에 제시된 '간체자' 4개를 사용해 하나의 문장을 작문해 봅니다.
❺ '핵심 표현'과 '활용'에서 익힌 내용을 바탕으로 '연습' 1, 2번을 풀어 봅니다.
❻ '연습' 3번을 통해 여태까지 배웠던 단어를 정리해 봅니다.
❼ '연습' 4번을 통해 여러 문장을 이어서 말해 보는 연습을 합니다.

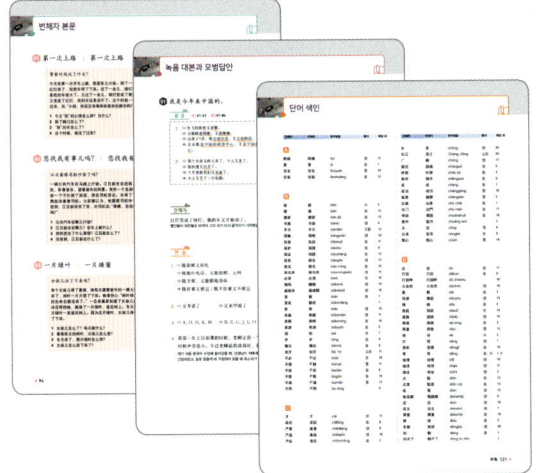

부록

번체자 본문, 녹음 대본과 모범답안, 단어 색인입니다.

◆ 본문을 번체자로 읽어 보고, 어떤 글자가 간단한 형태로 바뀌었는지 살펴봅니다.

◆ 녹음 대본과 해석, 모범답안을 확인합니다.

◆ 간편하게 단어를 찾고, 품사별 의미를 떠올려 봅니다.

※ '녹음 대본과 모범답안'은 다락원 홈페이지(www.darakwon.co.kr)의 '학습자료 〉 중국어' 게시판에서 무료로 다운로드 받으실 수 있습니다.

워크북

매 과는 '단어 연습→어법 연습→듣기 연습→쓰기 연습→회화 연습→담화 연습' 순서로 이루어져 있습니다.

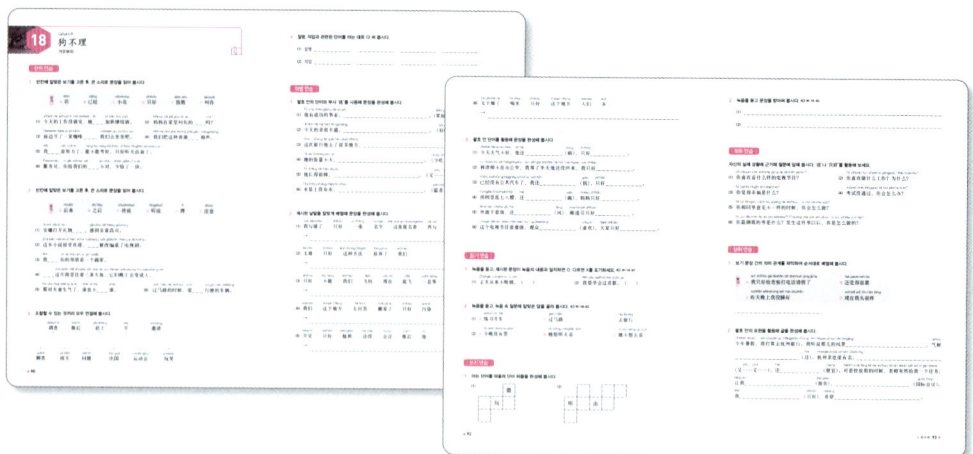

단어 연습	단어의 발음과 의미, 특징과 용법을 알고 있는지 확인합니다.
어법 연습	어법에 맞게 중국어 문장을 만들고, 써 봅니다.
듣기 연습	녹음을 듣고, 알맞은 답을 골라 봅니다.
쓰기 연습	글자의 형태와 뜻을 분별하고, 녹음 속 문장을 받아써 봅니다.
회화 연습	알맞은 표현을 사용해 대화를 완성하고, 질문에 답해 봅니다.
담화 연습	다양한 화제로 자유롭게 중국어를 구사해 봅니다.

✱ 워크북의 녹음 대본과 모범답안은 다락원 홈페이지(www.darakwon.co.kr)의 '학습자료 〉 중국어'에서 다운로드 받으실 수 있습니다.

MP3 음원

본책과 워크북의 녹음 파일이 들어 있습니다.

✱ 책의 해당 부분에 MP3 트랙 번호가 기재되어 있습니다.
✱ MP3 음원은 다락원 홈페이지(www.darakwon.co.kr)에서 무료로 다운로드 받으실 수 있습니다.
 스마트폰으로 QR코드를 스캔하면 MP3 다운로드 및 실시간 재생 가능한 페이지로 바로 연결됩니다.

일러두기

▶ **이 책의 고유명사 표기는 다음과 같습니다.**

❶ 중국의 지명·건물·기관·관광명소 등은 중국어 발음을 한국어로 표기했습니다.
  예) 西安 시안   上海 상하이   颐和园 이허위앤

❷ 인명은 각 나라에서 실제 사용하는 발음을 기준으로 하여 한국어로 표기했습니다.
  예) 王芳芳 (중국인) 왕팡팡   大卫 (프랑스인) 다비드   金美英 (한국인) 김미영

▶ **중국어의 품사는 다음과 같이 약자로 표시했습니다.**

명사	명	형용사	형	접속사	접
고유명사	고유	부사	부	감탄사	감
동사	동	수사	수	조사	조
조동사	조동	양사	양	접두사	접두
대사	대	개사	개	접미사	접미

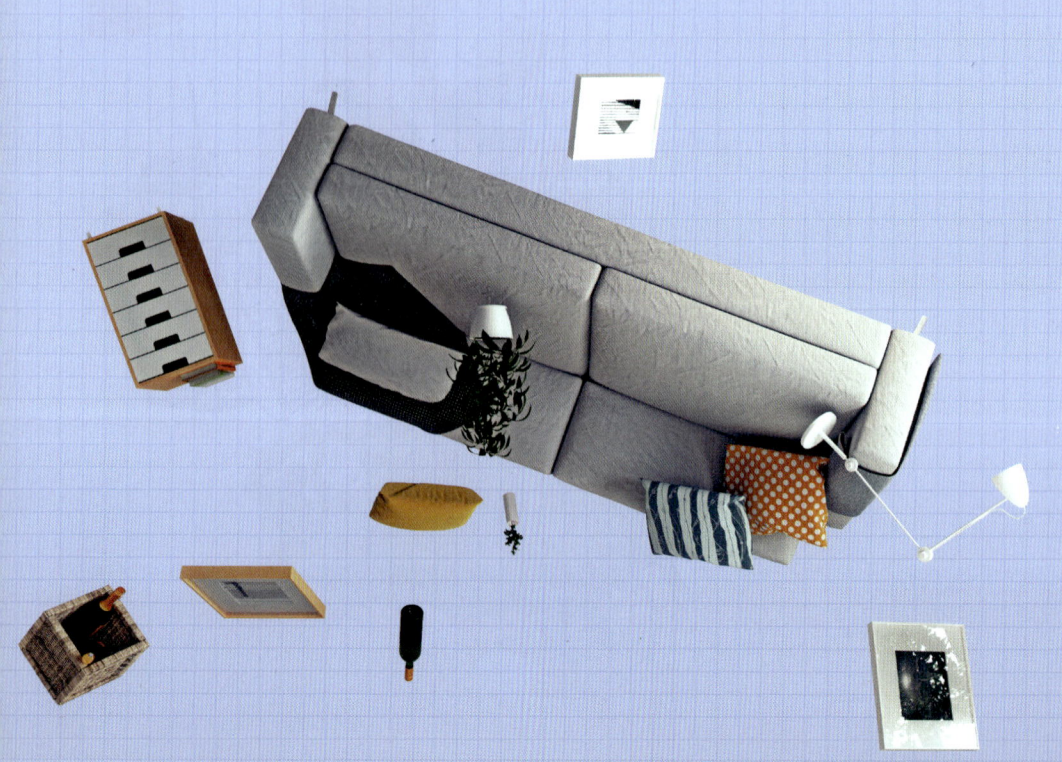

신개념
중국어 ❸

01 第一次上路
dì-yī cì shàng lù
첫 번째 운전

● 녹음을 듣고, 다음 질문에 답해 봅시다. 🔊 01-01

> Jǐngchá duì wǒ shuōle shénme?
> **警察对我说了什么？** 경찰이 '나'에게 무슨 말을 했나요?

今天我第一次开车上路，既紧张又兴奋。到了一个路口，红灯亮了，我把车停了下来。过了一会儿，绿灯亮了，可是我的车熄火了。又过了一会儿，绿灯变成了黄灯，黄灯又变成了红灯，我的车还是动不了。这个时候一位警察走过来，说："小姐，你还没有等到你喜欢的颜色吗？"

● 본문을 읽고, 최대한 구체적으로 다음 질문에 답해 봅시다.

1. 今天"我"的心情怎么样？为什么？ 오늘 '나'의 마음은 어땠나요? 왜 그런가요?
2. 到了路口怎么了？ 교차로에 도착한 뒤 어떻게 됐나요?
3. "我"的车怎么了？ '나'의 차는 어떻게 됐나요?
4. 这个时候，谁走了过来？ 그 때 누가 다가왔나요?

새 단어 01-02

上路 shàng lù 동 길에 오르다, 출발하다	一会儿 yíhuìr 수량 잠시, 잠깐 동안
既……又…… jì……yòu…… ~하기도 하고 ~하기도 하다	熄火 xī huǒ 동 (기계나 엔진 등이) 멈추다
又 yòu 부 동시에, 또, 다시	变成 biànchéng (변하여) ~가 되다
紧张 jǐnzhāng 형 긴장하다	变 biàn 동 변하다, 변화하다
兴奋 xīngfèn 형 흥분하다, 감격하다	成 chéng 동 ~가 되다
灯 dēng 명 등	动不了 dòng bu liǎo 움직이지 않다
红灯 hóngdēng 명 빨간불	动 dòng 동 움직이다
绿灯 lǜdēng 명 파란불	等 děng 동 기다리다
黄灯 huángdēng 명 노란불	颜色 yánsè 명 색깔
亮 liàng 동 (불이) 켜지다, 밝히다	

핵심 표현

■ 我**既**紧张**又**兴奋。
'既+동사/형용사+又+동사/형용사' 형식은 두 가지 동작이나 상태가 동시에 존재하거나 발생함을 나타냅니다.

■ **又**过了一会儿，绿灯变成了黄灯，黄灯**又**变成了红灯。
부사 '又'는 어떤 일이나 동작이 '과거에 반복해서 일어났음'을 나타냅니다. 우리말로 '또' '다시' 등의 뜻입니다. 어떤 일이나 동작이 '앞으로 다시 일어날 것임'을 나타내는 부사 '再'와 구분하여 사용해야 합니다.

본문 해석

오늘 저는 처음으로 차를 몰고 길을 나섰습니다. 긴장되기도 하고 흥분되기도 했습니다. 교차로에 도착하자 빨간불이 켜졌고 저는 차를 멈췄습니다. 조금 뒤 파란불이 켜졌지만 제 차의 시동은 꺼져 버렸습니다. 또 조금 지나니 파란불이 노란불로 바뀌었고, 노란불은 다시 빨간불로 바뀌었지만 제 차는 여전히 움직이지 않았습니다. 그때 한 경찰이 다가와 말했습니다. "아가씨, 좋아하는 색깔을 기다리고 계신 건 아니지요?"

본문 암송

今天我＿＿＿＿＿＿上路，既＿＿＿又＿＿＿。到了＿＿＿＿，红灯＿＿＿，我把＿＿＿＿＿＿＿。过了＿＿＿＿，绿灯＿＿＿，可是我的车＿＿＿＿。又过了＿＿＿＿，绿灯＿＿＿＿＿＿，黄灯＿＿＿＿＿＿＿，我的车＿＿＿＿＿＿。这个时候＿＿＿＿＿＿＿，说："小姐，你还没有＿＿＿＿＿＿＿＿吗？"

활용

● '핵심 표현'에서 배운 내용을 떠올리며 다음 질문에 답해 봅시다.

1 동시에 존재, 발생하는 동작이나 상태를 찾아 표시해 봅시다. 01-03

(1) 坐飞机既快又舒服。
　　Zuò fēijī jì kuài yòu shūfu.

(2) 安妮既爱唱歌，又爱跳舞。
　　Ānnī jì ài chàng gē, yòu ài tiào wǔ.

(3) 这孩子5岁，既会说汉语，又会说韩语。
　　Zhè háizi wǔ suì, jì huì shuō Hànyǔ, yòu huì shuō Hányǔ.

(4) 北京既是中国的政治中心，又是中国的文化中心。
　　Běijīng jì shì Zhōngguó de zhèngzhì zhōngxīn, yòu shì Zhōngguó de wénhuà zhōngxīn.

2 반복된 행동을 찾아 표시해 봅시다. 01-04

(1) 那个女孩儿昨天来了，今天又来了。
　　Nàge nǚháir zuótiān lái le, jīntiān yòu lái le.

(2) 张经理又出差了。
　　Zhāng jīnglǐ yòu chū chāi le.

(3) 今年暑假我们又见面了。
　　Jīnnián shǔjià wǒmen yòu jiàn miàn le.

(4) 小王又买了一台电脑。
　　Xiǎo Wáng yòu mǎile yì tái diànnǎo.

확장 단어　01-05

| 爱 ài 동 ~하기를 좋아하다, 사랑하다 | 岁 suì 명 살[나이를 세는 단위] | 韩语 Hányǔ 고유 한국어 | 政治 zhèngzhì 명 정치 | 女孩儿 nǚháir 명 소녀, 여자아이 | 出差 chū chāi 동 출장하다 | 暑假 shǔjià 명 여름방학, 여름휴가 | 台 tái 양 대[기계 등을 세는 단위]

간체자

제시된 간체자가 모두 들어간 문장을 만들어 봅시다.

| 灯 变 |
| 绿 车 |

_____

_____

연습

1 괄호안 단어와 '既……又……' 형식을 사용해 문장을 완성해 봅시다.

(1) 这种水果_____。（新鲜　好吃）

(2) 现在的手机_____。（能　打电话　拍照、上网）

(3) 骑自行车上班_____。（方便　锻炼　身体）

(4) 这双鞋_____。那双鞋_____。（好看　便宜　不）

2 '又'를 사용해 문장을 완성해 봅시다.

(1) 我们昨天考试了，今天_____。

(2) 大卫去年来中国了，今年他_____。

(3) 这个故事奶奶上午讲了一遍，下午_____。

(4) 昨天你迟到了，今天你怎么_____？

(5) 上个星期下雪了，这个星期_____。

3 보기의 단어를 각자의 성격에 맞게 분류해 봅시다.

보기							
A 你	B 哪些	C 那	D 您	E 什么	F 这样	G 谁	H 他们
I 这	J 怎么	K 咱们	L 几	M 她	N 这儿	O 哪儿	

(1) 인칭대사 _____　(2) 의문대사 _____

(3) 지시대사 _____

4 가장 긴장됐던 경험을 말해 봅시다.

02 您找我有事儿吗?
무슨 일로 저를 부르셨나요?

● 녹음을 듣고, 다음 질문에 답해 봅시다. 🔊 02-01

> 江日新跟司机吵架了吗? 장르신은 기사와 말다툼을 했나요?

一辆公共汽车在马路上行驶。江日新坐在后面，戴着耳机，听着音乐，望着窗外的风景。突然一个急刹车，江日新一下子扑到了前面，倒在司机旁边。车停了下来，他爬起来看着司机。大家都以为，他要跟司机吵一架。没想到，江日新却笑了笑，对司机说："师傅，您找我有事儿吗?"

● 본문을 읽고, 최대한 구체적으로 다음 질문에 답해 봅시다.

1. 公共汽车在哪儿行驶? 버스는 어디를 달렸나요?
2. 江日新坐在哪儿? 在车上做什么? 장르신은 버스의 어디에 앉아 무엇을 했나요?
3. 突然发生了什么事情? 江日新怎么了? 갑자기 무슨 일이 일어났고, 장르신은 어떻게 됐나요?
4. 没想到，江日新说什么了? 뜻밖에 장르신은 뭐라고 말했나요?

새 단어 02-02

马路 mǎlù 명 도로, 큰길
行驶 xíngshǐ 동 (교통수단이) 다니다, 운항하다
戴 dài 동 (몸에) 착용하다, 쓰다
着 zhe 조 [진행이나 지속을 나타냄]
耳机 ěrjī 명 이어폰
望 wàng 동 바라보다
窗外 chuāng wài 창밖
风景 fēngjǐng 명 풍경, 경치
急刹车 jíshāchē 급하게 차를 세우다
一下子 yíxiàzi 부 단번에, 갑자기, 문득

扑 pū 동 달려들다, 돌진하다
倒 dǎo 동 넘어지다
爬 pá 동 일어나다, 기어오르다, 기다
以为 yǐwéi 동 ~인 줄 알았다
吵架 chǎo jià 동 말다툼하다
却 què 부 오히려, 그러나
笑 xiào 동 웃다
对 duì 동 대하다, 마주하다
师傅 shīfu 명 기사님, 선생님[상대를 높여 부르는 말]

핵심 표현

■ 江日新戴着耳机，听着音乐，望着窗外的风景。
'동사+着'는 어떤 동작이나 행위가 '진행 중'이거나 '지속 중'임을 나타냅니다. 이때 '着'는 'zhe'라고 발음한다는 것에 주의하세요.

■ 没想到，江日新却笑了笑，对司机说："师傅，您找我有事儿吗？"
부사 '却'는 '오히려'라는 뜻으로, 앞에 등장한 상황과 반대되거나 예상하지 못한 상황이 발생하였음을 나타냅니다. 주어 뒤, 동사술어 앞에 위치하며 '但是' 등 역접을 나타내는 접속사와 호응하여 쓰이기도 합니다.

본문 해석

버스 한 대가 도로를 달립니다. 장르신은 뒤쪽에 앉아 이어폰을 끼고 음악을 들으며 창 밖 풍경을 바라보고 있습니다. 버스가 갑자기 급정차하여, 장르신은 단번에 버스 앞쪽으로 달려들어 기사 옆으로 넘어집니다. 차가 멈춰 서자 그는 일어나서 기사를 바라봅니다. 모두들 그가 기사와 말다툼을 할 것이라 생각합니다. 그러나 뜻밖에도 장르신은 웃고 나서 기사에게 말합니다. "기사님, 무슨 일로 절 부르셨나요?"

본문 암송

一辆公共汽车_____。江日新_____，戴着____，听着____，望着_____。突然_____，江日新_____前面，倒在_____。车停了____，他爬_____司机。大家都以为，他要_____。没想到，江日新_____，____说："师傅，_____吗？"

활용

● '핵심 표현'에서 배운 내용을 떠올리며 다음 질문에 답해 봅시다.

1 지속 중인 동작을 찾아 표시해 봅시다. 02-03

(1) Wǎnfàn hòu, yéye yìzhí zuò zài shāfā shang hēzhe chá, dúzhe bàozhǐ.
晚饭后，爷爷一直坐在沙发上喝着茶，读着报纸。

(2) Bàba hé gēge xīngfèn de liáozhe nà chǎng zúqiú bǐsài.
爸爸和哥哥兴奋地聊着那场足球比赛。

(3) Wáng Fāngfāng dàizhe yì tiáo zhēnzhū xiàngliàn, hěn piàoliang.
王方方戴着一条珍珠项链，很漂亮。

(4) Xiǎo Lǐ chuānzhe bái chènshān, jìzhe hóng lǐngdài, què chuānzhe yì shuāng yùndòngxié.
小李穿着白衬衫，系着红领带，却穿着一双运动鞋。

2 '오히려' '그러나'라는 뜻을 나타내는 말을 찾아 표시해 봅시다. 02-04

(1) Fàng shǔjià le, wǒ xiǎng qù Xī'ān lǚyóu, dìdi què xiǎng qù Shànghǎi.
放暑假了，我想去西安旅游，弟弟却想去上海。

(2) Liú Zǐmíng niánlíng suīrán xiǎo, lìqi què hěn dà.
刘子明年龄虽然小，力气却很大。

(3) Sùliàodài gěi shēnghuó dàilaile fāngbiàn, què pòhuàile huánjìng.
塑料袋给生活带来了方便，却破坏了环境。

(4) Yīnggāi lái de rén méi lái, bù yīnggāi lái de rén què lái le.
应该来的人没来，不应该来的人却来了。

확장 단어 02-05

后 hòu 명 뒤, 후, 다음 | 地 de 조 [부사어를 만드는 조사] | 珍珠 zhēnzhū 명 진주 | 项链 xiàngliàn 명 목걸이 | 系 jì 동 묶다, 매다 | 领带 lǐngdài 명 넥타이 | 年龄 niánlíng 명 나이, 연령 | 力气 lìqi 명 힘 | 塑料袋 sùliàodài 명 비닐봉지 | 破坏 pòhuài 동 파괴하다 | 应该 yīnggāi 조동 마땅히 ~해야 한다, 당연히 ~할 것이다

간체자

제시된 간체자가 모두 들어간 문장을 만들어 봅시다.

戴 边
景 对

연습

1 괄호 안 단어와 '동사+着' 형식을 사용해 문장을 완성해 봅시다.

(1) Tā jǐnzhāng de
他紧张地＿＿＿＿＿＿＿，一句话也不说。（开车）
yí jù huà yě bù shuō. kāi chē

(2) wàimian fēng xuě
外面＿＿＿＿＿＿，＿＿＿＿＿＿。（风 雪）

(3) Lǎo Zhāng kàn shū de shíhou chángcháng yǎnjìng
老张看书的时候常常＿＿＿＿＿＿。（眼镜）

(4) Liú nǎinai jīntiān guò shēngrì, tā hěn hǎokàn. qípáo
刘奶奶今天过生日，她＿＿＿＿＿，很好看。（旗袍）

2 의미가 통하도록 두 절을 연결한 후, 큰 소리로 읽어 봅시다.

(1) Wǒ yǐwéi jīntiān huì xià yǔ, ·   · tóufa què dōu bái le.
我以为今天会下雨，　　　　　·　　·头发却都白了。

(2) Bàba gāng sìshí suì, ·   · méi xiǎngdào què shì ge qíngtiān.
爸爸刚40岁，　　　　　·　　·没想到却是个晴天。

(3) Lín Mù zhù de zuì yuǎn, ·   · què dì-yī ge dào le.
林木住得最远，　　　　　·　　·却第一个到了。

3 그림이 나타내는 단어를 보기에서 찾아 봅시다.

보기
A 健身 jiànshēn B 爬山 pá shān C 射门 shè mén D 跳舞 tiào wǔ
E 游泳 yóu yǒng F 踢 tī G 跑步 pǎo bù H 扑 pū

4 다른 사람과 있었던 갈등에 대해 말해 봅시다.

03 一片绿叶
yí piàn lǜyè

파란 나뭇잎 하나

● 녹음을 듣고, 다음 질문에 답해 봅시다. 🔊 03-01

> **Nǚháir huóle xiàlai ma?**
> 女孩儿活了下来吗? 여자아이는 살아났나요?

有个女孩儿得了重病，她每天望着窗外的一棵大树。秋天来了，树叶一片片落了下来。她很伤心："树叶掉光了，我的生命也就结束了。"一位老画家知道了女孩儿的心思，决定帮助她，就画了一片绿叶，挂在树上。冬天到了，这片绿叶一直留在树上。因为这片绿叶，女孩儿奇迹般地活了下来。

● 본문을 읽고, 최대한 구체적으로 다음 질문에 답해 봅시다.

1. 女孩儿怎么了？每天做什么？ 여자아이는 어떤 상태였고, 매일 무엇을 했나요?
2. 看着秋天的树叶，女孩儿怎么想？ 가을의 나뭇잎을 보고 여자아이는 무슨 생각을 했나요?
3. 冬天来了，那片绿叶怎么样？ 겨울이 오자 그 나뭇잎은 어떻게 됐나요?
4. 女孩儿怎么活下来了？ 여자아이는 어떻게 살아남았나요?

새 단어 🔊 03-02

得病	dé bìng 동 병에 걸리다	光	guāng 형 조금도 남지 않다
重	zhòng 형 (정도가) 심각하다, 중하다, 무겁다	生命	shēngmìng 명 목숨
棵	kē 양 그루[나무를 세는 단위]	结束	jiéshù 동 끝나다
树	shù 명 나무	画家	huàjiā 명 화가
树叶	shùyè 명 나뭇잎	心思	xīnsi 명 생각, 마음
片	piàn 양 조각	绿叶	lǜyè 명 파란 잎
落	luò 동 떨어지다	奇迹	qíjì 명 기적
伤心	shāngxīn 형 상심하다, 슬퍼하다	般	bān 조 ~와 같은 ['跟……般' 형식으로는 쓰일 수 없음]
掉	diào 동 떨어지다		

핵심 표현

- 秋天来了，树叶一片片落了下来。

  '一片片'은 '한 조각씩'이라는 뜻입니다. 이렇게 동사술어 앞에 쓰이는 '一+양사 중첩' 형식은 동작이나 행위가 '하나씩' '차례대로' 이뤄짐을 나타냅니다.

- 因为这片绿叶，女孩儿奇迹般地活了下来。

  일부 방향보어는 기본 의미에서 파생된 의미를 가집니다. 이 문장에서 '下来'는 '아래로 내려오다'라는 기본 의미가 아니라, 어떤 사람이나 사물이 특정한 장소나 상황에 '계속 머물러 있다'라는 의미로 쓰였습니다.

본문 해석

한 여자아이가 중병에 걸렸습니다. 아이는 매일 창밖의 큰 나무를 바라봤습니다. 가을이 되자 나뭇잎이 하나씩 떨어졌습니다. 아이는 슬펐습니다. "나뭇잎이 다 떨어지면 내 목숨도 끝나겠지." 한 늙은 화가가 아이의 마음을 알고 아이를 돕기로 결심하고는 파란 나뭇잎 하나를 나무 위에 그려 주었습니다. 겨울이 됐지만 그 나뭇잎은 여전히 나무에 남아 있었습니다. 그 나뭇잎 때문에 아이는 기적과도 같이 살아남았습니다.

본문 암송

有个女孩儿_____，她每天_____大树。秋天来了，树叶_____
_____。她很伤心：" 树叶_____，我的生命_____。" 一位老画家_____
_____心思，决定_____，就_____，挂_____。冬天到了，这片绿叶
_____。因为_____，女孩儿_____下来。

활용

● '핵심 표현'에서 배운 내용을 떠올리며 다음 질문에 답해 봅시다.

1 '一+양사 중첩' 형식을 찾아 표시해 봅시다. 03-03

(1) Zhǔchírén bǎ jiābīn yí gègè jièshào gěi dàjiā.
主持人把嘉宾一个个介绍给大家。

(2) Xià bān le, tóngshìmen yí gègè dōu zǒu le, bàngōngshì jiù shèngxià wǒ yí ge rén.
下班了，同事们一个个都走了，办公室就剩下我一个人。

(3) Háizimen zuì kāixīn de shìr jiù shì yí jiànjiàn dǎkāi Shèngdàn lǐwù.
孩子们最开心的事儿就是一件件打开圣诞礼物。

(4) Shū yào yì běnběn dú, wénzhāng yào yì piānpiān kàn, shēngcí yào yí gègè jì.
书要一本本读，文章要一篇篇看，生词要一个个记。

2 방향보어 '下来'가 꾸미는 술어를 찾아 표시해 봅시다. 03-04

(1) Tā bǎ kèhù de dìzhǐ xiěle xiàlai.
他把客户的地址写了下来。

(2) Wǒ bǎ xiàozhǎng de yǎnjiǎng lùle xiàlai.
我把校长的演讲录了下来。

(3) Qǐng nǐ bǎ zhège wénjiàn kǎo xiàlai.
请你把这个文件拷下来。

(4) Xiǎo Wáng fèile jiǔ niú èr hǔ zhī lì, cái bǎ fángzi mǎi xiàlai.
小王费了九牛二虎之力，才把房子买下来。

확장 단어 03-05

主持人 zhǔchírén 몡 사회자 | 嘉宾 jiābīn 몡 귀한 손님, 귀빈 | 介绍 jièshào 동 소개하다 | 剩下 shèngxià 남다, 남기다 | 文章 wénzhāng 몡 글 | 地址 dìzhǐ 몡 주소 | 录 lù 동 녹음하다, 녹화하다 | 文件 wénjiàn 몡 문서, 문건 | 拷 kǎo 동 복사하다 | 费九牛二虎之力 fèi jiǔ niú èr hǔ zhī lì 젖 먹던 힘까지 짜내다, 엄청난 노력을 하다

간체자

제시된 간체자가 모두 들어간 문장을 만들어 봅시다.

연습

1 제시된 낱말과 '一+양사 중첩' 형식을 사용해 그림 속 상황을 묘사해 봅시다.

(1) bǎ lǎoshī de huà / 把老师的话 / jì / 记 / jù / 句

(2) tā de àihào / 她的爱好 / shì / 试 / yīfu / 衣服 / jiàn / 件

(3) háizimen / 孩子们 / pǎochū / 跑出 / jiàoshì / 教室 / gè / 个

(4) Xiǎomíng / 小明 / bǎ shū / 把书 / fàngjìn / 放进 / shūbāo lǐ / 书包里 / běn / 本

2 제시된 낱말과 '下来'를 알맞게 배열해 문장을 완성해 봅시다.

(1) nǚháir 女孩儿　nà piàn shùyè 那片树叶　ràng 让　huóle 活了

(2) qīzi 妻子　nà jiàn dàyī 那件大衣　yídìng yào 一定要　bǎ 把　mǎi 买

(3) jì 记　zhè jù huà 这句话　bǎ 把

(4) kèwén 课文　yì piānpiān 一篇篇　bǎ 把　Ānni 安妮　bèile 背了

(5) nàge fángzi 那个房子　bǎ 把　gōngsī 公司　zū 租　juédìng 决定

3 반의어끼리 연결해 봅시다.

dà 大 / duō 多 / gāo 高 / shēn 深 / yuǎn 远 / cháng 长 / xián 咸 / kuài 快 / rè 热 / féi 肥

shǎo 少 / xiǎo 小 / dàn 淡 / ǎi 矮 / qiǎn 浅 / lěng 冷 / jìn 近 / duǎn 短 / shòu 瘦 / màn 慢

4 주변 사람에게 감동(感动 gǎndòng)했던 경험을 말해 봅시다.

04 影子

yǐngzi

그림자

● 녹음을 듣고, 다음 질문에 답해 봅시다. 🔊 04-01

> Lǐ Dàpéng rènshi xiǎo nánháir ma?
> 李大朋认识小男孩儿吗? 리다펑은 꼬마 남자아이를 아나요?

Lǐ Dàpéng shì yí wèi zhōngxué tǐyù lǎoshī, tā de shēncái yòu gāo yòu dà. Yí ge xiàtiān de zhōngwǔ,
李大朋是一位中学体育老师，他的身材又高又大。一个夏天的中午，
tiānqì fēicháng rè. Lǐ Dàpéng xià kè yǐhòu, juéde yòu kě yòu lèi, jiù qù chāoshì mǎi kuàngquánshuǐ.
天气非常热。李大朋下课以后，觉得又渴又累，就去超市买矿泉水。
Lǐ Dàpéng zǒu zài bànlù shang, tūrán fāxiàn yí ge xiǎo nánháir yìzhí gēnzhe tā. Tā gǎndào hěn qíguài,
李大朋走在半路上，突然发现一个小男孩儿一直跟着他。他感到很奇怪，
wèn: "Xiǎopéngyǒu, nǐ zěnme lǎo gēnzhe wǒ ya?" Xiǎo nánháir shuō: "Tài rè le, wǒ juéde zài nǐ de
问："小朋友，你怎么老跟着我呀？"小男孩儿说："太热了，我觉得在你的
yǐngzi xiàmiàn liángkuai."
影子下面凉快。"

● 본문을 읽고, 최대한 구체적으로 다음 질문에 답해 봅시다.

Lǐ Dàpéng shì zuò shénme de?
1 李大朋是做什么的? 리다펑은 무엇을 하는 사람인가요?

Lǐ Dàpéng xià kè yǐhòu yào qù zuò shénme?
2 李大朋下课以后要去做什么? 리다펑은 수업이 끝나고 무엇을 하러 갔나요?

Zǒu zài bànlù shang, Lǐ Dàpéng fāxiànle shénme?
3 走在半路上，李大朋发现了什么? 길에서 리다펑은 무엇을 발견했나요?

Xiǎo nánháir wèi shénme gēnzhe Lǐ Dàpéng?
4 小男孩儿为什么跟着李大朋? 꼬마는 왜 리다펑을 따라갔나요?

새 단어 04-02

中学 zhōngxué 명 중·고등학교
体育 tǐyù 명 체육, 스포츠
以后 yǐhòu 명 이후
渴 kě 형 목마르다
矿泉水 kuàngquánshuǐ 명 생수
半路 bànlù 명 가는 길
发现 fāxiàn 동 발견하다
男孩儿 nánháir 명 소년, 남자아이
跟 gēn 동 따르다

感到 gǎndào 동 느끼다, 생각하다, 여기다
奇怪 qíguài 형 이상하다
小朋友 xiǎopéngyǒu 명 꼬마 친구
　　　　[어른이 어린아이를 귀엽게 부르는 말]
老 lǎo 부 언제나, 늘
呀 ya 조 [a, o, e, i, ü로 끝나는 음절 뒤에 붙는 조사로,
　　　啊와 기능이 동일함]
影子 yǐngzi 명 그림자
凉快 liángkuai 형 시원하다, 선선하다

핵심 표현

- 他的身材又高又大。
  '又+형용사+又+형용사' 형식은 두 가지 이상의 성질이나 상태가 동시에 존재함을 나타냅니다.

- 一个小男孩儿一直跟着他。
  부사 '一直'는 어떤 동작이나 행위, 상태가 쉼 없이 계속됨을 나타냅니다.

본문 해석

리다펑은 중학교 체육 선생님입니다. 그는 키도 크고 몸집도 좋습니다. 어느 여름날 낮, 날씨가 매우 더웠습니다. 리다펑은 수업을 마친 후 목도 마르고 힘들기도 해서 생수를 사러 슈퍼마켓에 갔습니다. 리다펑은 길을 걷다가 문득 한 작은 남자아이가 그를 따라오는 것을 발견했습니다. 그는 이상하게 생각하며 물었습니다. "꼬마야. 왜 나를 계속 따라오니?" 꼬마 아이가 말했습니다. "너무 더워서요. 아저씨 그림자 밑에 있으면 시원할 것 같아요."

본문 암송

李大朋是＿＿＿＿＿＿＿＿＿＿＿＿＿＿＿，他的身材＿＿＿＿＿＿＿。一个夏天的中午，＿＿＿＿＿＿＿热。李大朋＿＿＿以后，觉得＿＿＿＿＿＿＿，就去＿＿＿＿＿＿＿＿＿＿。李大朋＿＿＿＿＿＿＿＿，突然发现＿＿＿＿＿＿＿＿＿＿＿＿＿＿＿＿他。他感到很＿＿＿，问："小朋友，你＿＿＿＿＿＿＿＿＿＿呀？"小男孩儿说："＿＿＿＿＿＿，我觉得＿＿＿＿＿＿＿＿＿＿＿凉快。"

활용

● '핵심 표현'에서 배운 내용을 떠올리며 다음 질문에 답해 봅시다.

1 동시에 존재하는 성질이나 상태를 찾아 표시해 봅시다. 04-03

(1) 这一课的生词又多又难。
Zhè yí kè de shēngcí yòu duō yòu nán.

(2) 这种水果又贵又不好吃。
Zhè zhǒng shuǐguǒ yòu guì yòu bù hǎochī.

(3) 在沙漠里走了一天，他们又累又渴又饿。
Zài shāmò li zǒule yì tiān, tāmen yòu lèi yòu kě yòu è.

(4) 这种工作又苦又累又无聊。
Zhè zhǒng gōngzuò yòu kǔ yòu lèi yòu wúliáo.

2 쉼 없이 계속되고 있는 동작이나 행위, 상태를 찾아 표시해 봅시다. 04-04

(1) 这个超市的生意一直很好。
Zhège chāoshì de shēngyi yìzhí hěn hǎo.

(2) 阿里一直想学中国功夫。
Ālǐ yìzhí xiǎng xué Zhōngguó gōngfu.

(3) 昨天晚上你的电话为什么一直占线？
Zuótiān wǎnshang nǐ de diànhuà wèi shénme yìzhí zhàn xiàn?

(4) 这些年，我们一直在寻找解决环境问题的方法。
Zhèxiē nián, wǒmen yìzhí zài xúnzhǎo jiějué huánjìng wèntí de fāngfǎ.

확장 단어 04-05

| 难 nán 형 어렵다 | 沙漠 shāmò 명 사막 | 饿 è 형 배고프다 | 苦 kǔ 형 (맛이) 쓰다 | 无聊 wúliáo 형 지루하다 | 生意 shēngyi 명 장사 | 功夫 gōngfu 명 쿵푸, 무술 | 占线 zhàn xiàn 동 통화 중이다 | 这些 zhèxiē 대 이들, 이러한 | 寻找 xúnzhǎo 동 찾다 | 解决 jiějué 동 해결하다 |

 간체자

제시된 간체자가 모두 들어간 문장을 만들어 봅시다.

学	现
超	泉

_____

_____

연습

1 괄호 안 단어와 '又+형용사+又+형용사' 형식을 사용해 문장을 완성해 봅시다.

(1) 这种汽车_____。（小　舒服）
Zhè zhǒng qìchē　　　　　　　　　　　xiǎo　shūfu

(2) 这个宾馆的房间_____。（宽敞　安静）
Zhège bīnguǎn de fángjiān　　　　　kuānchang　ānjìng

(3) 这顶帽子_____。（漂亮　便宜）
Zhè dǐng màozi　　　　　　　　　piàoliang　piányi

(4) 刘秘书做事_____。（快　好）
Liú mìshū zuò shì　　　　　　　kuài　hǎo

(5) 小女孩儿_____地坐在门外边。（冷　饿）
Xiǎo nǚháir　　　　　　　　　de zuò zài mén wàibian.　lěng　è

2 제시된 낱말과 '一直'를 알맞게 배열해 문장을 완성해 봅시다.

(1) 生活　在北京　于文乐
shēnghuó　zài Běijīng　Yú Wénlè

(2) 律师　弟弟　想当
lǜshī　dìdi　xiǎng dāng

(3) 这个星期　在下雨　上海
zhège xīngqī　zài xià yǔ　Shànghǎi

(4) 我　他　最近　没看见
wǒ　tā　zuìjìn　méi kàn jiàn

(5) 不知道　我　这儿　咖啡馆儿　有个
bù zhīdao　wǒ　zhèr　kāfēiguǎnr　yǒu ge

3 녹음을 듣고 따라 읽어 봅시다. 🔊 04-06

yòu'éryuán 幼儿园	xiǎoxué 小学	chūzhōng 初中	zhōngxué 中学	gāozhōng 高中	dàxué 大学
유치원	초등학교	중학교	중·고등학교	고등학교	대학교

yòu'ér 幼儿	xiǎoxuéshēng 小学生	chūzhōngshēng 初中生	zhōngxuéshēng 中学生	gāozhōngshēng 高中生	dàxuéshēng 大学生	yánjiūshēng 研究生 shuòshì　bóshì（硕士、博士）
유아	초등학생	중학생	중·고등학생	고등학생	대학생	대학원생(석사, 박사)

4 기억에 남는 어린 시절 추억에 대해 말해 봅시다.

05 画像
huà xiàng

초상화 그리기

● 녹음을 듣고, 다음 질문에 답해 봅시다. 🔊 05-01

> **Niánqīngrén qǐngqiú kēxuéjiā shénme?**
> 年轻人请求科学家什么? 젊은이는 과학자에게 무엇을 요청했나요?

Yǒu yí wèi kēxuéjiā cónglái bú ràng rén wèi zìjǐ huà xiàng. Dànshì yǒu yí cì, tā gǎibiànle tàidu.
有一位科学家从来不让人为自己画像。但是有一次，他改变了态度。
Yǒu yì tiān, yí wèi niánqīng de huàjiā qǐngqiú wèi tā huà xiàng, kēxuéjiā shuō: "Duìbuqǐ, wǒ méiyǒu shí-
有一天，一位年轻的画家请求为他画像，科学家说："对不起，我没有时
jiān." "Xiānsheng, wǒ fēicháng xūyào mài zhè fú huàr de qián!" Niánqīngrén chéngkěn de shuō. "Ò, nà jiù
间。""先生，我非常需要卖这幅画儿的钱！"年轻人诚恳地说。"哦，那就
shì lìngwài yì huí shì le." Kēxuéjiā mǎshàng zuòle xiàlái, wēixiàozhe shuō: "Niánqīngrén, kāishǐ ba."
是另外一回事了。"科学家马上坐了下来，微笑着说："年轻人，开始吧。"

● 본문을 읽고, 최대한 구체적으로 다음 질문에 답해 봅시다.

1. **Nà wèi kēxuéjiā bù xǐhuan shénme?**
   那位科学家不喜欢什么? 그 과학자는 무엇을 좋아하지 않나요?

2. **Kēxuéjiā duì niánqīng de huàjià shuōle shénme?**
   科学家对年轻的画家说了什么? 젊은 화가의 요청에 과학자는 뭐라고 말했나요?

3. **Niánqīngrén yòu zěnme qǐngqiú?**
   年轻人又怎么请求? 젊은이는 뭐라고 다시 요청했나요?

4. **Zuìhòu, kēxuéjiā zěnme le?**
   最后，科学家怎么了? 결국 과학자는 어떻게 했나요?

새 단어 05-02

科学家 kēxuéjiā 명 과학자
从来 cónglái 부 지금까지, 여태까지
让 ràng 동 ~하게 하다
为 wèi 개 ~를 위하여
自己 zìjǐ 대 자기, 자신
画像 huà xiàng 동 초상화를 그리다
　　　huàxiàng 명 초상화
有 yǒu 동 어느, 어떤

改变 gǎibiàn 동 바꾸다, 바뀌다
态度 tàidu 명 태도
请求 qǐngqiú 동 부탁하다, 요청하다
幅 fú 양 폭[옷, 그림 등을 세는 단위]
诚恳 chéngkěn 형 간곡하다, 간절하다
另外 lìngwài 대 다른, 별도의 접 이 외에, 이 밖에
回 huí 양 회, 번, 차례[일, 동작의 발생 빈도를 세는 단위]
微笑 wēixiào 동 미소 짓다

핵심 표현

■ 有一位科学家**从来**不让人为自己画像。
부사 '从来'는 '지금껏'이라는 뜻으로, 주로 부정형 문장에 쓰여 어떤 동작이나 행위를 '지금껏 해 본 적 없음'을 나타냅니다. 대표적인 활용 형식은 '从来+不'나 '从来+没'입니다.

■ 有一位科学家从来不让人**为**自己画像。
이 문장의 '为 wèi'는 '~를 위하여'라는 뜻을 나타내는 '개사'입니다.

본문 해석

이제껏 자신을 위해 초상화를 그려 보지 않은 한 과학자가 있습니다. 그런데 한 번은 그가 태도를 바꾸었습니다. 어느날 한 젊은 화가가 그를 위해 초상화를 그려 주겠다고 하자 과학자가 말했습니다. "미안합니다. 나는 시간이 없습니다." "선생님, 저는 이 그림을 판 돈이 정말로 필요합니다!" 젊은이가 간곡히 말했습니다. "아, 그건 또 다른 일이군요." 과학자는 바로 앉아서 미소를 지으며 말했습니다. "젊은이, 시작하지요."

본문 암송

有一位科学家从来_____。但是_____，他_____态度。有一天，一位年轻的_____，科学家说："_____，我_____。""先生，我_____钱!"年轻人_____说。"哦，那就是_____"科学家马上_____，微笑着说："年轻人，_____。"

활용

● '핵심 표현'에서 배운 내용을 떠올리며 다음 질문에 답해 봅시다.

1 지금껏 해 보지 않은 동작이나 행위를 찾아 표시해 봅시다. 05-03

(1) Wǒ cónglái bú zài wǎng shang gòuwù.
我从来不在网上购物。

(2) Lǐ Lán xìnggé hěn hǎo, tā cónglái bù shēng qì.
李兰性格很好，她从来不生气。

(3) Zhè jiàn shì wǒ cónglái méi tīngshuōguo.
这件事我从来没听说过。

(4) Shíyàn shībàile hěn duō cì, dàn tā cónglái méi xiǎngguo fàngqì.
实验失败了很多次，但他从来没想过放弃。

2 행위, 동작의 대상을 찾아 표시해 봅시다. 05-04

(1) Wǎnhuì shang, tā wèi dàjiā biǎoyǎnle yí ge jiémù.
晚会上，他为大家表演了一个节目。

(2) Ràng wǒmen wèi yùndòngyuán jiā yóu!
让我们为运动员加油！

(3) Qǐng nín wèi wǒmen pāi zhāng héyǐng hǎo ma?
请您为我们拍张合影好吗？

(4) Míngtiān shì yéye de shēngrì, wǒ wèi tā zhǔnbèi le yí fèn shēngrì lǐwù.
明天是爷爷的生日，我为他准备了一份生日礼物。

확장 단어 05-05

性格 xìnggé 명 성격 | **听说** tīngshuō 동 듣자 하니 ~라고 한다 | **实验** shíyàn 명 실험 | **失败** shībài 동 실패하다 | **想** xiǎng 동 생각하다 | **放弃** fàngqì 동 포기하다 | **晚会** wǎnhuì 명 저녁 모임, 회식 | **表演** biǎoyǎn 동 연기하다, 공연하다 | **加油** jiā yóu 동 힘을 내다 | **合影** héyǐng 명 단체 사진 | **份** fèn 양 [선물, 문건 등을 세는 단위]

간체자

제시된 간체자가 모두 들어간 문장을 만들어 봅시다.

연습

1 제시된 낱말과 '从来'를 알맞게 배열해 문장을 완성해 봅시다.

(1) shōushi 收拾　　fángjiān 房间　　zhàngfu 丈夫　　bù 不

(2) Xiàguo 下过　　xuě 雪　　Hǎinán 海南　　méi 没

(3) wǒ 我　　méi 没　　zhège rén 这个人　　jiànguo 见过

(4) hē 喝　　bú fàng táng 不放糖　　kāfēi 咖啡　　Xiǎo Sūn 小孙

2 제시된 낱말과 '为'를 사용해 그림 속 상황을 말해 봅시다.

(1) fā jiǎng 发奖　　(2) huà zhuāng 化妆　　(3) ná càidān 拿菜单　　(4) dìng fēijī piào 订飞机票

3 그림이 나타내는 단어를 보기에서 찾아 봅시다.

보기
A bàozhǐ 报纸　B cídiǎn 词典　C zázhì 杂志　D zhàopiàn 照片　E zhōngguóhuà 中国画
F zìdiǎn 字典　G shū 书　H piào 票　I hùzhào 护照　J huàxiàng 画像

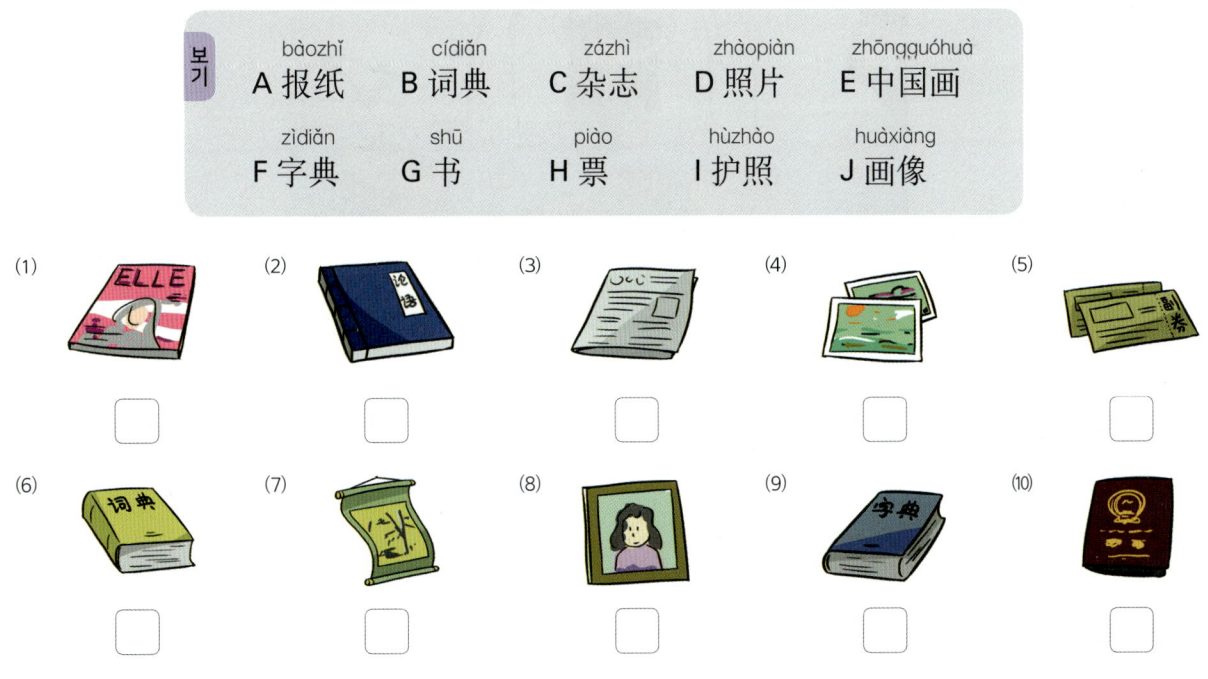

4 가장 하기 싫어하는 일을 그 이유와 함께 말해 봅시다.

06 想哭就哭吧。

Xiǎng kū jiù kū ba.

울고 싶으면 우세요.

● 녹음을 듣고, 다음 질문에 답해 봅시다. 06-01

> **为什么女人的平均寿命比男人长？** 왜 여성의 평균 수명이 남성보다 길까요?
> *Wèi shénme nǚrén de píngjūn shòumìng bǐ nánrén cháng?*

女人的平均寿命比男人长，爱哭也是一个原因。人在伤心的时候，身体里会产生一些有害物质，眼泪可以清除这些物质。伤心的时候，如果忍着不哭，身体里的有害物质不能被清除，就会影响身体健康。所以，伤心的时候，想哭就哭吧。不过，哭最好不要超过15分钟，时间太长，反而对身体不好。

● 본문을 읽고, 최대한 구체적으로 다음 질문에 답해 봅시다.

1. **人伤心的时候，身体里会产生什么？** 사람은 슬플 때 몸속에서 무엇이 생기나요?
2. **流眼泪有什么好处？** 눈물을 흘리면 어떤 좋은 점이 있나요?
3. **忍着不哭，会怎么样？** 울음을 참으면 어떻게 되나요?
4. **哭多长时间比较合适？为什么？** 울음은 어느 정도 긴 시간이 적당한가요? 왜 그런가요?

새 단어 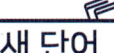 06-02

女人	nǚrén 명 여성	物质	wùzhì 명 물질
平均	píngjūn 동 평균을 내다	眼泪	yǎnlèi 명 눈물
寿命	shòumìng 명 수명	清除	qīngchú 동 제거하다
男人	nánrén 명 남성	忍	rěn 동 참다, 견디다
哭	kū 동 울다	影响	yǐngxiǎng 동 영향을 미치다 명 영향, 반응
原因	yuányīn 명 원인	健康	jiànkāng 명 건강
产生	chǎnshēng 동 생기다	最好	zuìhǎo 부 가장 바람직하게는
一些	yìxiē 수량 약간, 얼마간	超过	chāoguò 동 넘다, 초과하다, 추월하다
有害	yǒu hài 유해하다	反而	fǎn'ér 부 오히려, 그런데

핵심 표현

- 伤心的时候，**想**哭**就**哭吧。
  '想+동사+就+동사' 구문은 원하는 동작을 마음껏 하라는 뜻을 나타냅니다.

- 哭最好不要超过15分钟，时间太长，**反而**对身体不好。
  '反而'은 '오히려'라는 뜻으로, 이어지는 내용이 기대했던 느낌이나 상황과 반대되는 것임을 나타냅니다.

본문 해석

여성의 평균 수명은 남성보다 깁니다. 울기를 좋아하는 것이 (여성의 평균 수명이 긴) 원인 중 하나입니다. 사람은 슬플 때 몸속에서 약간의 유해 물질이 생겨나는데, 눈물은 이런 물질들을 없애 줄 수 있습니다. 슬플 때 만일 울음을 참는다면 몸속의 유해 물질이 제거되지 못하여 건강에 영향을 미치게 될 것입니다. 그러니 슬플 때 울고 싶으면 우세요. 그러나 울음은 15분을 넘기지 않는 것이 가장 좋습니다. 시간이 너무 길면 오히려 몸에 좋지 않습니다.

본문 암송

女人的平均寿命_____，爱哭_____。人在____的时候，身体里会产生_____，眼泪可以_____。伤心的时候，如果_____，身体里的_____不能被____，就会_____。所以，_____时候，_____吧。不过，哭最好不要____15____，时间____，反而对_____。

활용

● '핵심 표현'에서 배운 내용을 떠올리며 다음 질문에 답해 봅시다.

1 '想+동사+就+동사' 형식에 쓰인 동사를 찾아 표시해 봅시다. 🔊 06-03

(1) 这件衣服很适合你，想买就买吧。
Zhè jiàn yīfu hěn shìhé nǐ, xiǎng mǎi jiù mǎi ba.

(2) 大家如果有不同意见，想说就说吧。
Dàjiā rúguǒ yǒu bù tóng yìjiàn, xiǎng shuō jiù shuō ba.

(3) 冰箱里有饮料，你想喝就喝吧。
Bīngxiāng li yǒu yǐnliào, nǐ xiǎng hē jiù hē ba.

(4) 这里上网不收费，你想上(网)就上(网)吧。
Zhèli shàng wǎng bù shōu fèi, nǐ xiǎng shàng (wǎng) jiù shàng (wǎng) ba.

2 기대했던 느낌이나 상황과 반대되는 내용을 찾아 표시해 봅시다. 🔊 06-04

(1) 孙经理做生意没赚钱，反而赔钱了。
Sūn jīnglǐ zuò shēngyi méi zhuàn qián, fǎn'ér péi qián le.

(2) 房价高了，反而卖得更快了。
Fángjià gāo le, fǎn'ér mài de gèng kuài le.

(3) 博物馆的门票贵了，参观的人反而多了。
Bówùguǎn de ménpiào guì le, cānguān de rén fǎn'ér duō le.

(4) 吃了这种药，他的感冒不但没好，反而更严重了。
Chīle zhè zhǒng yào, tā de gǎnmào búdàn méi hǎo, fǎn'ér gèng yánzhòng le.

확장 단어 🔊 06-05

适合 shìhé 동 알맞다, 적합하다, 적절하다 | **不同** bù tóng 다르다 | **意见** yìjiàn 명 의견, 다른 의견 | **饮料** yǐnliào 명 음료수 | **收费** shōu fèi 비용을 받다 | **赚钱** zhuàn qián 동 돈을 벌다, 이익을 남기다 | **赔钱** péi qián 동 돈을 잃다, 손해를 보다 | **房价** fángjià 명 집값 | **门票** ménpiào 명 입장권 | **不但** búdàn 접 ~뿐만 아니라 | **严重** yánzhòng 형 중대하다, 심각하다

간체자

제시된 간체자가 모두 들어간 문장을 만들어 봅시다.

| 泪 产 |
| 质 命 |

연습

1 괄호 안 단어와 '想+동사+就+동사' 형식을 사용해 문장을 완성해 봅시다.

(1) Shíjiān tài wǎn le,
时间太晚了，_____。（睡）

(2) Jīntiān wǎnshang dàjiā yào wánr de kāixīn,
今天晚上大家要玩儿得开心，_____，_____。（唱　跳）

(3) Zhè zhǒng dōngxi Běijīng mǎi bu dào, nǐ
这种东西北京买不到，你_____。（买）

(4) Zhuōzi shang yǒu shuǐguǒ, nǐ
桌子上有水果，你_____。（吃）

(5) Kǎo wán shì le, nǐ
考完试了，你_____。（看电影）

2 의미가 통하도록 두 절을 연결한 후, 큰 소리로 읽어 봅시다.

(1) Wǎnshang jiǔ diǎn le, jiē shang de rén méiyǒu shǎo,　　　　　fǎn'ér gèng dà le.
晚上九点了，街上的人没有少，　·　　　　·反而更大了。

(2) Wáng Fāngfāng zhù de zuì yuǎn,　　　　　fǎn'ér pǎo de zuì kuài.
王方方住得最远，　　　　·　　　　·反而跑得最快。

(3) Fēng búdàn méi tíng,　　　　　fǎn'ér duō le.
风不但没停，　　　　·　　　　·反而多了。

(4) Dàwèi gèzi zuì xiǎo,　　　　　fǎn'ér dì-yī ge dào le.
大卫个子最小，　　　　·　　　　·反而第一个到了。

3 녹음을 듣고 따라 읽은 후, 빈칸에 알맞은 말을 써 봅시다. 06-06

4 스트레스를 푸는(解除压力 jiěchú yālì) 방법에 대해 말해 봅시다.

07 照片是我照的。
Zhàopiàn shì wǒ zhào de.

사진은 제가 찍었어요.

● 녹음을 듣고, 다음 질문에 답해 봅시다. 🔊 07-01

> Shéi jiǎndàole Xiǎo Zhāng de zhàoxiàngjī?
> 谁捡到了小张的照相机? 누가 샤오장의 카메라를 주웠나요?

Jīntiān, Xiǎo Zhāng qù yì jiā shāngdiàn mǎi dōngxi, huídào jiā cái fāxiàn bǎ zhàoxiàngjī là zài nàr le,
今天，小张去一家商店买东西，回到家才发现把照相机落在那儿了，
yúshì jiù gǎnjǐn gěi shāngdiàn dǎ diànhuà. Diànzhǔ shuō, yǒu rén jiǎndàole zhàoxiàngjī, ràng tā gǎnkuài qù qǔ.
于是就赶紧给商店打电话。店主说，有人捡到了照相机，让他赶快去取。
Xiǎo Zhāng qǔhuí zhàoxiàngjī, fāxiàn zhàoxiàngjī li duōle liǎng zhāng zhàopiàn. Yì zhāng zhàopiàn shì ge nǚháir,
小张取回照相机，发现照相机里多了两张照片。一张照片是个女孩儿，
shǒu li jǔzhe yí ge páizi, shàngmiàn xiězhe: "Zhàoxiàngjī shì wǒ jiǎndào de!" Lìng yì zhāng zhàopiàn shì ge xiǎo-
手里举着一个牌子，上面写着："照相机是我捡到的!" 另一张照片是个小
huǒzi, shǒu li yě jǔzhe yí ge páizi, shàngmiàn xiězhe: "Zhàopiàn shì wǒ zhào de!"
伙子，手里也举着一个牌子，上面写着："照片是我照的!"

● 본문을 읽고, 최대한 구체적으로 다음 질문에 답해 봅시다.

Huí jiā yǐhòu, Xiǎo Zhāng fāxiànle shénme?
1 回家以后，小张发现了什么? 샤오장은 집에 돌아와서 무엇을 알아차렸나요?

Xiǎo Zhāng gěi shéi dǎ diànhuà?
2 小张给谁打电话? 샤오장은 누구에게 전화를 걸었나요?

Diànzhǔ shuōle shénme?
3 店主说了什么? 상점 주인은 뭐라고 말했나요?

Qǔhuí zhàoxiàngjī hòu, Xiǎo Zhāng yòu fāxiànle shénme?
4 取回照相机后，小张又发现了什么? 카메라를 가져온 뒤 샤오장은 또 무엇을 발견했나요?

새 단어 07-02

家 jiā 양 집, 곳[가게나 기업을 세는 단위]
照相机 zhàoxiàngjī 명 카메라
落 là 동 빠뜨리다
于是 yúshì 접 그래서
赶紧 gǎnjǐn 부 서둘러
店主 diànzhǔ 명 상점 주인
捡 jiǎn 동 줍다

赶快 gǎnkuài 부 빨리, 어서
取 qǔ 동 가지다, 찾다
多 duō 동 늘어나다
举 jǔ 동 들다
牌子 páizi 명 팻말, 상표
另 lìng 대 다른, 그밖의
小伙子 xiǎohuǒzi 명 총각, 젊은이

핵심 표현

- 回到家才发现把照相机落在那儿了，于是就赶紧给商店打电话。
  부사 '才'는 어떤 일이 일어난 시간이 다소 '늦음'을 나타내고, 부사 '就'는 일이 일어난 시간이 다소 '이름'을 나타냅니다. 이때, 시간의 늦고 이름을 판단하는 기준은 말하는 사람의 '주관'에 따릅니다.

- 一张照片是个女孩儿，手里举着一个牌子。
  '장소+동사술어+着+대상'은 어떤 대상이 어디에 존재하는지 나타내는 문형입니다. 이때, '장소'에 '手'와 같은 일반명사를 쓰려면 뒤에 방위사가 반드시 붙어야 한다는 것에 주의하도록 합니다.

본문 해석

오늘 샤오장은 물건을 사러 상점에 갔다가 집에 돌아와서야 카메라를 거기에 두고 왔음을 알아차렸습니다. 그래서 서둘러 상점에 전화를 걸었습니다. 주인은 어떤 사람이 카메라를 주웠으니 얼른 가지러 가라고 말했습니다. 샤오장이 카메라를 가져오니 그 안에 두 장의 사진이 더 들어 있었습니다. 한 장은 여자아이였는데, 손에 팻말을 하나 들고 있었습니다. 거기에는 "카메라는 제가 주웠어요!"라고 쓰여 있었습니다. 또 다른 사진은 남자아이였는데, 손에 역시 팻말을 들고 있었습니다. 거기에는 "사진은 제가 찍었어요!"라고 쓰여 있었습니다.

본문 암송

今天，小张＿＿＿＿＿＿＿，回到家才发现把＿＿＿＿＿＿＿，于是就＿＿＿＿＿＿＿。店主说，有人＿＿＿＿＿＿，让＿＿＿＿取。小张＿＿照相机，发现＿＿＿＿＿＿＿＿＿。一张照片＿＿＿＿，手里＿＿＿＿＿，上面写着："＿＿＿＿＿＿＿！"另一张照片＿＿＿＿，手里也＿＿＿＿＿，上面写着："＿＿＿＿＿＿！"

활용

- '핵심 표현'에서 배운 내용을 떠올리며 다음 질문에 답해 봅시다.

1 시간의 늦고 이름에 대한 주관적 판단을 나타내는 말을 찾아 표시해 봅시다.

(1) 昨天林木加班，十二点才离开公司。

(2) 他生病以后才知道健康最重要。

(3) 别着急，医生马上就来。

(4) 丁先生刚搬到这里就认识了很多邻居。

2 서술하는 대상이 '어디에' 존재하는지 찾아 표시해 봅시다.

(1) 桌子上放着很多杂志。

(2) 黑板上写着很多中文句子。

(3) 那座山上种着很多苹果树。

(4) 幼儿园门口停着很多汽车。

확장 단어

加班 jiā bān 동 초과 근무하다 | 离开 líkāi 동 떠나다 | 重要 zhòngyào 형 중요하다 | 别 bié 부 ~하지 마라 | 着急 zháojí 형 조급해하다, 마음을 졸이다 | 邻居 línjū 명 이웃집, 이웃 사람 | 黑板 hēibǎn 명 칠판 | 句子 jùzi 명 문장 | 种 zhòng 동 심다, 파종하다 | 幼儿园 yòu'éryuán 명 유치원 | 门口 ménkǒu 명 입구, 현관

간체자

제시된 간체자가 모두 들어간 문장을 만들어 봅시다.

紧 举
写 捡

연습

1 문맥에 알맞게 '才'나 '就' 중 알맞은 말을 빈칸에 넣어 봅시다.

(1) Jiàqī gāng kāishǐ Ālǐ _____ qù lǚyóu le.
假期刚开始阿里_____去旅游了。

(2) Nǐ zěnme zhème wǎn _____ lái?
你怎么这么晚_____来?

(3) Gāng dào Shíyīyuè, Běijīng _____ kāishǐ xià xuě le.
刚到11月，北京_____开始下雪了。

(4) Wǒmen děngle liǎng ge xiǎoshí, fēijī _____ qǐfēi.
我们等了两个小时，飞机_____起飞。

(5) Zǎoshang liù diǎn dìdi _____ qù xuéxiào le.
早上六点弟弟_____去学校了。

(6) Dàole jīchǎng, tā _____ xiǎngqǐ wàngle dài hùzhào.
到了机场，他_____想起忘了带护照。

2 '동사+着' 형식을 사용해 그림 속 상황을 묘사해 봅시다.

(1) Fāngfāng shǒu li
方方手里 _____。

(2) Shù xià
树下 _____。

(3) Qiánmiàn de páizi shang
前面的牌子上 _____。

(4) Bówùguǎn li
博物馆里 _____。

3 녹음을 듣고 따라 읽은 후, 빈칸에 알맞은 말을 써 봅시다. 🔊 07-06

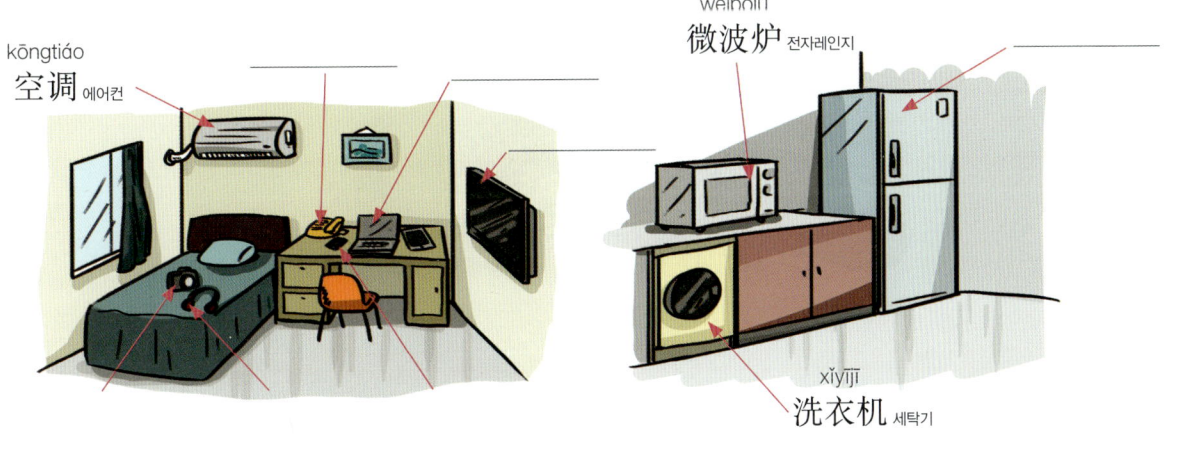

kōngtiáo 空调 에어컨

wēibōlú 微波炉 전자레인지

xǐyījī 洗衣机 세탁기

4 물건을 잃어버렸다가 되찾은 경험을 말해 봅시다.

08 采访
cǎifǎng

인터뷰하기

● 녹음을 듣고, 다음 질문에 답해 봅시다. 🔊 08-01

> Qián Zhōngshū xiě de xiǎoshuō jiào shénme míngzi?
> 钱锺书写的小说叫什么名字? 치앤중수가 쓴 소설의 제목은 무엇인가요?

Qián Zhōngshū shì Zhōngguó zhùmíng de zuòjiā. Tā de xiǎoshuō 《Wéi Chéng》 fēicháng yǒumíng, xiě de shì jǐ ge
钱锺书是中国著名的作家。他的小说《围城》非常有名,写的是几个
niánqīngrén de gōngzuò、 shēnghuó hé hūnyīn de gùshi, diànshìtái bǎ tā gǎibiān chéngle diànshìjù. Diànshìjù
年轻人的工作、生活和婚姻的故事,电视台把它改编成了电视剧。电视剧
bōchū hòu, fēicháng shòu huānyíng. Hěn duō jìzhě dōu xiǎng cǎifǎng tā, dànshì dōu bèi tā jùjué le. Yí wèi
播出后,非常受欢迎。很多记者都想采访他,但是都被他拒绝了。一位
jìzhě wèn tā wèi shénme jùjué cǎifǎng, tā shuō: "Nǐ chīle yí ge hǎochī de jīdàn, yídìng yào rènshi
记者问他为什么拒绝采访,他说:"你吃了一个好吃的鸡蛋,一定要认识
nà zhī shēng dàn de mǔjī ma?"
那只生蛋的母鸡吗?"

● 본문을 읽고, 최대한 구체적으로 다음 질문에 답해 봅시다.

Xiǎoshuō 《Wéi Chéng》 xiě de shì shénme gùshi?
1. 小说《围城》写的是什么故事? 소설「포위된 성」은 어떤 이야기인가요?

Diànshìtái bǎ 《Wéi Chéng》 gǎibiān chéngle shénme?
2. 电视台把《围城》改编成了什么? 방송국에서 소설「포위된 성」을 무엇으로 바꾸었나요?

《Wéi Chéng》 shòu huānyíng, jìzhěmen xiǎng zuò shénme?
3. 《围城》受欢迎,记者们想做什么? 「포위된 성」이 인기가 많아지자 기자들은 무엇을 하고 싶어 했나요?

Qián Zhōngshū shì zěnme jùjué cǎifǎng de?
4. 钱锺书是怎么拒绝采访的? 치앤중수는 어떻게 인터뷰를 거절했나요?

새 단어 08-02

钱锺书	Qián Zhōngshū	고유 치앤중수[중국의 유명한 문학가]	播出	bōchū 동 방송하다, 방영하다
著名	zhùmíng	형 유명하다, 저명하다	受	shòu 동 받다
作家	zuòjiā	명 작가	欢迎	huānyíng 동 환영하다
小说	xiǎoshuō	명 소설, 이야기	采访	cǎifǎng 동 취재하다
围城	Wéi Chéng	고유 포위된 성[치앤중수의 소설]	拒绝	jùjué 동 거절하다
几	jǐ	수 몇	只	zhī 양 마리[일부 동물을 세는 단위]
婚姻	hūnyīn	명 결혼	生蛋	shēng dàn 알을 낳다
改编	gǎibiān 동 각색하다, 개편하다		生	shēng 동 낳다
电视剧	diànshìjù	명 드라마, 연속극	母鸡	mǔjī 명 암탉

핵심 표현

- 电视台把它改编成了电视剧。
  '把+A+동사술어+成+B' 형식은 '어떤 행위(改编)를 통해 A(它)를 B(电视剧)로 바꾸다'라는 뜻을 나타냅니다.

- 一定要认识那只生蛋的母鸡吗?
  부사 '一定'은 어떤 동작이나 상황이 '반드시' 이뤄져야 함을 나타냅니다.

본문 해석

치앤중수는 중국의 저명한 작가입니다. 그의 소설 『포위된 성』은 매우 유명합니다. (이 소설은) 몇몇 젊은이의 일과 삶, 결혼에 대한 이야기를 쓴 것으로, 텔레비전 방송국은 이 소설을 드라마로 각색했습니다. 드라마는 방영된 후 매우 사랑을 받았습니다. 많은 기자들이 그를 인터뷰하고 싶어 했으나 모두 그에게 거절 당했습니다. 한 기자가 왜 인터뷰를 거절하느냐고 그에게 묻자 그가 대답했습니다. "맛있는 계란을 하나 먹었다고 계란을 낳은 어미 닭을 반드시 알아야 하나요?"

본문 암송

钱锺书是＿＿＿＿的＿＿＿。他的小说《围城》＿＿＿＿＿＿，写的是＿＿＿＿＿＿＿＿＿、＿＿＿＿＿＿＿的故事，电视台把它＿＿＿＿＿＿＿＿。电视剧＿＿＿＿，非常＿＿＿＿。很多＿＿＿＿＿＿＿＿，但是都＿＿＿＿＿＿。一位记者问他＿＿＿＿＿＿采访，他说："你＿＿＿＿＿＿＿＿的＿＿＿，一定要＿＿＿＿＿＿＿＿＿＿吗？"

활용

● '핵심 표현'에서 배운 내용을 떠올리며 다음 질문에 답해 봅시다.

1 '把+A+동사술어+成+B' 형식의 A와 B에 해당하는 말을 찾아 표시해 봅시다. 08-03

(1) Běnjiémíng bǎ "yínháng" niànchéngle "hěn xíng".
本杰明把"银行"念成了"很行"。

(2) Tā bǎ zhège Yīngwén xiǎoshuō fānyì chéngle Zhōngwén.
他把这个英文小说翻译成了中文。

(3) Tā bǎ zìjǐ dǎban chéng Shèngdàn Lǎorén, gěi háizimen sòng lǐwù.
他把自己打扮成圣诞老人，给孩子们送礼物。

(4) Lǎoshī xiǎng bǎ tā péiyǎng chéng yí ge yīnyuèjiā.
老师想把她培养成一个音乐家。

2 반드시 이루어져야 하는 내용이 무엇인지 찾아 표시해 봅시다. 08-04

(1) Jīntiān de gōngzuò wǒ yídìng yào wánchéng.
今天的工作我一定要完成。

(2) Wǒmen yídìng yào bǎohù hǎo zìrán huánjìng.
我们一定要保护好自然环境。

(3) Xià xuě le, nín yídìng yào màndiǎnr zǒu.
下雪了，您一定要慢点儿走。

(4) Nǐ huí guó de shíhou, wǒ yídìng qù jīchǎng sòng nǐ.
你回国的时候，我一定去机场送你。

확장 단어 08-05

念 niàn 동 (소리내어) 읽다 | 行 xíng 형 가능하다 | 翻译 fānyì 동 번역하다, 통역하다 | 打扮 dǎban 동 분장하다, 화장하다 | 圣诞老人 Shèngdàn Lǎorén 고유 산타클로스 | 老人 lǎorén 명 노인 | 培养 péiyǎng 동 키우다, 양성하다 | 音乐家 yīnyuèjiā 명 음악가 | 完成 wánchéng 동 완성하다, 끝내다 | 保护 bǎohù 동 보호하다 | 自然 zìrán 명 자연 | 送 sòng 동 배웅하다, 보내다

간체자

제시된 간체자가 모두 들어간 문장을 만들어 봅시다.

绝	访
欢	电

_____

_____

연습

1 괄호 안 단어와 '把+A+동사술어+成+B' 형식을 사용해 문장을 완성해 봅시다

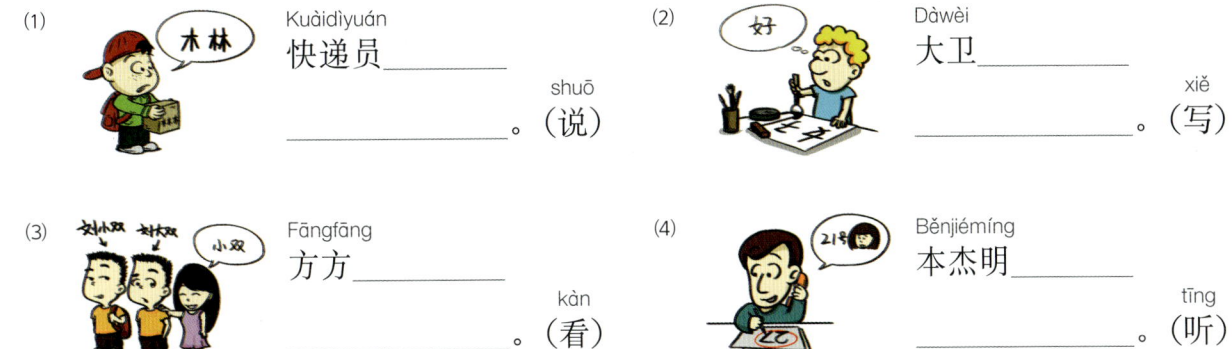

(1) 快递员＿＿＿＿＿＿
　　＿＿＿＿＿＿＿。(说)　Kuàidìyuán / shuō

(2) 大卫＿＿＿＿＿＿
　　＿＿＿＿＿＿＿。(写)　Dàwèi / xiě

(3) 方方＿＿＿＿＿＿
　　＿＿＿＿＿＿＿。(看)　Fāngfāng / kàn

(4) 本杰明＿＿＿＿＿＿
　　＿＿＿＿＿＿＿。(听)　Běnjiémíng / tīng

2 제시된 낱말과 '一定'을 알맞게 배열해 문장을 완성해 봅시다.

(1) 去　我　中国　要　留学
　　qù　wǒ　Zhōngguó　yào　liú xué

(2) 要　今天　晚上　早点儿　你　睡
　　yào　jīntiān　wǎnshang　zǎodiǎnr　nǐ　shuì

(3) 这个　我　电影　看　要
　　zhège　wǒ　diànyǐng　kàn　yào

(4) 汉语　你　学好　要
　　Hànyǔ　nǐ　xuéhǎo　yào

(5) 作业　明天　要　同学们　交
　　zuòyè　míngtiān　yào　tóngxuémen　jiāo

3 그림이 나타내는 단어를 보기에서 찾아 봅시다.

보기: A 唱歌 chàng gē　B 听 tīng　C 聊天儿 liáo tiānr　D 演讲 yǎnjiǎng　E 吵架 chǎo jià　F 采访 cǎifǎng

(1) □　(2) □　(3) □　(4) □　(5) □　(6) □

4 재미있게 본 영화나 TV 드라마를 소개해 봅시다.

09 袁隆平

위앤룽핑

● 녹음을 듣고, 다음 질문에 답해 봅시다. 09-01

> 袁隆平是一位什么样的科学家? 위앤룽핑은 어떤 과학자인가요?

袁隆平是中国一位有名的科学家，他几十年如一日地培育杂交水稻，被人们称作"杂交水稻之父"。1973年，袁隆平培育出的杂交水稻亩产量从300公斤提高到500公斤。2001年，亩产量提高到926公斤。他培育出的水稻为中国增产了几亿吨粮食，并被美国、日本等100多个国家引进；每年增产的粮食可以解决世界上3500万人的吃饭问题。

● 본문을 읽고, 최대한 구체적으로 다음 질문에 답해 봅시다.

1. 袁隆平是什么人? 위앤룽핑은 어떤 사람인가요?
2. 他培育出的水稻亩产量是多少? 그가 재배해 낸 벼의 무 당 생산량은 얼마인가요?
3. 他培育出的水稻增产了多少粮食? 그가 재배해 낸 벼는 얼마나 많은 양식을 증산했나요?
4. 他解决了什么问题? 그는 어떤 문제를 해결했나요?

새 단어 09-02

袁隆平	Yuán Lóngpíng 고유 위앤룽핑[중국의 과학자]	产量	chǎnliàng 명 생산량
几十年如一日	jǐ shí nián rú yí rì 수십 년을 하루처럼	从	cóng 개 ~부터
培育	péiyù 동 재배하다, 기르다	提高	tígāo 동 증가하다, 향상하다
杂交水稻	zájiāo shuǐdào 교잡 벼	增产	zēng chǎn 동 증산하다
杂交	zájiāo 동 교잡하다, 이종교배하다	亿	yì 수 억
水稻	shuǐdào 명 벼	吨	dūn 양 톤[=1,000킬로그램]
人们	rénmen 명 사람들	粮食	liángshi 명 양식, 식량
称作	chēngzuò 동 ~라고 부르다	并	bìng 접 그리고
之父	zhī fù ~의 아버지	日本	Rìběn 고유 일본
之	zhī 조 ~의	等	děng 조 등, 따위
父	fù 명 아버지	多	duō 수 남짓, ~여
亩产量	mǔchǎnliàng 무(亩)당 생산량	引进	yǐnjìn 동 도입하다, 수입하다
亩	mǔ 양 무[토지 면적의 단위]	万	wàn 수 만, 10000

핵심 표현

- 袁隆平培育出的杂交水稻亩产量从300公斤提高到500公斤。
  '出'는 동사 뒤에 쓰여 어떤 동작으로부터 '분명한 결과가 발생함'을 나타낼 수 있습니다.

- 并被美国、日本等100多个国家引进。
  접속사 '并'은 두 동사나 두 절 사이에 쓰여, 두 가지 일이 '동시에' 또는 '순차적'으로 일어남을 나타냅니다.

본문 해석

위앤룽핑은 중국의 유명한 과학자입니다. 그는 수십 년을 하루처럼 교잡 벼를 생산하여 '교잡 벼의 아버지'로 불립니다. 1973년 위앤룽핑이 재배해 낸 교잡 벼의 무(畝)당 생산량은 300킬로그램에서 500킬로그램으로 증가했고, 2001년에는 무(畝)당 생산량이 926킬로그램까지 증가했습니다. 그가 재배해 낸 벼는 중국을 위해 수억 톤의 양식을 증산했고, 미국과 일본 등 100여 개 국가에 수입됐습니다. 매년 증산하는 식량이 세계 3500만 명의 먹는 문제를 해결할 수 있습니다.

본문 암송

袁隆平是中国一位_____，他_____地____杂交水稻，被____称作"_____之父"。1973年，袁隆平_____杂交水稻____从300公斤____500公斤。2001年，亩产量____到926公斤。他____出的水稻为_____粮食，并被____、_____100____引进；每年_____可以____世界上3500万人的_____。

활용

● '핵심 표현'에서 배운 내용을 떠올리며 다음 질문에 답해 봅시다.

1 어떤 동작으로부터 결과가 발생한 것인지 찾아 표시해 봅시다. 09-03

(1) Kèren lái le, māma hěn kuài jiù zuòchūle yì zhuō fēngshèng de cài.
客人来了，妈妈很快就做出了一桌丰盛的菜。

(2) Yào xiěchū yì piān hǎo wénzhāng zhēn bù róngyì.
要写出一篇好文章真不容易。

(3) Lín Mù xiǎngchūle yí ge hǎo zhǔyi.
林木想出了一个好主意。

(4) Tǎolùn de shíhou, dàjiā dōu shuōchūle zìjǐ de kànfǎ.
讨论的时候，大家都说出了自己的看法。

2 '并'이 연결하는 두 술어를 찾아 표시해 봅시다. 09-04

(1) Qián Zhōngshū de 《Wéi Chéng》 bèi fānyì chéngle hěn duō zhǒng yǔyán, bìng bèi gǎibiān chéngle diànshìjù.
钱锺书的《围城》被翻译成了很多种语言，并被改编成了电视剧。

(2) Wǎngluò yǐngxiǎng bìng gǎibiànle rénmen de shēnghuó.
网络影响并改变了人们的生活。

(3) Zài gōngzuò zhōng, wǒmen yào jíshí fāxiàn bìng jiějué wèntí.
在工作中，我们要及时发现并解决问题。

(4) Wáng Yìróng shì Zhōngguó fāxiàn bìng yánjiū jiǎgǔwén de dì-yī rén.
王懿荣是中国发现并研究甲骨文的第一人。

확장 단어 09-05

| 桌 zhuō 명 탁자 | 丰盛 fēngshèng 형 풍성하다 | 容易 róngyì 형 쉽다 | 主意 zhǔyi 명 방법, 생각, 아이디어 | 讨论 tǎolùn 동 토론하다 | 看法 kànfǎ 명 의견, 견해 | 语言 yǔyán 명 언어 | 网络 wǎngluò 명 네트워크, 웹 | 及时 jíshí 부 제때에 | 王懿容 Wáng Yìróng 고유 왕의영 | 甲骨文 jiǎgǔwén 명 갑골문

간체자

제시된 간체자가 모두 들어간 문장을 만들어 봅시다.

为	亿
称	之

_____

_____

연습

1 제시된 낱말을 알맞게 배열해 문장을 완성해 봅시다.

(1) cāi 猜　　Fāngfāng 方方　　sòng lǐwù de rén 送礼物的人　　chūle 出了

(2) tā 他　　zhǎo 找　　fāngfǎ 方法　　de 的　　jiějué wèntí 解决问题　　chūle 出了

(3) nǐ 你　　néng 能　　chū 出　　ma 吗　　zhè jù huà de Zhōngwén yìsi 这句话的中文意思　　shuō 说

(4) yí ge yuè 一个月　　chūle 出了　　tā 她　　jiù 就　　yì běn 一本　　xiǎoshuō 小说　　xiě 写

(5) huàjiā 画家　　wèi kēxuéjiā 为科学家　　huà 画　　yì fú huàxiàng 一幅画像　　hěn kuài 很快　　chūle 出了

2 의미가 통하도록 두 절을 연결한 후, 큰 소리로 읽어 봅시다.

(1) Tā xiěle yì piān wénzhāng, 他写了一篇文章，　　·　　· bìng rènshile hěn duō yǒumíng de rén. 并认识了很多有名的人。

(2) Tā èr líng yī èr nián dàxué bì yè, 他2012年大学毕业，　　·　　· bìng zuòle jīngcǎi de yǎnjiǎng. 并做了精彩的演讲。

(3) Zài zhè cì cǎifǎng zhōng, wǒ xuédàole hěn duō dōngxi, 在这次采访中，我学到了很多东西，　　·　　· bìng bèi hěn duō guójiā yǐnjìn. 并被很多国家引进。

(4) Zhè zhǒng shuǐguǒ shòudào rénmen de xǐhuan, 这种水果受到人们的喜欢，　　·　　· bìng cānjiāle gōngzuò. 并参加了工作。

(5) Tā cānjiāle zhè cì bǐsài, 他参加了这次比赛，　　·　　· bìng bǎ tā fānyì chéngle Yīngyǔ. 并把它翻译成了英语。

3 보기의 단위를 크기 순서로 나열해 봅시다.

보기
A qiān 千　　B bǎiwàn 百万　　C bǎi 百　　D wàn 万　　E shí 十
F yī 一　　G liǎng 两　　H shíwàn 十万　　I bàn 半　　J qiānwàn 千万

líng 零 ＿＿＿＿＿＿＿＿＿＿＿＿＿＿＿＿＿＿＿＿ yì 亿

4 자신이 존경하는(尊敬 zūnjìng) 사람에 대해 구체적으로 소개해 봅시다.

10 幸福像自助餐。
Xìngfú xiàng zìzhùcān.

행복은 뷔페와 같습니다.

● 녹음을 듣고, 다음 질문에 답해 봅시다. 🔊 10-01

> *Rénmen juéde xìngfú shì shénme?*
> 人们觉得幸福是什么？ 사람들은 행복이 무엇이라고 생각하나요?

幸福就像自助餐。如果很多人一起去吃自助餐，每个人都会根据自己的爱好选东西，并根据自己的饭量放在各自的盘子里，每个人盘子里的菜都是不一样的。幸福也是这样，每个人对幸福的理解不同，需求也不同。有的人在自己的盘子里装满了钱，有的人装满了情感，有的人装满了成功的事业……你的盘子里装的是什么呢？

● 본문을 읽고, 최대한 구체적으로 다음 질문에 답해 봅시다.

1. *Měi ge rén dōu huì ànzhào shénme xuǎn dōngxi?*
   每个人都会按照什么选东西？ 사람들은 각자 어떻게 음식을 고르나요?

2. *Rénmen duì xìngfú de lǐjiě zěnmeyàng?*
   人们对幸福的理解怎么样？ 행복에 대한 사람들의 이해는 어떤가요?

3. *Rénmen zài zìjǐ de xìngfú pánzi li dōu zhuāngle shénme?*
   人们在自己的幸福盘子里都装了什么？ 사람들은 자신의 행복 접시를 모두 무엇으로 채우나요?

4. *Nǐ de xìngfú pánzi li zhuāng de shì shénme ne?*
   你的幸福盘子里装的是什么呢？ 당신의 행복 접시는 무엇으로 채워져 있나요?

새 단어 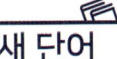 10-02

幸福	xìngfú	명	행복
像	xiàng	동	~와 같다, 닮다
自助餐	zìzhùcān	명	뷔페
根据	gēnjù	동	~에 근거하다
饭量	fànliàng	명	식사량
各自	gèzì	대	각자
对	duì	개	~에 대하여
理解	lǐjiě	동	이해하다, 알다
需求	xūqiú	명	필요, 요구, 수요
有的	yǒude	대	어떤
装	zhuāng	동	담다, 채우다
满	mǎn	형	가득하다
情感	qínggǎn	명	감정, 느낌
成功	chénggōng	형	성공적이다
事业	shìyè	명	사회생활, 사업

핵심 표현

- 幸福就像自助餐。
  동사 '像'은 비교하는 두 대상이 특정한 관점에서 닮아서 '비슷함'을 나타냅니다.

- 每个人对幸福的理解不同，需求也不同。
  개사 '对' 뒤에는 동작이나 행위, 태도의 대상이 옵니다.

본문 해석

행복은 뷔페와 같습니다. 만약 여러 사람이 함께 뷔페에 간다면 각자 모두 자신의 기호에 따라 음식을 고르고, 자신의 식사량에 따라 각자의 접시를 채울 것이며, 각자의 접시 위 요리는 모두 다를 것입니다. 행복도 그렇습니다. 각자 행복에 대한 이해가 다르고 필요도 다릅니다. 어떤 사람은 자신의 접시를 돈으로 가득 채우고, 어떤 사람은 감정으로 가득 채우며, 어떤 사람은 성공적인 경력으로 가득 채웁니다. 여러분의 접시는 무엇으로 채워져 있나요?

본문 암송

幸福就像_____。如果很多人_____，每个人都会根据_____，并_____放在____的____里，每个人盘子里的_____。幸福_____，每个人对_____，需求也____。有的人在_____装满了__，有的人_____，有的人_____……你的_____呢？

10 幸福像自助餐。 **49**

활용

● '핵심 표현'에서 배운 내용을 떠올리며 다음 질문에 답해 봅시다.

1 어떤 관점에서 비슷하다고 여겨지는 두 대상을 찾아 표시해 봅시다. 🔊 10-03

(1) Shēnghuó jiù xiàng lǚxíng, kěyǐ kàndào gè zhǒng bù tóng de fēngjǐng.
生活就像旅行，可以看到各种不同的风景。

(2) Dú hǎo shū jiù xiàng hē hǎo chá, xūyào mànmàn pǐnwèi.
读好书就像喝好茶，需要慢慢品味。

(3) Méi xiǎngdào, zhè cì bǐsài wǒ huò jiǎng le, zhēn xiàng zuò mèng.
没想到，这次比赛我获奖了，真像做梦。

(4) Wǒmen xīwàng Hànyǔ xiàng yí zuò qiáo, bǎ Zhōngguó hé shìjiè lián zài yìqǐ.
我们希望汉语像一座桥，把中国和世界连在一起。

2 동작이나 행위, 태도의 대상을 찾아 표시해 봅시다. 🔊 10-04

(1) Guǎnggào duì chǎnpǐn de xiāoshòu hěn yǒu bāngzhù.
广告对产品的销售很有帮助。

(2) Tā duì lìshǐ gǎn xìngqù, wǒ duì dìlǐ gǎn xìngqù.
他对历史感兴趣，我对地理感兴趣。

(3) Xiàozhǎng duì lǎoshīmen de gōngzuò hěn mǎnyì.
校长对老师们的工作很满意。

(4) Wǒmen rènshi de shíjiān bù cháng, wǒ duì tā bú tài liǎojiě.
我们认识的时间不长，我对他不太了解。

📝 확장 단어 🔊 10-05

旅行 lǚxíng 동 여행하다 | 慢慢 mànmàn 천천히 | 品味 pǐnwèi 동 맛보다 | 做梦 zuò mèng 동 꿈꾸다 | 希望 xīwàng 동 바라다, 희망하다 명 희망 | 桥 qiáo 명 다리 | 连 lián 동 잇다, 연결하다 | 广告 guǎnggào 명 광고 | 产品 chǎnpǐn 명 제품 | 感兴趣 gǎn xìngqù 흥미가 있다 | 兴趣 xìngqù 명 흥미 | 地理 dìlǐ 명 지리 | 满意 mǎnyì 동 만족하다 | 了解 liǎojiě 동 알다, 이해하다

간체자

제시된 간체자가 모두 들어간 문장을 만들어 봅시다.

据 饭
装 盘

_____

_____

연습

1 괄호 안 단어와 '像'을 사용해 문장을 완성해 봅시다.

(1) 我们的汉语老师_____，什么都知道。（活词典）
   Wǒmen de Hànyǔ lǎoshī   shénme dōu zhīdao. huó cídiǎn

(2) 这里的风景_____，非常漂亮。（画儿）
   Zhèlǐ de fēngjǐng   fēicháng piàoliang. huàr

(3) 夏天的天气_____，说变就变。（孩子的脸）
   Xiàtiān de tiānqì   shuō biàn jiù biàn. háizi de liǎn

(4) 邓老师的家_____，什么书都有。（图书馆）
   Dèng lǎoshī de jiā   shénme shū dōu yǒu. túshūguǎn

2 제시된 낱말과 '对'를 알맞게 배열해 문장을 완성해 봅시다.

(1) 每个人　都不一样　成功　的理解
   měi ge rén dōu bù yíyàng chénggōng de lǐjiě

(2) 手机　影响　很大　人们的生活
   shǒujī yǐngxiǎng hěn dà rénmen de shēnghuó

(3) 他说的话　很有帮助　我
   tā shuō de huà hěn yǒu bāngzhù wǒ

(4) 有害　吸烟　健康
   yǒu hài xīyān jiànkāng

3 그림이 나타내는 단어를 보기에서 찾아 봅시다.

보기:
A 葡萄酒 pútaojiǔ　B 矿泉水 kuàngquánshuǐ　C 包子 bāozi　D 烤鸭 kǎoyā　E 炸酱面 zhájiàngmiàn
F 啤酒 píjiǔ　G 汉堡 hànbǎo　H 奶酪 nǎilào　I 蛋糕 dàngāo　J 鱼 yú

4 행복을 어떤 대상에 비유하여 말해 봅시다. 모르는 단어는 한국어로 해도 좋습니다.

11 水星
shuǐxīng

수성

● 녹음을 듣고, 다음 질문에 답해 봅시다. 🔊 11-01

> **Shuǐxīng shang yǒu shénme?**
> **水星上有什么?** 수성에는 무엇이 있나요?

水星是太阳系八大行星之一。水星非常小，跟地球相比，它只能算是个"小兄弟"。水星离太阳最近，表面温差很大，太阳照到的地方温度高达摄氏430度，照不到的地方却只有摄氏零下170度。水星表面有很多山，它们都是用世界著名的文学家、艺术家的名字命名的，其中有15个是用中国人的名字命名的，包括伯牙、李白、鲁迅等。

● 본문을 읽고, 최대한 구체적으로 다음 질문에 답해 봅시다.

1. 太阳系八大行星中，哪个行星离太阳最近?
   태양계 8대 행성 중 태양에서 가장 가까운 행성은 무엇인가요?

2. 水星大吗? 수성은 큰가요?

3. 水星表面的温度怎么样? 수성 표면의 온도는 어떤가요?

4. 水星表面有什么? 수성 표면에는 무엇이 있나요?

52

새 단어 11-02

水星	shuǐxīng	명 수성	达 dá	동 ~에 이르다
太阳系	tàiyángxì	명 태양계	摄氏度 shèshìdù	양 섭씨 온도(℃)
行星	xíngxīng	명 행성	文学家 wénxuéjiā	명 문학가
之一	zhī yī	~중의 하나	文学 wénxué	명 문학
地球	dìqiú	명 지구	艺术家 yìshùjiā	명 예술가
相比	xiāng bǐ	비교하다	艺术 yìshù	명 예술
算是	suànshì	동 ~인 셈이다	命名 mìng míng	동 명명하다, 이름을 붙이다
兄弟	xiōngdi	명 형제	其中 qízhōng	명 그중
离	lí	동 ~에서 떨어져 있다	包括 bāokuò	동 포함하다
表面	biǎomiàn	명 표면	伯牙 Bó Yá	고유 백아
温差	wēnchā	명 온도 차이	李白 Lǐ Bái	고유 이백
照	zhào	동 비추다, 비치다	鲁迅 Lǔ Xùn	고유 루쉰
温度	wēndù	명 온도		

핵심 표현

- 只能**算是**个 "小兄弟"。
  '算是'는 'A算是B' 형식으로 쓰여, 'A는 B인 셈이다' 'A를 B라고 치다' 'A를 B라고 간주하다' 등의 뜻을 나타냅니다.

- 水星**离**太阳最近。
  'A+离+B+近/远'은 두 대상 A와 B 사이의 거리를 나타낼 때 쓰는 구문으로, 'A는 B에서 가깝다/멀다'라는 뜻을 나타냅니다.

본문 해석

수성은 태양계 8대 행성 중 하나입니다. 수성은 매우 작아서 지구와 비교하면 그저 '꼬마 형제'라고 할 수 있습니다. 수성은 태양에서 가장 가깝고 표면 온도 차이가 큽니다. 태양이 비추는 지역은 온도가 가장 높게 섭씨 430도까지도 올라가지만, 비추지 않는 지역은 섭씨 영하 170도밖에 되지 않습니다. 수성 표면에는 여러 개의 산이 있습니다. 이 산들은 모두 세계의 저명한 문학가, 예술가의 이름을 따서 명명되었습니다. 그 가운데 15개는 백아, 이백, 루쉰 등 중국인의 이름을 따서 명명되었습니다.

본문 암송

水星是_____之一。水星____，跟_____，它只能_____"____"。水星离_____，表面温差___，太阳照到的地方_____430度，照不到的地方_____零下170度。水星表面_____，它们都是用_____的文学家、_____命名的，其中有15个_____名字_____，包括伯牙、李白、鲁迅等。

활용

● '핵심 표현'에서 배운 내용을 떠올리며 다음 질문에 답해 봅시다.

1 'A算是B' 형식의 B에 해당하는 말을 찾아 표시해 봅시다. 11-03

(1) Běnjiémíng hěn liǎojiě Zhōngguó wénhuà, suànshì ge zhōngguótōng le.
本杰明很了解中国文化，算是个中国通了。

(2) Tā zài zhège gōngsī suànshì ge búcuò de xiāoshòuyuán.
她在这个公司算是个不错的销售员。

(3) Liú jiàoshòu fēicháng shòu huānyíng, suànshì zhège dàxué li zuì yǒumíng de rén le.
刘教授非常受欢迎，算是这个大学里最有名的人了。

(4) Nǐ juéde zěnyàng cái suànshì zhēnzhèng de péngyou?
你觉得怎样才算是真正的朋友？

2 'A+离+B+近/远' 형식의 A와 B에 해당하는 말을 찾아 표시해 봅시다. 11-04

(1) Zhè jiā chāoshì lí dìtiězhàn hěn jìn.
这家超市离地铁站很近。

(2) Wǒ jiā lí Guójì Huìyì Zhōngxīn bù yuǎn.
我家离国际会议中心不远。

(3) Shànghǎi lí Xī'ān tǐng yuǎn de.
上海离西安挺远的。

(4) Lǐxiǎng zǒngshì lí xiànshí hěn yuǎn.
理想总是离现实很远。

확장 단어 11-05

中国通 zhōngguótōng 명 중국통, 중국 전문가 | 不错 búcuò 형 좋다 | 教授 jiàoshòu 명 교수 | 怎样 zěnyàng 대 어떠하다 | 才 cái 부 비로소 | 真正 zhēnzhèng 형 참되다, 진정하다 | 国际会议中心 Guójì Huìyì Zhōngxīn 고유 국제회의센터 | 国际 guójì 명 국제 | 会议 huìyì 명 회의 | 挺 tǐng 부 매우 | 理想 lǐxiǎng 명 이상 | 现实 xiànshí 명 현실

간체자

제시된 간체자가 모두 들어간 문장을 만들어 봅시다.

离	阳
达	度

_____

_____

연습

1 의미가 통하도록 두 절을 연결한 후, 큰 소리로 읽어 봅시다.

(1) Dàwèi ài chī gè zhǒng měishí,
大卫爱吃各种美食, · · suànshì ge xiǎo túshūguǎn le.
算是个小图书馆了。

(2) Rúguǒ zhè yě suànshì xiǎoshuō,
如果这也算是小说, · · suànshì ge hǎo xuésheng.
算是个好学生。

(3) Tā zhème ài xuéxí,
他这么爱学习, · · suànshì ge měishíjiā le.
算是个美食家了。

(4) Lín Mù jiā shū duō jí le,
林木家书多极了, · · nà shéi dōu néng xiě.
那谁都能写。

2 그림을 보고, 제시된 두 지역의 거리 차이를 'A+离+B+近/远' 형식으로 말해 봅시다.

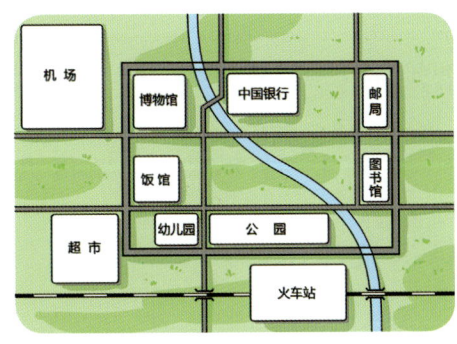

(1) yòu'éryuán gōngyuán
幼儿园　公园

(2) yóujú Zhōngguó Yínháng
邮局　中国银行

(3) fànguǎnr chāoshì
饭馆儿　超市

(4) túshūguǎn bówùguǎn
图书馆　博物馆

(5) huǒchēzhàn jīchǎng
火车站　机场

3 녹음을 듣고 따라 읽은 후, 나의 가족 관계를 말해 봅시다. 🔊 11-06

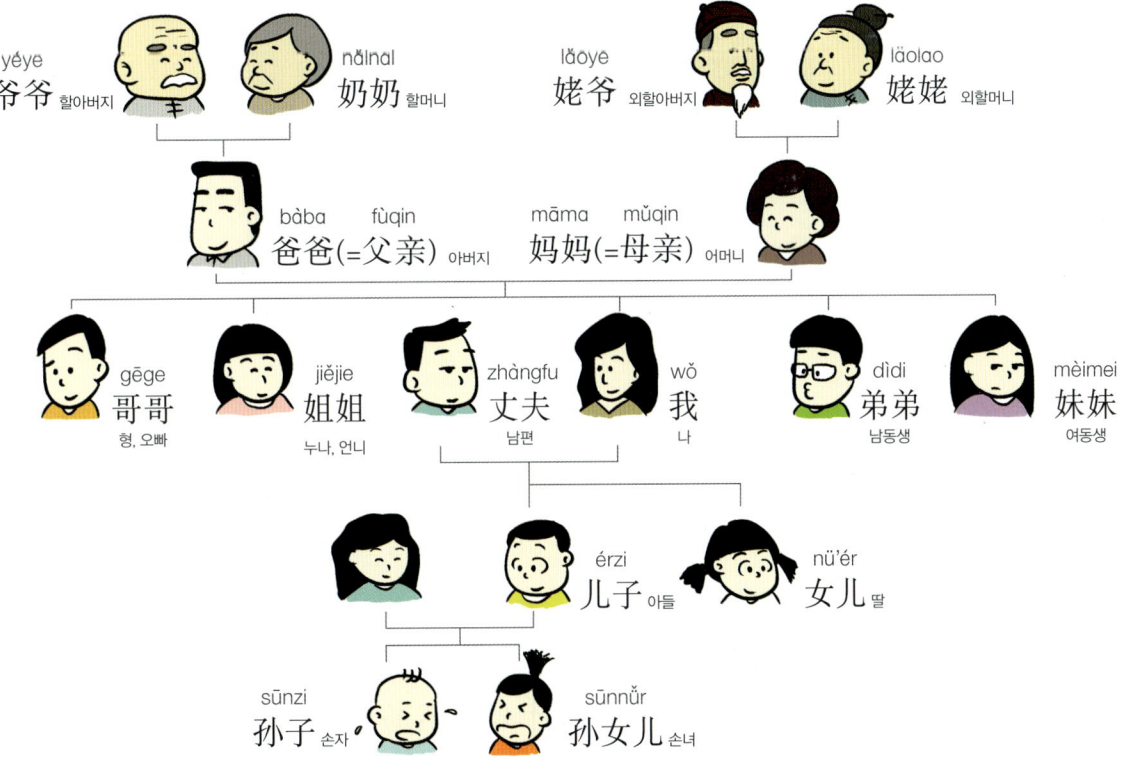

4 집에서 다른 건물까지의 거리를 말해 봅시다.

12 送蜡烛
sòng làzhú
초 선물하기

🔊 녹음을 듣고, 다음 질문에 답해 봅시다. 12-01

> **Qiāo mén de rén shì shéi?**
> **敲门的人是谁?** 문을 두드린 사람은 누구인가요?

Yí ge niánqīng nǚrén gāng bāndào xīn jiā, wǎnshang hūrán tíng diàn le. Tā zhǎochū làzhú, zhèng xiǎng diǎn
一个年轻女人刚搬到新家，晚上忽然停电了。她找出蜡烛，正想点
zháo, tīngdào yǒu rén qiāo mén. Tā dǎkāi mén, yuánlái shì gébì jiā de xiǎo nǚháir. Xiǎo nǚháir wèn:
着，听到有人敲门。她打开门，原来是隔壁家的小女孩儿。小女孩儿问:
"Āyí, nín jiā yǒu làzhú ma?" Nǚrén yǐwéi tā shì lái jiè làzhú de, xīn li hěn bù gāoxìng: Wǒ gāng
"阿姨，您家有蜡烛吗?"女人以为她是来借蜡烛的，心里很不高兴: 我刚
bānlai nǐ jiù lái jiè dōngxi. Yúshì nǚrén lěngbīngbīng de shuō: "Méiyǒu!" Méi xiǎngdào xiǎo nǚháir què
搬来你就来借东西。于是女人冷冰冰地说: "没有!"没想到小女孩儿却
déyì de xiàozhe shuō: "Wǒ zhīdao nín jiā méiyǒu làzhú, jiù gěi nín sònglai le."
得意地笑着说: "我知道您家没有蜡烛，就给您送来了。"

● 본문을 읽고, 최대한 구체적으로 다음 질문에 답해 봅시다.

Tíng diàn yǐhòu, nǚrén xiǎng zuò shénme?
1 停电以后，女人想做什么？ 정전이 되자 여자는 무엇을 하려고 했나요?

Xiǎo nǚháir wènle nǚrén shénme?
2 小女孩儿问了女人什么？ 소녀는 여자에게 무엇을 물었나요?

Tīngle xiǎo nǚháir de huà, nǚrén wèi shénme hěn bù gāoxìng?
3 听了小女孩儿的话，女人为什么很不高兴？ 소녀의 말을 듣고 여자의 기분은 왜 좋지 않았나요?

Xiǎo nǚháir wèi shénme lái de?
4 小女孩儿为什么来的？ 소녀는 여자의 집에 왜 온 것이었나요?

새 단어 12-02

搬家 bān jiā 동 이사하다
搬 bān 동 옮기다, 이사하다
家 jiā 명 집
忽然 hūrán 부 갑자기, 문득
停电 tíng diàn 동 정전되다
电 diàn 명 전기
蜡烛 làzhú 명 초
正 zhèng 부 ~하고 있는 중이다
点 diǎn 동 불을 붙이다, 불을 켜다

着 zháo 동 동작이나 행위의 결과를 나타냄
敲门 qiāo mén 동 문을 두드리다, 노크하다
原来 yuánlái 부 알고 보니
隔壁 gébì 명 이웃, 이웃집
阿姨 āyí 명 아줌마[어린아이가 중년여성을 부르는 호칭]
心 xīn 명 마음
冷冰冰 lěngbīngbīng 형 쌀쌀하다, 차갑다
得意 déyì 형 만족스럽다

핵심 표현

- 她打开门，<u>原来</u>是隔壁家的小女孩儿。
  부사 '原来'는 어떤 상황이 벌어진 원인을 알게 됐을 때 쓰는 말입니다. '알고 보니'라고 해석하면 자연스럽습니다.

- 我<u>给</u>您送来了。
  개사 '给'는 동사술어 앞에 '给+사람/사물' 형태로 쓰여, 동사술어가 나타내는 동작이나 행위를 '(누구/무엇)에게 해 주다'라는 뜻을 나타냅니다.

본문 해석

한 젊은 여자가 막 새집으로 이사하였는데, 저녁에 갑자기 정전이 됐습니다. 그녀가 초를 찾아서 막 불을 붙이려고 하는데 누군가 문을 두드리는 소리가 들렸습니다. 그녀가 문을 열고 보니 이웃집 꼬마 소녀였습니다. 소녀가 물었습니다. "아주머니. 집에 초가 있으세요?" 여자는 소녀가 초를 빌리러 왔다고 생각했습니다. '막 이사 온 사람에게 물건이나 빌리러 왔다'라는 생각이 들어 기분이 좋지 않았습니다. 그래서 여자는 냉랭하게 말했습니다. "없어요!" 그러나 뜻밖에도 소녀는 만족한 듯 웃음을 지으며 말했습니다. "집에 초가 없으실 줄 알고 드리러 왔어요."

본문 암송

一个年轻女人_____，晚上_____。她_____，正想___，听到_____。她_____，原来是_____。小女孩儿问:"阿姨，您家_____?"女人以为_____，心里_____：我刚_____。____女人_____地说："____!"没想到小女孩儿_____笑着说："我知道_____，就_____。"

활용

● '핵심 표현'에서 배운 내용을 떠올리며 다음 질문에 답해 봅시다.

1 앞 문장에서 언급된 상황이 벌어진 이유, 원인을 찾아 표시해 봅시다. 12-03

(1) Wǒ zhǎo nǐ bàntiān méi zhǎodào, yuánlái nǐ zài zhèr a.
我找你半天没找到，原来你在这儿啊。

(2) Guàibude zuìjìn tā zhème lèi, yuánlái tā érzi shēng bìng zhù yuàn le.
怪不得最近她这么累，原来她儿子生病住院了。

(3) Guàibude nǐmen zhǎng de zhème xiàng, yuánlái shì shuāngbāotāi a.
怪不得你们长得这么像，原来是双胞胎啊。

(4) Wǒ de shǒujī tūrán guānjī le, yuánlái shì méi diàn le.
我的手机突然关机了，原来是没电了。

2 동작이나 행위의 대상을 찾아 표시해 봅시다. 12-04

(1) Xiǎo Wáng hěn yōumò, jīngcháng gěi dàjiā jiǎng xiàohua.
小王很幽默，经常给大家讲笑话。

(2) Dàwèi gěi jiārén jièshàole tā zài Zhōngguó de shēnghuó.
大卫给家人介绍了他在中国的生活。

(3) Zuótiān Lǐ lǎoshī gěi tóngxuémen zuòle yí ge jīngcǎi de jiǎngzuò.
昨天李老师给同学们做了一个精彩的讲座。

(4) Jīntiān tā yòu gěi wǒ ānzhuāngle yí ge xīn ruǎnjiàn.
今天他又给我安装了一个新软件。

확장 단어   12-05

半天 bàntiān ㈜량 반나절, 한참 동안 | 住院 zhù yuàn 통 입원하다 | 长 zhǎng 통 자라다 | 双胞胎 shuāngbāotāi 명 쌍둥이 | 关机 guānjī 통 휴대전화를 끄다 | 幽默 yōumò 형 유머러스하다 | 笑话 xiàohua 명 농담 | 家人 jiārén 명 가족 | 讲座 jiǎngzuò 명 강좌, 강의 | 安装 ānzhuāng 통 설치하다

간체자

제시된 간체자가 모두 들어간 문장을 만들어 봅시다.

点 送
兴 祝

_____

_____

연습

1 괄호 안 단어와 '原来'를 사용해 문장을 완성해 봅시다.

(1) 早上，窗外的树都变成了白色，_____。（下雪）

(2) 房间里的灯突然不亮了，_____。（停电）

(3) 我很长时间没看到小李，_____。（出国）

(4) 早上我到了办公室，一个人都没有，_____。（星期日）

2 제시된 낱말과 '给'를 알맞게 배열해 문장을 완성해 봅시다.

(1) 带来　校长　一个　大家　好消息

(2) 姐姐　买了　很多　方方　旅游书

(3) 做了　妈妈　很多　我们　好吃的

(4) 留了　我　她　我的　手机号码

3 그림이 나타내는 단어를 보기에서 찾아 봅시다.

보기
A 先生　B 小姐　C 学生　D 阿姨　E 朋友
F 同事　G 小偷　H 客人　I 邻居　J 家庭主妇

4 '오해'와 관련된 에피소드를 말해 봅시다.

13 卖扇子
mài shànzi

부채 팔기

● 녹음을 듣고, 다음 질문에 답해 봅시다. 🔊 13-01

> Cóng kèwén lái kàn, Wáng Xīzhī de shūfǎ zěnmeyàng?
> 从课文来看，王羲之的书法怎么样? 본문에 따르면 왕희지의 서예는 어땠나요?

Yǒu yì tiān, yí wèi lǎonǎinai zài jíshì shang mài shànzi, guòle hǎo cháng shíjiān yě méiyǒu rén mǎi, tā shífēn zháojí. Zhè shíhou zǒu guòlai yí ge rén, náqǐ shànzi jiù zài shàngmiàn xiěqǐ zì lai. Lǎonǎinai hěn bù gāoxìng, bú ràng tā xiě. Zhège rén què jíqí zìxìn de shuō: "Nín fàng xīn, xiěle zì bǎozhèng jiù yǒu rén mǎi le." Xiěwán tā jiù zǒu le. Guǒrán, tā gāng zǒu, rénmen lìkè wéile shànglai, qiǎngzhe mǎi, shànzi hěn kuài jiù màiguāng le. Yuánlái, xiě zì de rén shì Wáng Xīzhī, tā shì Zhōngguó gǔdài zuì yǒumíng de shūfǎjiā zhī yī.

有一天，一位老奶奶在集市上卖扇子，过了好长时间也没有人买，她十分着急。这时候走过来一个人，拿起扇子就在上面写起字来。老奶奶很不高兴，不让他写。这个人却极其自信地说："您放心，写了字保证就有人买了。"写完他就走了。果然，他刚走，人们立刻围了上来，抢着买，扇子很快就卖光了。原来，写字的人是王羲之，他是中国古代最有名的书法家之一。

● 본문을 읽고, 최대한 구체적으로 다음 질문에 답해 봅시다.

Lǎonǎinai zài nǎr, zài zuò shénme?
1. 老奶奶在哪儿，在做什么? 할머니는 어디에서 무엇을 하고 있나요?

Zǒu guòlai de rén zuòle shénme?
2. 走过来的人做了什么? 다가온 사람은 무엇을 했나요?

Xiě zì de rén zǒu hòu fāshēngle shénme shìr?
3. 写字的人走后发生了什么事儿? 글자를 쓴 사람이 가고 나서 어떤 일이 벌어졌나요?

Xiě zì de rén jiào shénme? Tā shì shénme rén?
4. 写字的人叫什么? 他是什么人? 글자를 쓴 사람은 이름이 무엇이고, 어떤 사람인가요?

새 단어 13-02

老奶奶 lǎonǎinai 명 할머니
集市 jíshì 명 시장
扇子 shànzi 명 부채
好 hǎo 부 꽤
十分 shífēn 부 매우
极其 jíqí 부 매우, 극히
自信 zìxìn 형 자신 있다
放心 fàng xīn 동 안심하다

保证 bǎozhèng 동 장담하다, 보증하다
果然 guǒrán 부 과연, 생각한 대로
立刻 lìkè 부 즉시, 당장
围 wéi 동 둘러싸다
抢 qiǎng 동 앞다투다
王羲之 Wáng Xīzhī 고유 왕희지
古代 gǔdài 명 고대
书法家 shūfǎjiā 명 서예가

핵심 표현

- 这个人拿起扇子就在上面写起字来。

  방향보어 '起来'는 동사나 형용사 뒤에 쓰여 '어떤 행위나 상황이 막 시작됨'을 나타낼 수 있습니다. '起来'처럼 두 글자로 된 방향보어가 목적어를 취하는 동사와 함께 쓰일 때에는 목적어가 쓰이는 위치에도 주의하도록 합니다. 목적어가 일반명사일 경우에는 '起'와 '来' 사이 또는 '起来' 뒤에 다 쓰일 수 있으나, 목적어가 대사이거나 장소를 나타내는 명사인 경우, 동사가 이합사인 경우에는 목적어가 '起'와 '来' 사이에만 올 수 있습니다. (이합사(离合词)는 '吃饭' '跳舞' '聊天儿'처럼 동사+목적어 구조로 이루어진 2음절 동사로, 두 글자가 분리되어(离) 쓰이기도 하고, 합쳐져서(合) 쓰이기도 합니다.)

- 他刚走，人们立刻围了上来。

  방향보어 '上来'는 '동작이 말하는 사람 쪽으로 이루어짐'을 나타낼 수 있습니다. '围了上来'처럼 동사 바로 뒤에 '了'를 덧붙은 경우는 동작이 '완료됐음'을 나타냅니다.

본문 해석

어느 날, 한 할머니가 시장에서 부채를 팔고 있었습니다. 한참이 지나도 사려는 사람이 없어 할머니는 마음이 매우 조급해졌습니다. 그때 한 사람이 다가와 부채를 들고 그 위에 글자를 쓰기 시작했습니다. 할머니는 기분이 나빠 그러지 못하게 했습니다. 그러나 그 사람은 오히려 매우 자신 있게 말했습니다. "염려 마세요. 글자를 써 놓으면 사려는 사람이 반드시 나타날 거예요." 그는 글자를 다 쓰고 가 버렸습니다. 과연 그가 가고 나서 사람들이 곧바로 에워싸더니 앞다투어 부채를 샀고, 부채는 금세 모두 팔려 버렸습니다. 알고 보니 글자를 쓴 사람은 왕희지였습니다. 그는 고대 중국의 가장 유명한 서예가 중 한 명입니다.

본문 암송

有一天，一位老奶奶＿＿＿＿＿＿，过了好长时间＿＿＿＿买，她＿＿＿＿。这时候＿＿＿＿＿，拿起＿＿就＿＿＿＿＿＿。老奶奶很不高兴，不让＿＿。这个人却＿＿＿＿地说："＿＿＿＿，写了字＿＿＿＿＿＿。"写完＿＿＿＿。果然，他刚走，人们＿＿＿＿＿，抢着＿＿，扇子＿＿＿＿＿。原来，写字的人是王羲之，他是＿＿＿＿＿＿的＿＿＿之一。

활용

● '핵심 표현'에서 배운 내용을 떠올리며 다음 질문에 답해 봅시다.

1 '起来'의 꾸밈을 받는 술어를 표시해 봅시다. 13-03

(1) 他刚唱完，观众就鼓起掌来。
Tā gāng chàngwán, guānzhòng jiù gǔqǐ zhǎng lai.

(2) 我刚到家电话就响起来了。
Wǒ gāng dào jiā diànhuà jiù xiǎng qǐlai le.

(3) 春天到了，天气暖和起来了。
Chūntiān dào le, tiānqì nuǎnhuo qǐlai le.

(4) 这种手机是最新款式，一定会很快流行起来。
Zhè zhǒng shǒujī shì zuì xīn kuǎnshì, Yídìng huì hěn kuài liúxíng qǐlai.

2 '上来'의 꾸밈을 받는 술어를 찾아 표시해 봅시다. 13-04

(1) 张老师通知大家明天把读书报告交上来。
Zhāng lǎoshī tōngzhī dàjiā míngtiān bǎ dú shū bàogào jiāo shànglai.

(2) 点完菜，服务员很快就把菜端了上来。
Diǎnwán cài, fúwùyuán hěn kuài jiù bǎ cài duānle shànglai.

(3) 我们刚到公司门口，经理就迎了上来。
Wǒmen gāng dào gōngsī ménkǒu, jīnglǐ jiù yíngle shànglai.

(4) 比赛快结束的时候，第二名运动员追了上来。
Bǐsài kuài jiéshù de shíhou, dì-èr míng yùndòngyuán zhuīle shànglai.

확장 단어 13-05

观众 guānzhòng 몡 관객 | 鼓掌 gǔ zhǎng 통 박수를 치다 | 响 xiǎng 통 울리다, 소리가 나다 | 款式 kuǎnshì 몡 스타일, 디자인 | 流行 liúxíng 통 유행하다 | 通知 tōngzhī 통 알리다, 통지하다 | 读书报告 dú shū bàogào 몡 독후감 | 报告 bàogào 몡 보고서 | 点菜 diǎn cài 통 음식을 주문하다 | 端 duān 통 (두 손으로) 받쳐 들다 | 迎 yíng 통 맞이하다 | 快 kuài 튀 빨리, 서둘러, 곧, 머지않아 | 名 míng 양 등[순위를 나타내는 단위] | 追 zhuī 통 쫓다

간체자

제시된 간체자가 모두 들어간 문장을 만들어 봅시다.

的	证
围	抢

연습

1 괄호 안 단어와 '起来'를 사용해 문장을 완성해 봅시다.

(1) 我们刚出地铁站就_____。(下雨)

(2) 听了他的话，大家都_____了。(笑)

(3) 小明回到家就_____。(吃饭)

(4) 夏天到了，天气_____。(热)

2 빈칸에 알맞은 말을 보기에서 골라 봅시다.

| 보기 | A 围 (wéi) | B 端 (duān) | C 交 (jiāo) | D 跟 (gēn) |

(1) 快点儿走，后面的同学都____上来！

(2) 一看见丁老师，同学们都____了上来。

(3) 我们刚坐下，服务员就____上来两杯茶。

(4) 请大家把作业都____上来。

3 그림이 나타내는 단어를 보기에서 찾아 봅시다.

| 보기 | A 搬 (bān) | B 擦 (cā) | C 弹 (tán) | D 挂 (guà) | E 画 (huà) | F 鼓掌 (gǔ zhǎng) |
| G 洗 (xǐ) | H 抓 (zhuā) | I 捡 (jiǎn) | J 抢 (qiǎng) | K 拿 (ná) | L 敲门 (qiāo mén) |

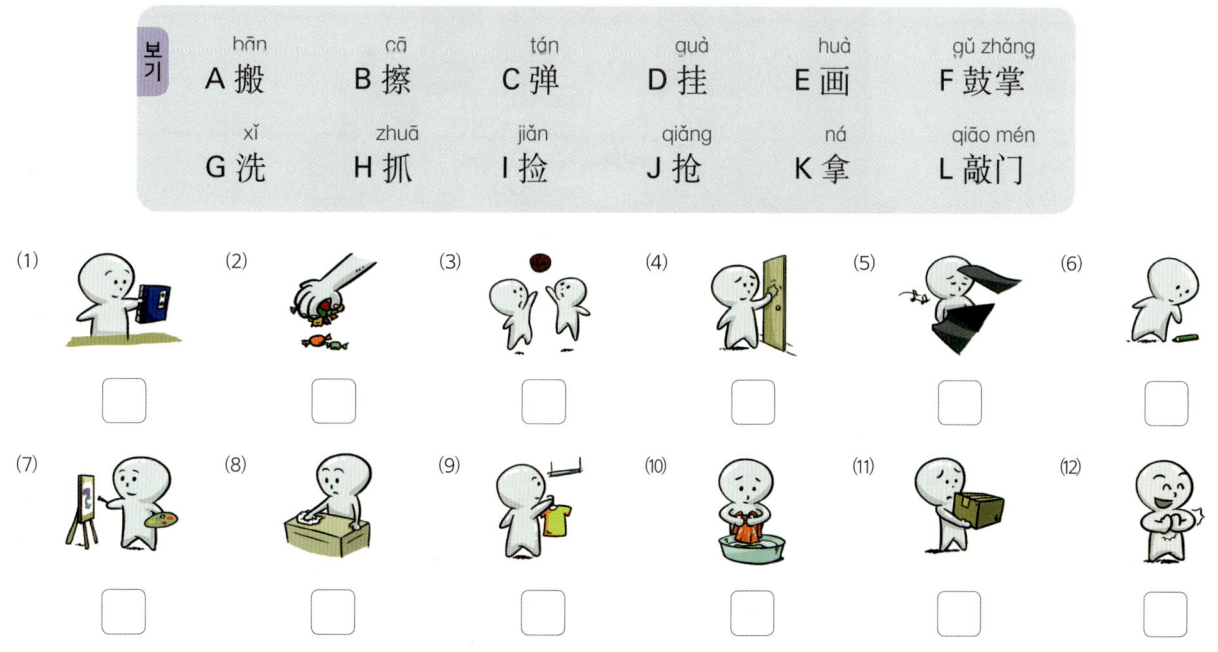

4 유명한 사람의 일화를 소개해 봅시다. 모르는 단어는 한국어로 해도 좋습니다.

14 找声音
zhǎo shēngyīn

소리 찾기

● 녹음을 듣고, 다음 질문에 답해 봅시다. 14-01

> Zhàngfu zài zhǎo shénme?
> **丈夫在找什么?** 남편은 무엇을 찾고 있나요?

Yí duì fūqī chǎo jià zhīhòu, qīzi hǎojǐ tiān dōu bù gēn zhàngfu shuō huà. Zhè tiān, zhàngfu xià bān huí jiā, yí jìn wū jiù fān xiāng dǎo guì de zhǎo dōngxi. Qīzi juéde hěn qíguài, jǐ cì xiǎng wèn dōu rěnzhù le. Zuìhòu, zhàngfu bǎ jiā li nòng de luànqībāzāo de, qīzi zhōngyú rěn bu zhù le, shēng qì de wèn: "Nǐ dàodǐ yào zhǎo shénme?" Zhàngfu gāoxìng de hǎn qǐlai: "Wǒ zhōngyú zhǎodào le! Wǒ yào zhǎo de jiù shì nǐ de shēngyīn!" Qīzi xiào le, liǎng rén jiù héhǎo le.

一对夫妻吵架之后,妻子好几天都不跟丈夫说话。这天,丈夫下班回家,一进屋就翻箱倒柜地找东西。妻子觉得很奇怪,几次想问都忍住了。最后,丈夫把家里弄得乱七八糟的,妻子终于忍不住了,生气地问:"你到底要找什么?"丈夫高兴地喊起来:"我终于找到了!我要找的就是你的声音!"妻子笑了,两人就和好了。

● 본문을 읽고, 최대한 구체적으로 다음 질문에 답해 봅시다.

Qīzi wèi shénme hǎojǐ tiān dōu bù gēn zhàngfu shuō huà?
1. **妻子为什么好几天都不跟丈夫说话?** 아내는 왜 며칠 동안 남편에게 말을 하지 않았나요?

Yǒu yì tiān, zhàngfu xià bān huí jiā, yí jìn wū jiù zuò shénme?
2. **有一天,丈夫下班回家,一进屋就做什么?** 어느 날, 남편은 퇴근하고 돌아와 방에 들어서자마자 무엇을 했나요?

Qīzi juéde zěnmeyàng?
3. **妻子觉得怎么样?** 아내는 어떻다고 생각했나요?

Liǎng rén zěnmeyàng le?
4. **两人怎么样了?** 결국 두 사람은 어떻게 됐나요?

새 단어

对 duì 양 쌍[짝을 이루는 것을 세는 단위]
夫妻 fūqī 명 부부
之后 zhīhòu 명 이후
好几 hǎojǐ 수 여러, 몇
说话 shuō huà 동 말하다
屋 wū 명 집, 방
翻箱倒柜 fān xiāng dǎo guì 샅샅이 뒤지다, 철저히 조사하다

最后 zuìhòu 명 결국, 최후
弄 nòng 동 ~하게 하다
乱七八糟 luànqībāzāo 엉망진창이다
终于 zhōngyú 부 마침내, 드디어
到底 dàodǐ 부 도대체
喊 hǎn 동 외치다
和好 héhǎo 동 화해하다

핵심 표현

- 丈夫一进屋就开始翻箱倒柜地找东西。
  '一+A+就+B'는 앞 동작(A)에 이어 뒷 동작(B)이 '곧바로' 일어남을 나타냅니다. 'A하자마자 B하다' 또는 'A하기만 하면 B하다'라고 해석하면 자연스럽습니다.

- 妻子终于忍不住了。
  부사 '终于'는 '동작이나 상황이 오랜 과정을 거쳐 이루어졌음'을 나타냅니다. 문맥에 따라 '결국' '마침내' '드디어' 등으로 해석됩니다.

본문 해석

한 부부가 말다툼을 한 뒤 아내는 며칠 동안이나 남편과 이야기를 하지 않았습니다. 어느 날, 남편은 퇴근하고 집에 돌아와서 방에 들어서자마자 샅샅이 꺼내어 뒤지며 물건을 찾았습니다. 아내는 이상하다 여겨 몇 번이나 물어보려 했지만 참았습니다. 결국 남편은 집안을 난장판으로 만들었고, 아내는 마침내 참지 못하고 화를 내며 물었습니다. "도대체 뭘 찾는 거예요?" 남편이 기뻐하며 소리를 질렀습니다. "드디어 찾았다! 내가 찾던 건 당신의 목소리였어요!" 아내는 웃었고 둘은 화해했습니다.

본문 암송

一对夫妻_____，妻子好几天都_____。这天，丈夫_____，一进屋就_____地_____。妻子_____，几次___都_____。最后，丈夫把___弄得_____的，妻子_____，生气地问："你_____?" 丈夫高兴地喊起来："我_____! 我要找的_____!"妻子___，两人_____。

활용

● '핵심 표현'에서 배운 내용을 떠올리며 다음 질문에 답해 봅시다.

1 '一+A+就+B' 형식에서 A와 B에 해당하는 부분을 찾아 표시해 봅시다. 🔊 14-03

(1) Dìtiězhàn bù yuǎn, wǎng qián zǒu, yì guǎi wān jiù dào le.
地铁站不远，往前走，一拐弯就到了。

(2) Zhè shǒu zhōngwéngē hěn jiǎndān, yì xué jiù huì.
这首中文歌很简单，一学就会。

(3) Zhè jù huà wǒ yì tīng jiù míngbai le.
这句话我一听就明白了。

(4) Jīntiān, Mǎ jīnglǐ hěn lèi, yì huí jiā jiù zuò zài shāfā shang kàn diànshì,
今天，马经理很累，一回家就坐在沙发上看电视，
yí kàn diànshì jiù shuìzháo le. Zhèshí línjū lái qiāo mén, línjū yì qiāo mén, Mǎ jīnglǐ jiù xǐng le.
一看电视就睡着了。这时邻居来敲门，邻居一敲门，马经理就醒了。

2 마침내 얻어진 결과를 찾아 표시해 봅시다. 🔊 14-04

(1) Zhàngfu děngle yí ge xiǎoshí, qīzi zhōngyú dǎban hǎo le.
丈夫等了一个小时，妻子终于打扮好了。

(2) Tā zhōngyú shíxiànle tóngnián de mèngxiǎng.
他终于实现了童年的梦想。

(3) Tā de xìn wǒ zhōngyú kàndǒng le.
他的信我终于看懂了。

(4) Ālǐ zhōngyú tōngguòle xīn HSK liù jí kǎoshì.
阿里终于通过了新HSK 6级考试。

📝 확장 단어 🔊 14-05

拐弯 guǎi wān 🅟 모퉁이를 돌다, 방향을 바꾸다 | 首 shǒu 🅠 편, 곡(노래나 시를 세는 단위) | 简单 jiǎndān 🅗 간단하다, 단순하다 | 明白 míngbai 🅟 이해하다, 알다 | 睡着 shuìzháo 잠들다 | 醒 xǐng 🅟 깨어나다 | 实现 shíxiàn 🅟 실현하다 | 童年 tóngnián 🅝 어린 시절 | 梦想 mèngxiǎng 🅝 꿈, 희망 | 通过 tōngguò 🅟 통과하다 | 级 jí 🅠 급[수준, 등급을 나누는 단위]

간체자

제시된 간체자가 모두 들어간 문장을 만들어 봅시다.

| 翻 倒 |
| 弄 终 |

_____

_____

연습

1 괄호 안 단어와 '一+A+就+B'를 사용해 문장을 완성해 봅시다.

(1) 这篇课文不难，学生_____。（看　懂）

(2) 今天孙秘书很忙，_____。（上班　开始打电话）

(3) 同学们_____。（见面　聊起来）

(4) 孙老师_____。（猜　知道是谁写的字）

2 괄호 안에 제시된 두 단어 중 빈칸에 알맞은 말을 골라 봅시다.

(1) 小李终于____了车钥匙。（A 找到　B 丢）

(2) 两个小时后，考试终于____了。（A 开始　B 结束）

(3) 一个小时后，西班牙队终于____了。（A 赢　B 输）

(4) 哥哥终于大学____了。（A 毕业　B 没毕业）

(5) 他终于____了这篇小说。（A 没写完　B 写完）

3 반의어끼리 연결해 봅시다.

好　干净　新　整齐　饱　便宜　舒服　快乐　对　早

脏　坏　饿　贵　辛苦　旧　乱　晚　伤心　错

4 자신이 기분(心情 xīnqíng)이 좋지 않을 때 하는 행동에 대해 말해 봅시다.

15 一封被退回来的信

되돌아온 편지 한 통

● 녹음을 듣고, 다음 질문에 답해 봅시다. 15-01

> "我"的信为什么被退回来了? '나'의 편지는 왜 되돌아왔나요?

昨天，我收到了一封被退回来的信。我拿着信封，从收信人的邮政编码到地址，再从寄信人的邮政编码到地址，仔仔细细地看了两遍，也没有发现什么问题。我正埋怨邮局的时候，突然看到贴邮票的地方，竟然是一张我自己的照片。这时我突然想起，我准备寄信的时候，正忙着填写考试报名表。贴照片的时候我觉得很奇怪：怎么少了张照片呢？

● 본문을 읽고, 최대한 구체적으로 다음 질문에 답해 봅시다.

1. 他收到被退回来的信的时候，想到了什么？ 그는 돌아온 편지를 받고는 뭐라고 생각했나요?
2. 他发现问题了吗？ 그는 무엇이 문제인지 발견했나요?
3. 他想起了什么？ 그는 무엇이 떠올랐나요?
4. 贴照片的时候，他为什么觉得很奇怪？ 사진을 붙일 때 그는 왜 이상하다고 생각했나요?

새 단어 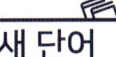 15-02

收 shōu	통 받다		仔细 zǐxì	형 자세하다
封 fēng	양 통[편지를 세는 단위]		埋怨 mányuàn	통 원망하다, 불평하다
退 tuì	통 무르다, 반환하다		贴 tiē	통 붙이다
信封 xìnfēng	명 봉투		邮票 yóupiào	명 우표
收信人 shōuxìnrén	명 수취인, 받는 사람		竟然 jìngrán	부 뜻밖에, 예상 밖에
收信 shōu xìn	편지를 받다		忙 máng	통 바쁘다
邮政编码 yóuzhèng biānmǎ	명 우편번호		填写 tiánxiě	통 써넣다
邮政 yóuzhèng	명 우편 서비스		报名表 bàomíngbiǎo	명 응시 원서, 신청서
编码 biānmǎ	명 번호, 코드		报名 bào míng	통 지원하다, 신청하다
寄信人 jìxìnrén	명 발송인, 보내는 사람		表 biǎo	명 표
寄信 jì xìn	편지를 보내다		少 shǎo	통 없어지다, 분실하다
仔仔细细 zǐzǐxìxì	자세하다			

핵심 표현

■ 贴邮票的地方，**竟然**是一张我自己的照片。
부사 '竟然'은 '뜻밖에' '예상 밖에'라는 뜻으로, 어떤 일이 기대하지 않은 상태에서 발생함을 나타냅니다.

■ **怎么**少了张照片呢?
대사 '怎么'는 '왜' '어째서'라는 뜻으로, 어떤 일이 일어난 '이유'나 '원인'을 물을 때 씁니다.

본문 해석

어제 저는 되돌아온 편지 한 통을 받았습니다. 저는 편지 봉투를 들고 받는 사람의 우편번호부터 주소까지, 그리고 보낸 사람의 우편번호부터 주소까지 자세하게 두 번을 보았지만 아무런 문제를 발견하지 못했습니다. 제가 우체국을 원망하려고 할 때 갑자기 우표 붙이는 곳이 보였습니다. 뜻밖에도 제 사진이 붙어 있었습니다. 그때 저는 문득 떠올랐습니다. 제가 편지를 부치려고 했을 때는 시험 응시 원서를 쓰느라 바빴습니다. 사진을 붙일 때 저는 이상하다고 생각했습니다. '왜 사진 개수가 줄어들었지?'

본문 암송

昨天，我收到了_____的信。我拿着____，从收信人的_____到____，再从_____到____，_____地____两边，也没有_____。我正_____的时候，突然看到_____，竟然是_____。这时我_____，我_____的时候，正忙着_____。贴照片的时候我_____：怎么_____呢?

활용

● '핵심 표현'에서 배운 내용을 떠올리며 다음 질문에 답해 봅시다.

1 '뜻밖에' '예상 밖에' 발생한 일을 찾아 표시해 봅시다. 15-03

(1) 这么简单的字，他竟然写错了，太粗心了。
   Zhème jiǎndān de zì, tā jìngrán xiěcuò le, tài cūxīn le.

(2) 那个人我见过两次，竟然没有一点儿印象。
   Nàge rén wǒ jiànguo liǎng cì, jìngrán méiyǒu yìdiǎnr yìnxiàng.

(3) 几年前流行的衣服样式今年竟然又流行起来了。
   Jǐ nián qián liúxíng de yīfu yàngshì jīnnián jìngrán yòu liúxíng qǐlai le.

(4) 导游竟然找不到博物馆的入口。
   Dǎoyóu jìngrán zhǎo bu dào bówùguǎn de rùkǒu.

2 '의문'을 나타내는 단어를 찾아 표시해 봅시다. 15-04

(1) 你怎么不尝尝我做的菜？
   Nǐ zěnme bù chángchang wǒ zuò de cài?

(2) 航班怎么又晚了？
   Hángbān zěnme yòu wǎn le?

(3) 外面怎么这么热闹？
   Wàimian zěnme zhème rènao?

(4) 刘教授怎么做起生意来了？
   Liú jiàoshòu zěnme zuòqǐ shēngyi lai le?

확장 단어 15-05

粗心 cūxīn 형 세심하지 못하다, 부주의하다 | 印象 yìnxiàng 명 인상 | 样式 yàngshì 명 양식, 패턴 | 导游 dǎoyóu 명 관광 가이드 | 入口 rùkǒu 명 입구 | 航班 hángbān 명 항공편 | 热闹 rènao 형 시끌벅적하다, 번화하다 | 做生意 zuò shēngyi 장사하다

간체자

제시된 간체자가 모두 들어간 문장을 만들어 봅시다.

细 邮
编 贴

연습

1 '竟然'의 문장 속 알맞은 위치를 찾아 봅시다.

           Qián xiānsheng   méiyǒu   qián
(1) A 钱先生 B 没有 C 钱 D。

       Wǒ   bù   zhīdao wǒ de liǎng ge tóngshì   shì fūqī
(2) 我 A 不 B 知道我的两个同事 C 是夫妻 D。

      Liú xiānsheng   huì   wàngle   zìjǐ de fángjiān hào
(3) 刘先生 A 会 B 忘了 C 自己的房间号 D。

      Zhèli de fángzū   tài guì le,   měi ge yuè   yào   liùqiān liùbǎi kuài qián.
(4) 这里的房租 A 太贵了，B 每个月 C 要 D 6600块钱。

      Liáole   bàn ge xiǎoshí,   nǎinai   bù zhīdao   jiē diànhuà de rén   shì shéi.
(5) 聊了 A 半个小时，奶奶 B 不知道 C 接电话的人 D 是谁。

2 의미가 통하도록 두 문장을 연결한 후, 큰 소리로 읽어 봅시다.

    Mǎ Huá zěnme yòu bān jiā le?   Shǒujī méi diàn le.
(1) 马华怎么又搬家了？ •   • 手机没电了。

    Nǐ zěnme guānjī le?   Yīnwèi tā yòu huàn gōngzuò le.
(2) 你怎么关机了？ •   • 因为他又换工作了。

    Nǐ zěnme cái lái?   Jīntiān shāngchǎng dǎ zhé.
(3) 你怎么才来？ •   • 今天商场打折。

    Jīntiān rén zěnme zhème duō?   Yīnwèi wǒ de chē huài le.
(4) 今天人怎么这么多？ •   • 因为我的车坏了。

3 중국에 있는 친구에게 편지를 보낸다고 가정하고 편지 봉투의 항목을 채워 써 봅시다.

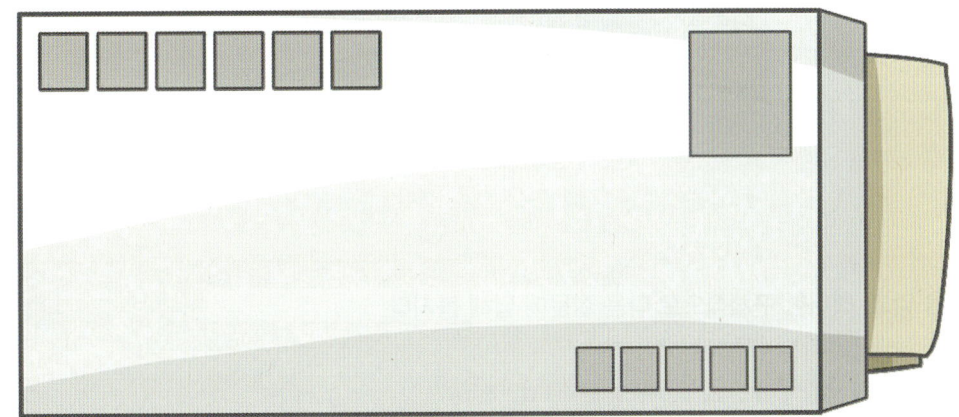

4 자신이나 친구가 부주의했던 일을 말해 봅시다.

16 汽车的颜色和安全
qìchē de yánsè hé ānquán

자동차의 색깔과 안전

● 녹음을 듣고, 다음 질문에 답해 봅시다. 🔊 16-01

> **什么颜色的车最安全？为什么？**
> Shénme yánsè de chē zuì ānquán? Wèi shénme?
> 어떤 색깔의 자동차가 가장 안전한가요? 왜 그런가요?

研究发现，汽车的颜色和安全的关系很大。白色和银色最安全，红色、蓝色和绿色比较安全，黑色最不安全。这是因为，浅颜色让人觉得车更宽、更大，比深颜色更能引起人们的注意。另外，深颜色和道路环境的颜色接近，尤其傍晚和雨天，不容易被人看清楚，比较容易发生事故。当然，行车安全，最重要的不是汽车的颜色，而是良好的开车习惯。

● 본문을 읽고, 최대한 구체적으로 다음 질문에 답해 봅시다.

1 **研究发现了什么？** 연구는 무엇을 발견했나요?
   Yánjiū fāxiànle shénme?

2 **为什么浅颜色的汽车比较安全？** 왜 옅은 색깔 자동차가 안전한 편인가요?
   Wèi shénme qiǎn yánsè de qìchē bǐjiào ānquán?

3 **为什么深颜色的汽车比较容易发生事故？** 왜 짙은 색깔 자동차는 사고가 일어나기 쉬운 편인가요?
   Wèi shénme shēn yánsè de qìchē bǐjiào róngyì fāshēng shìgù?

4 **行车安全，最重要的是什么？** 안전 운전에서 가장 중요한 것은 무엇인가요?
   Xíngchē ānquán, zuì zhòngyào de shì shénme?

새 단어 16-02

安全	ānquán 혱 안전하다	尤其	yóuqí 뷔 특히, 더욱이
关系	guānxi 몡 관계	傍晚	bàngwǎn 몡 밤
银色	yínsè 몡 은색, 회색	雨天	yǔ tiān 비가 오는 날
更	gèng 뷔 더욱	容易	róngyì 혱 ~하기 쉽다
宽	kuān 혱 넓다	发生	fāshēng 동 발생하다
引起	yǐnqǐ 동 야기하다	事故	shìgù 몡 사고
注意	zhùyì 동 주의하다, 관심을 갖다	行车	xíngchē 동 운전하다
道路	dàolù 몡 도로, 길	而是	ér shì (~가 아니라) ~이다
接近	jiējìn 동 비슷하다	良好	liánghǎo 혱 좋다, 우수하다

핵심 표현

- 深颜色和道路环境的颜色接近，尤其傍晚和雨天，不容易被人看清楚。
  부사 '尤其'는 '특히' '더욱이'라는 뜻으로, 앞서 말한 내용 중 구체적인 무언가에 대해 '더 자세히' 말하고 싶을 때 씁니다.

- 行车安全，最重要的不是汽车的颜色，而是良好的开车习惯。
  '不是A，而是B'는 'A가 아니라 B이다'라는 뜻으로, '而是'의 '而'은 뒤에 오는 말이 앞의 말과 반대됨(역접)을 나타냅니다.

본문 해석

연구에 따르면 자동차의 색깔이 안전과 큰 관계가 있다고 합니다. 흰색과 은색이 가장 안전하고 빨간색과 파란색, 녹색은 비교적 안전하며, 검정색은 가장 안전하지 않습니다. 이는 옅은 색깔이 사람들에게 차가 더욱 넓고 크다고 느끼게 하며 짙은 색깔보다 더 사람들의 주의를 끌기 때문입니다. 한편, 짙은 색깔은 도로 환경의 색깔과 비슷해서 특히 밤이나 비가 오는 날에는 사람들이 알아보기 쉽지 않아 사고가 일어나기 쉬운 편입니다. 물론 안전 운전에서 가장 중요한 것은 자동차 색깔이 아니라 좋은 운전 습관입니다.

본문 암송

研究发现，汽车的颜色_____。白色和____最安全，红色、____和____比较____，____最不安全。这是因为，浅颜色_____、____，比深颜色更能_____。另外，深颜色和_____接近，尤其____和____，不容易_____，比较容易_____。当然，行车安全，最重要的不是_____，而是_____。

활용

● '핵심 표현'에서 배운 내용을 떠올리며 다음 질문에 답해 봅시다.

1 '尤其'를 사용해 더 구체적으로 설명하는 내용 찾아 표시해 봅시다. 🔊 16-03

(1) 酒喝得太多对身体不好，尤其会影响到心脏健康。
Jiǔ hē de tài duō duì shēntǐ bù hǎo, yóuqí huì yǐngxiǎng dào xīnzàng jiànkāng.

(2) 家人的意见，尤其是爸爸的意见，对我来说很重要。
Jiārén de yìjiàn, yóuqí shì bàba de yìjiàn, duì wǒ lái shuō hěn zhòngyào.

(3) 现在环境污染很厉害，尤其是大城市。
Xiànzài huánjìng wūrǎn hěn lìhai, yóuqí shì dà chéngshì.

(4) 研究表明，白色、黄色、红色三种颜色的花儿最香，尤其是白色的花儿。
Yánjiū biǎomíng, báisè、huángsè、hóngsè sān zhǒng yánsè de huār zuì xiāng, yóuqí shì báisè de huār.

2 '不是A，而是B' 형식의 A, B에 해당하는 부분을 찾아 표시해 봅시다. 🔊 16-04

(1) 旅游最重要的不是去哪儿，而是跟谁一起去。
Lǚyóu zuì zhòngyào de bú shì qù nǎr, ér shì gēn shéi yìqǐ qù.

(2) 观众说，他们不是在看演出的时候睡觉，而是在睡觉的时候看演出。
Guānzhòng shuō, tāmen bú shì zài kàn yǎnchū de shíhou shuì jiào, ér shì zài shuì jiào de shíhou kàn yǎnchū.

(3) 大自然缺少的不是美，而是发现美的眼睛。
Dàzìrán quēshǎo de bú shì měi, ér shì fāxiàn měi de yǎnjing.

(4) 你最需要的不是留住她的人，而是留住她的心。
Nǐ zuì xūyào de bú shì liúzhù tā de rén, ér shì liúzhù tā de xīn.

📝 확장 단어 🔊 16-05

心脏 xīnzàng 명 심장 | 对……来说 duì……lái shuō ~의 경우에는 | 污染 wūrǎn 동 오염시키다, 오염되다 | 厉害 lìhai 형 심하다 | 表明 biǎomíng 동 분명하게 나타내다 | 香 xiāng 형 향기롭다 | 演出 yǎnchū 동 공연하다, 연기하다 | 大自然 dàzìrán 자연, 대자연 | 缺少 quēshǎo 동 부족하다, 모자라다 | 美 měi 형 아름답다

간체자

제시된 간체자가 모두 들어간 문장을 만들어 봅시다.

| 色 | 宽 |
| 跟 | 关 |

연습

1 의미가 통하도록 두 절을 연결한 후, 큰 소리로 읽어 봅시다.

(1) Ānni hěn xǐhuan Zhōngguó yīnyuè,
安妮很喜欢中国音乐，• • yóuqí shì Chūn Jié. 尤其是春节。

(2) Jiérì de shíhou rénmen xǐhuan fā duǎnxìn,
节日的时候人们喜欢发短信，• • yóuqí shì zhōumò. 尤其是周末。

(3) Mèimei de xuéxí chéngjì hěn hǎo,
妹妹的学习成绩很好，• • yóuqí shì Zhōngguó chuántǒng yīnyuè. 尤其是中国传统音乐。

(4) Zhège cāntīng rén hěn duō,
这个餐厅人很多，• • yóuqí shì shùxué. 尤其是数学。

2 '不是A, 而是B'를 사용해 제시된 두 문장을 하나의 문장으로 만들어 봅시다.

(1) Gēge bú shì chū guó liú xué. Gēge shì chū guó gōngzuò.
哥哥不是出国留学。哥哥是出国工作。

→ _____

(2) Shāngchǎng wǔ céng bú shì cāntīng. Shāngchǎng wǔ céng shì diànyǐngyuàn.
商场五层不是餐厅。商场五层是电影院。

→ _____

(3) Fángzū bú shì yí ge yuè jiāo yí cì. Fángzū yì nián jiāo yí cì.
房租不是一个月交一次。房租一年交一次。

→ _____

(4) Bàba bú shì tài kùn le. Bàba bù xǐhuan kàn zhège diànyǐng.
爸爸不是太困了。爸爸不喜欢看这个电影。

→ _____

3 보기의 단어를 정도가 높은 순서대로 배열해 봅시다.

| 보기 | A 比较 bǐjiào | B 最 zuì | C 更 gèng |

_____

4 자동차를 사게 된다면 어떤 색깔을 고를 것인지 이유를 들어 말해 봅시다.

17

Míngtiān bié lái le.

明天别来了。

내일은 나오지 마세요.

● 녹음을 듣고, 다음 질문에 답해 봅시다. 🔊 17-01

Niánqīngrén dàodǐ shì zuò shénme gōngzuò de?
年轻人到底是做什么工作的？ 젊은이는 도대체 무슨 일을 했나요?

Yǒu yì tiān, Zhāng lǎobǎn dào gōngchǎng jiǎnchá gōngzuò, kàn jiàn yí ge niánqīngrén lǎnyángyáng de kào zài xiāngzi shang. Zhāng lǎobǎn bùmǎn de wèn: "Nǐ yì zhōu zhèng duōshao qián?" "Wǔbǎi yuán." Niánqīngrén qíguài de kànzhe tā. Zhāng lǎobǎn náchū wǔbǎi yuán qián, yánsù de shuō: "Zhè shì nǐ yì zhōu de gōngzī, míngtiān nǐ bié lái le." Niánqīngrén shōuxià qián jiù zǒu le. "Tā zài zánmen chǎng gōngzuò duō cháng shíjiān le?" Zhāng lǎobǎn wèn pángbiān de gōngrén. "Tā bú shì zánmen chǎng de," gōngrén xiǎoxīn yìyì de shuō, "tā shì lái sòng kuàidì de."

有一天，张老板到工厂检查工作，看见一个年轻人懒洋洋地靠在箱子上。张老板不满地问："你一周挣多少钱？""五百元。"年轻人奇怪地看着他。张老板拿出五百元钱，严肃地说："这是你一周的工资，明天你别来了。"年轻人收下钱就走了。"他在咱们厂工作多长时间了？"张老板问旁边的工人。"他不是咱们厂的，"工人小心翼翼地说，"他是来送快递的。"

● 본문을 읽고, 최대한 구체적으로 다음 질문에 답해 봅시다.

Zhāng lǎobǎn duì shénme bù mǎnyì?
1. 张老板对什么不满意？ 장 사장은 무엇이 마음에 들지 않았나요?

Zhāng lǎobǎn wèn niánqīngrén shénme?
2. 张老板问年轻人什么？ 장 사장은 젊은이에게 무엇을 물었나요?

Tīngle niánqīngrén de huídá, Zhāng lǎobǎn zuòle shénme?
3. 听了年轻人的回答，张老板做了什么？ 젊은이의 대답을 듣고 장 사장은 무엇을 했나요?

Niánqīngrén shōudào qián hòu zuòle shénme?
4. 年轻人收到钱后做了什么？ 젊은이는 돈을 받고 무엇을 했나요?

새 단어 17-02

老板 lǎobǎn 명 사장, 주인
工厂 gōngchǎng 명 공장
检查工作 jiǎnchá gōngzuò 업무를 점검하다
懒洋洋 lǎnyángyáng 형 축 늘어지다, 게으르다
懒 lǎn 형 게으르다
靠 kào 동 기대다
不满 bùmǎn 형 불만족하다
周 zhōu 명 주

挣 zhèng 동 벌다
元 yuán 양 위앤[중국의 화폐 단위]
严肃 yánsù 형 진지하다, 엄숙하다
工资 gōngzī 명 급여
厂 chǎng 명 공장
工人 gōngrén 명 직원, 근로자
小心翼翼 xiǎoxīn yìyì 매우 조심스럽다
小心 xiǎoxīn 동 조심하다, 주의하다

핵심 표현

■ 一个年轻人懒洋洋地靠在箱子上。
조사 '地'는 형용사 뒤에 붙어 형용사를 부사어로 만들어 주는 기능을 합니다. '형용사+地'는 주로 동사술어 앞에 쓰여 동사를 꾸미는 역할을 합니다.

■ 明天你别来了。
'别+동사술어+了'는 '~하지 마라'라는 뜻으로, 누군가에게 금지의 명령을 내릴 때 쓰는 문형입니다.

본문 해석

하루는 장 사장이 공장에 가서 업무를 점검하다가 한 젊은이가 축 늘어져서 상자에 기대어 있는 모습을 보았습니다. 장 사장은 불만스럽게 물었습니다. "자네는 한 주에 얼마를 버나?" "오백 위앤이요." 젊은이는 이상하다는 듯 그를 보았습니다. 장 사장은 오백 위앤을 꺼내더니 진지하게 말했습니다. "이게 자네 한 주 급여이니 내일은 나오지 말게." 젊은이는 돈을 받고는 바로 가 버렸습니다. "저 친구 우리 공장에서 얼마나 일했나?" 장 사장은 옆에 있던 직원에게 물었습니다. "그 사람은 우리 공장 사람이 아닙니다." 직원은 조심조심 말했습니다. "그 사람은 퀵서비스를 배달하러 왔던 것입니다."

본문 암송

有一天，张老板到＿＿＿＿＿＿，看见＿＿＿＿＿＿＿＿靠＿＿＿＿。张老板＿＿地问:"你一周＿＿＿＿?""五百元。"年轻人＿＿＿＿＿。张老板＿＿＿＿＿，＿＿地说:"这是＿＿＿＿＿，明天＿＿＿＿。"年轻人＿＿＿＿＿。"他在＿＿＿工作＿＿＿＿?"张老板＿＿＿＿＿。"他不是＿＿＿＿，"工人＿＿＿＿地说，"他是＿＿＿＿＿。"

활용

● '핵심 표현'에서 배운 내용을 떠올리며 다음 질문에 답해 봅시다.

1 '형용사+地' 형식의 부사어를 찾아 표시해 봅시다. 🔊 17-03

(1) 他们一见面就开心地聊了起来。
　　Tāmen yí jiàn miàn jiù kāixīn de liáole qǐlai.

(2) 她愉快地接受了我们的邀请。
　　Tā yúkuài de jiēshòule wǒmen de yāoqǐng.

(3) 任务终于完成了，我们应该好好儿地休息休息。
　　Rènwu zhōngyú wánchéng le, wǒmen yīnggāi hǎohāor de xiūxi xiūxi.

(4) 王经理给我们简单地介绍了一下公司的情况。
　　Wáng jīnglǐ gěi wǒmen jiǎndān de jièshàole yíxià gōngsī de qíngkuàng.

2 금지하는 내용을 찾아 표시해 봅시다. 🔊 17-04

(1) 你别等了，她肯定不会来了。
　　Nǐ bié děng le, tā kěndìng bú huì lái le.

(2) 你别走了，就在这儿吃吧。
　　Nǐ bié zǒu le, jiù zài zhèr chī ba.

(3) 别难过了，他的病会好起来的。
　　Bié nánguò le, tā de bìng huì hǎo qǐlai de.

(4) 出门前，别忘了关灯。
　　Chū mén qián, bié wàngle guān dēng.

📝 확장 단어　🔊 17-05

愉快 yúkuài 형 즐겁다, 유쾌하다 | **接受** jiēshòu 동 받아들이다, 수용하다 | **邀请** yāoqǐng 동 초청하다 | **任务** rènwu 명 임무 | **好好儿** hǎohāor 부 잘, 정성껏, 똑바로 | **情况** qíngkuàng 명 상황 | **肯定** kěndìng 부 반드시, 분명히, 틀림없이 | **难过** nánguò 형 슬프다, 괴롭다, 고생스럽다 | **出门** chū mén 동 외출하다, 나가다 | **关灯** guān dēng 전등을 끄다

간체자

제시된 간체자가 모두 들어간 문장을 만들어 봅시다.

| 板 检 |
| 严 满 |

연습

1 괄호 안 단어와 '형용사+地' 형식을 사용해 문장을 완성해 봅시다.

(1) Fángjiān tài luàn le, nǐ
房间太乱了，你_____。（好好儿　打扫）
hǎohāor　dǎsǎo

(2) Lǎo Wáng _____ shài tàiyang. （懒洋洋　躺）
老王_____晒太阳。
lǎnyángyang　tǎng

(3) Tīngle tā de huà, nǚháir
听了他的话，女孩儿_____。（高兴　笑）
gāoxìng　xiào

(4) Jiějie _____ : "Wǒ de yǎnjìng shì nǐ shuāihuài de ma?" （生气　问）
姐姐_____："我的眼镜是你摔坏的吗？"
shēng qì　wèn

(5) Nà wèi nǚshì _____ : "Wǒ bù zhīdao." （冷冰冰　回答）
那位女士_____："我不知道。"
lěngbīngbīng　huídá

2 '别+동사+了' 문형을 사용해 그림 속 상황에 어울리는 문장을 써 봅시다.

_____　_____　_____　_____　_____

3 관련있는 것끼리 연결해 봅시다.

(1) yúkuài 愉快 •　• 긴장하다　　(2) mǎnyì 满意 •　• 슬프다, 괴롭다, 고생스럽다

wúliáo 无聊 •　• 놀랍고 기쁘다　　xīngfèn 兴奋 •　• 만족하다

jīngxǐ 惊喜 •　• 지루하다　　nánguò 难过 •　• 조급해하다, 마음을 졸이다

qíguài 奇怪 •　• 즐겁다, 유쾌하다　　zháojí 着急 •　• 쌀쌀하다, 차갑다

jǐnzhāng 紧张 •　• 이상하다　　lěngbīngbīng 冷冰冰 •　• 흥분하다, 감격하다

4 '형용사+地' 형식을 활용해 자신의 저녁 일과를 자세하게 말해 봅시다.

18 狗不理
Gǒubùlǐ
거우부리

● 녹음을 듣고, 다음 질문에 답해 봅시다. 🔊 18-01

> Rénmen wèi shénme xǐhuan mǎi "Gǒubùlǐ" bāozi?
> 人们为什么喜欢买"狗不理"包子? 사람들은 왜 '거우부리'의 빠오즈를 사고 싶어 하나요?

天津的"狗不理"包子店已经有一百多年的历史了。传说，店主叫高贵友，小名叫"狗子"。狗子做的包子又好吃又好看，还很便宜。店里的顾客太多了，他忙极了，只好让顾客把钱放在桌子上，他根据钱数给包子。因为太忙，他没有时间跟顾客说话，人们就开玩笑说："狗子卖包子，谁都不理。"后来，他家的包子就被叫作"狗不理"了。

● 본문을 읽고, 최대한 구체적으로 다음 질문에 답해 봅시다.

1 "狗不理"包子店的历史有多长? '거우부리' 만두 가게의 역사는 얼마나 오래됐나요?

2 店主叫什么? 小名叫什么? 가게 주인의 이름은 무엇인가요? 어렸을 적 별명은 무엇이었나요?

3 他怎么卖包子? 그는 어떤 방식으로 빠오즈를 팔았나요?

4 人们为什么把他的包子叫作"狗不理"? 사람들은 왜 그의 빠오즈를 '거우부리'라고 불렀나요?

새 단어 18-02

天津 Tiānjīn 고유 티앤진
狗不理 Gǒubùlǐ 고유 거우부리
店 diàn 명 가게, 상점
已经 yǐjīng 부 이미, 벌써
传说 chuánshuō 동 전하는 바에 따르다
高贵友 Gāo Guìyǒu 고유 가오구이여우
小名 xiǎomíng 명 아명, 어릴 때 이름·별명
狗子 Gǒuzi 고유 거우쯔

顾客 gùkè 명 손님, 고객
只好 zhǐhǎo 부 할 수 없이
钱数 qiánshù 금액
开玩笑 kāi wánxiào 농담하다
玩笑 wánxiào 명 농담
理 lǐ 동 상대하다, 관심 갖다[주로 부정형인 '不理'로 쓰임]
后来 hòulái 명 그 후, 나중, 다음
叫作 jiàozuò 동 ~라고 불리다

핵심 표현

■ 狗子做的包子又好吃又好看，还很便宜。
부사 '还 hái'는 앞서 한 말에 덧붙일 말이 있을 때 씁니다. '또한' '역시' '게다가' '더욱이' 등으로 다양하게 해석할 수 있습니다.

■ 他只好让顾客把钱放在桌子上。
'只好'는 '할 수 없이'라는 뜻으로 다른 선택의 여지가 없음을 나타낼 때 쓰는 부사입니다.

본문 해석

티앤진의 '거우부리' 빠오즈 가게는 이미 백여 년의 역사를 가지고 있습니다. 전하는 바에 따르면 가게 주인의 이름은 '가오구이여우(高贵友)'인데, 어렸을 때 별명이 '거우쯔(狗子)'였다고 합니다. 거우쯔가 만드는 빠오즈는 맛도 있고 보기도 좋았으며 값도 쌌습니다. 가게 손님이 많아지면서 그는 대단히 바빠졌습니다. 하는 수 없이 손님에게 돈을 탁자 위에 두라고 했고, 그는 돈 액수에 따라 빠오즈를 주었습니다. 너무 바빠서 그는 손님과 말을 할 시간도 없었기 때문에, 사람들은 "거우쯔가 빠오즈를 파느라 누구도 거들떠보지 않는다"라고 농담을 했습니다. 나중에 그의 가게 빠오즈는 '거우부리(狗不理)'로 불리게 됐습니다.

본문 암송

天津的"狗不理"包子店已经_____。传说，_____高贵友，_____"狗子"。狗子做的包子_____，还_____。店里的顾客_____，他_____，只好让___把_____，他根据_____。因为___，他没有时间_____，人们_____说："狗子_____，_____。"后来，他家的包子_____"_____"__。

활용

● '핵심 표현'에서 배운 내용을 떠올리며 다음 질문에 답해 봅시다.

1 부사 '还'로 연결하는 내용을 찾아 표시해 봅시다. 18-03

(1) Běijīng de chūntiān jīngcháng guā fēng, hái hěn gānzào.
北京的春天经常刮风，还很干燥。

(2) Zhè zhǒng diàochá fāngfǎ yòu kuài yòu zhǔnquè, hái hěn jiǎndān.
这种调查方法又快又准确，还很简单。

(3) Jīntiān wǒ dì-yī cì kāi chē, yòu jǐnzhāng yòu xīngfèn, hái yǒudiǎnr hàipà.
今天我第一次开车，又紧张又兴奋，还有点儿害怕。

(4) Liú lǎoshī yòu gāo yòu shuài, hái hěn yōumò, xuéshengmen dōu hěn xǐhuan tā.
刘老师又高又帅，还很幽默，学生们都很喜欢他。

2 '다른 선택의 여지가 없음'을 나타내는 부사를 찾아 표시해 봅시다. 18-04

(1) Míngtiān yǒu dà yǔ, yùndònghuì zhǐhǎo tuīchí le.
明天有大雨，运动会只好推迟了。

(2) Tāmen zài yìqǐ zǒngshì chǎo jià, zhǐhǎo fēn shǒu le.
他们在一起总是吵架，只好分手了。

(3) Lù shang chē tài duō le, néng bu néng gǎnshang fēijī, wǒ zhǐhǎo tīng tiān yóu mìng le.
路上车太多了，能不能赶上飞机，我只好听天由命了。

(4) Xīyī méi zhìhǎo wǒ de bìng, wǒ zhǐhǎo qù kàn zhōngyī.
西医没治好我的病，我只好去看中医。

확장 단어　18-05

干燥 gānzào 형 건조하다 | 调查 diàochá 동 조사하다 | 准确 zhǔnquè 형 정확하다 | 害怕 hàipà 동 무서워하다 | 帅 shuài 형 멋지다, 잘생기다 | 运动会 yùndònghuì 명 운동회 | 推迟 tuīchí 동 미루다, 연기하다 | 分手 fēn shǒu 동 헤어지다 | 赶上 gǎnshang 동 따라잡다 | 听天由命 tīng tiān yóu mìng 운명을 하늘에 맡기다 | 西医 xīyī 명 서양 의사 | 治 zhì 동 다스리다, 치료하다 | 看 kàn 동 진찰받다 | 中医 zhōngyī 명 한의사

간체자

제시된 간체자가 모두 들어간 문장을 만들어 봅시다.

客　传
已　钱

연습

1 제시된 낱말과 '还'를 알맞게 배열해 문장을 완성해 봅시다.

(1) 那个房子 (nàge fángzi)　宽敞 (kuānchang)　漂亮 (piàoliang)　不贵 (bú guì)

(2) 会弹钢琴 (huì tán gāngqín)　会拉小提琴 (huì lā xiǎotíqín)　安妮 (Ānni)

(3) 这双鞋 (zhè shuāng xié)　很舒服 (hěn shūfu)　又好看又便宜 (yòu hǎokàn yòu piányi)

(4) 工资不高 (gōngzī bù gāo)　这个工作 (zhège gōngzuò)　很辛苦 (hěn xīnkǔ)

(5) 他 (tā)　会唱京剧 (huì chàng jīngjù)　也喜欢听 (yě xǐhuan tīng)　相声 (xiàngsheng)　想学太极拳 (xiǎng xué tàijíquán)

2 그림을 보고, '只好'를 사용해 문장을 완성해 봅시다.

(1)  Tā shòushāng le, 他受伤了，_____。

(2)  Zhàngfu wàngle dài yàoshi, 丈夫忘了带钥匙，_____。

(3)  Diàntī huài le, Lǎo Lǐ 电梯坏了，老李_____。

(4)  Wǒ de zìxíngchē huài le, wǒ 我的自行车坏了，我_____。

3 그림이 나타내는 단어를 보기에서 찾아 봅시다.

보기:
A 厨师 (chúshī)　B 警察 (jǐngchá)　C 老师 (lǎoshī)　D 律师 (lǜshī)
E 司机 (sījī)　F 记者 (jìzhě)　G 邮递员 (yóudìyuán)　H 工人 (gōngrén)

(1) □　(2) □　(3)  □　(4)  □

(5)  □　(6)  □　(7)  □　(8)  □

4 우리나라의 유명한 식당을 소개해 봅시다. 모르는 단어는 한국어로 해도 좋습니다.

19

Bùgǎn shuō.
不敢说。
말할 용기가 없어요.

● 녹음을 듣고, 다음 질문에 답해 봅시다. 🔊 19-01

> Xiǎo Lǐ qùle jǐ cì yīyuàn?
> 小李去了几次医院? 샤오리는 병원에 몇 번 갔나요?

Xiǎo Lǐ sǎngzi téng, dào yīyuàn kàn bìng. Dàifu rènzhēn jiǎnchá hòu shuō: "Biǎntáotǐ fāyán le, zuìhǎo qiē-
小李嗓子疼，到医院看病。大夫认真检查后说:"扁桃体发炎了，最好切
chú." Tā tīngle dàifu de jiànyì, zuòle shǒushù, bǎ biǎntáotǐ qiēdiào le. Guòle bàn nián, Xiǎo Lǐ
除。"他听了大夫的建议，做了手术，把扁桃体切掉了。过了半年，小李
dùzi téng de shòu bu liǎo, yòu qù zhǎo dàifu. dàifu shuō: "Mángcháng fāyán le, bìxū qiēchú!" Tā tīng
肚子疼得受不了，又去找大夫。大夫说:"盲肠发炎了，必须切除!"他听
le dàifu de jiànyì, bǎ mángcháng yě qiēdiào le. Yòu guòle bàn nián, Xiǎo Lǐ yòu qù zhǎo dàifu. Dàifu
了大夫的建议，把盲肠也切掉了。又过了半年，小李又去找大夫。大夫
wèn: "Nǐ yòu zěnme le?" Tā xiǎo shēng shuō: "Wǒ bùgǎn gēn nín shuō." "Nǐ dàodǐ zěnme le?" "Wǒ……
问:"你又怎么了?"他小声说:"我不敢跟您说。""你到底怎么了?""我……
wǒ tóu téng!"
我头疼!"

● 본문을 읽고, 최대한 구체적으로 다음 질문에 답해 봅시다.

Dì-yī cì, Xiǎo Lǐ wèi shénme qù yīyuàn kàn bìng? Dàifu gěile tā shénme jiànyì?
1 第一次，小李为什么去医院看病? 大夫给了他什么建议?
맨 처음 샤오리는 왜 병원에 갔고, 의사는 무엇을 제안했나요?

Guòle bàn nián, Xiǎo Lǐ wèi shénme yòu qù zhǎo dàifu? Dàifu gěile tā shénme jiànyì?
2 过了半年，小李为什么又去找大夫? 大夫给了他什么建议?
반년이 지나고 샤오리는 왜 또 의사를 찾았고, 의사는 무엇을 제안했나요?

Yòu guòle bàn nián, Xiǎo Lǐ wèi shénme yòu qù zhǎo dàifu? Dàifu yòu gěile tā shénme jiànyì?
3 又过了半年，小李为什么又去找大夫? 大夫又给了他什么建议?
또 반년이 지나고 샤오리는 왜 다시 의사를 찾았나요?

Xiǎo Lǐ dàodǐ zěnme le?
4 小李到底怎么了? 샤오리는 도대체 어떻게 된 건가요?

새 단어 19-02

看病	kàn bìng	동 진찰 받다, 진찰하다	切	qiē 동 자르다
认真	rènzhēn	형 진지하다, 성실하다	受不了	shòu bu liǎo 참을 수 없다
扁桃体	biǎntáotǐ	명 편도선	盲肠	mángcháng 명 맹장
发炎	fāyán	동 염증이 생기다	必须	bìxū 부 반드시 ~해야 한다
切除	qiēchú	동 떼어내다	小声	xiǎo shēng 작은 소리
建议	jiànyì	명 제안 동 제안하다	不敢	bùgǎn 동 감히 ~하지 못하다
手术	shǒushù	명 수술	跟	gēn 개 ~에게

핵심 표현

- **盲肠发炎了，必须切除！**
  부사 '必须'는 '반드시 ~해야 한다'라는 뜻으로, 부정형은 '不必'입니다. '不必'는 '반드시 ~할 필요는 없다'라는 뜻으로, '~하지 말아야 한다'라는 뜻이 아니라는 것에 주의하세요.

- **我不敢跟您说。**
  '跟'이 '~에게'라는 뜻의 개사로 쓰인 문장입니다. '跟'은 접속사, 개사, 동사 등 여러 가지 쓰임이 있으니 각각의 쓰임을 잘 숙지하도록 합니다. (신개념 중국어 2권 1과·19과, 3권 4과·19과 참고)

본문 해석

샤오리가 목이 아파서 진찰을 받으러 병원에 갔습니다. 의사는 꼼꼼하게 검사를 한 뒤 말했습니다. "편도선에 염증이 생겼네요. 절개하는 게 가장 좋겠어요." 그는 의사의 제안을 듣고 수술을 받아 편도선을 떼어 버렸습니다. 반년 뒤 샤오리는 참을 수 없을 만큼 배가 아파서 또 의사를 찾아갔습니다. 의사가 말했습니다. "맹장에 염증이 생겨서 반드시 제거해야만 합니다!" 그는 의사의 제안을 듣고 맹장도 떼어 버렸습니다. 다시 반년이 지나고 샤오리는 또 의사를 찾아갔습니다. 의사가 물었습니다. "또 무슨 일인가요?" 그는 작은 소리로 대답했습니다. "말할 용기가 없어요." "도대체 왜 그러세요?" "저……저 머리가 아파요!"

본문 암송

小李＿＿＿＿，到＿＿＿＿＿＿。大夫＿＿＿＿＿＿＿说："扁桃体＿＿＿＿，最好＿＿＿＿。"他听了＿＿＿＿＿＿＿，做了＿＿＿，把＿＿＿＿＿＿＿。过了半年，小李＿＿＿＿＿＿＿＿，又去＿＿＿＿。大夫说："盲肠＿＿＿＿，必须＿＿＿＿!"他听了＿＿＿＿＿＿，把＿＿＿＿＿＿。又过了半年，小李＿＿＿＿＿＿＿。大夫问："你＿＿＿＿＿＿？"他＿＿＿说："我＿＿＿＿＿＿。""你到底＿＿＿＿？""我……我＿＿＿!"

활용

● '핵심 표현'에서 배운 내용을 떠올리며 다음 질문에 답해 봅시다.

1 '必须'와 '不必'가 수식하는 술어를 찾아 표시해 봅시다. 19-03

(1) 每个人都必须遵守法律。
   Měi ge rén dōu bìxū zūnshǒu fǎlǜ.

(2) 最近我又长了五斤，必须减肥了。
   Zuìjìn wǒ yòu zhǎngle wǔ jīn, bìxū jiǎn féi le.

(3) 今天的考试很简单，不必紧张。
   Jīntiān de kǎoshì hěn jiǎndān, búbì jǐnzhāng.

(4) 离登机时间还早呢，你不必着急。
   Lí dēngjī shíjiān hái zǎo ne, nǐ búbì zháojí.

2 동작의 대상을 찾아 표시해 봅시다. 19-04

(1) 这件事小刘跟我说过，可是我忘了。
   Zhè jiàn shì Xiǎo Liú gēn wǒ shuōguo, kěshì wǒ wàng le.

(2) 这个问题比较复杂，我得跟你们解释一下。
   Zhège wèntí bǐjiào fùzá, wǒ děi gēn nǐmen jiěshì yíxià.

(3) 你跟大家介绍介绍网上购物的经验吧。
   Nǐ gēn dàjiā jièshào jièshào wǎng shang gòuwù de jīngyàn ba.

(4) 我们去跟那位新来的同事打个招呼吧。
   Wǒmen qù gēn nà wèi xīn lái de tóngshì dǎ ge zhāohu ba.

확장 단어 19-05

遵守 zūnshǒu 통 지키다, 준수하다 | 法律 fǎlǜ 명 법률 | 减肥 jiǎn féi 통 다이어트하다 | 不必 búbì 부 ~할 필요가 없다 | 登机 dēngjī 통 비행기에 탑승하다 | 复杂 fùzá 형 복잡하다 | 解释 jiěshì 통 설명하다, 해석하다 | 经验 jīngyàn 명 경험 | 新 xīn 부 새롭게 | 打招呼 dǎ zhāohu 인사하다 | 招呼 zhāohu 통 인사하다

간체자

제시된 간체자가 모두 들어간 문장을 만들어 봅시다.

> 真 议
> 须 声

연습

1 그림을 보고, '必须'나 '不必'를 사용해 문장을 완성해 봅시다.

(1) Yǐjīng shí'èr diǎn le, wǒ
已经12点了，我 _____。

(2) Nǐ fā shāo le,
你发烧了，_____。

(3) Zuò fēijī de shíhou,
坐飞机的时候，_____。

(4) Míngnián wǒmen hái huì zài jiàn miàn de, nǐ
明年我们还会再见面的，你_____。

2 '跟'의 문장 속 알맞은 위치를 찾아 봅시다.

(1) A 快 B 我说说 C 你学汉语的好方法吧。
　　kuài　　wǒ shuōshuo　nǐ xué Hànyǔ de hǎo fāngfǎ ba.

(2) A 大家 B 说说 C 你回国后的打算吧。
　　dàjiā　shuōshuo　nǐ huí guó hòu de dǎsuàn ba.

(3) A 老师 B 同学们讲了讲 C 怎么查汉语词典。
　　lǎoshī　tóngxuémen jiǎngle jiǎng　zěnme chá Hànyǔ cídiǎn.

(4) A 你有时间吗？ B 我想 C 你说件事。
　　nǐ yǒu shíjiān ma?　wǒ xiǎng　nǐ shuō jiàn shì.

(5) A 我来 B 大家介绍一下，这位是 C 王律师。
　　wǒ lái　dàjiā jièshào yíxià,　zhè wèi shì　Wáng lǜshī.

3 그림이 나타내는 단어를 보기에서 찾아 봅시다.

보기: A 发烧 fā shāo　B 伤 shāng　C 发炎 fāyán　D 住院 zhù yuàn　E 手术 shǒushù　F 药 yào　G 西医 xīyī　H 中医 zhōngyī

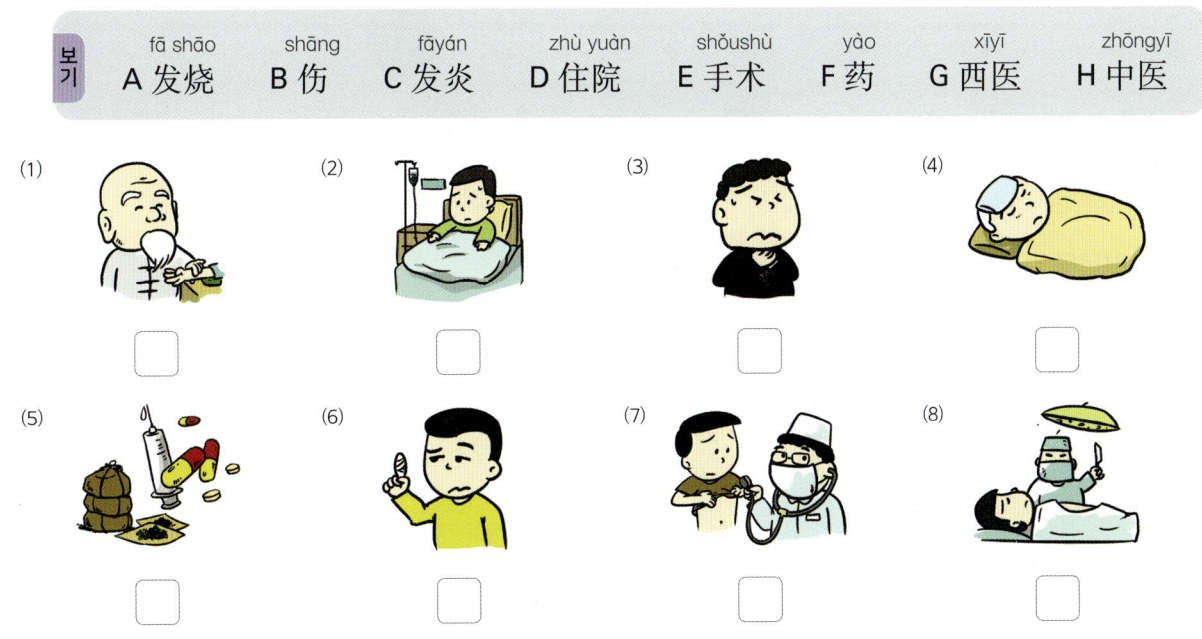

4 아픈 사람을 간호했던 경험에 대해 말해 봅시다.

20 数字中国
shùzì Zhōngguó

숫자로 보는 중국

● 녹음을 듣고, 다음 질문에 답해 봅시다. 🔊 20-01

> Zhōngguó de dì-yī dà hé shì shénme hé?
> **中国的第一大河是什么河?** 중국에서 가장 큰 강은 무엇인가요?

中国在亚洲东部，陆地面积960万平方公里。长江是中国第一大河，世界第三大河，长6397公里。黄河是中国第二大河，世界第五大河，长5464公里。珠穆朗玛峰高8844.43米，是中国最高的山峰，也是世界最高的山峰。到2010年11月1日，中国总人口达13.7亿人。中国是多民族国家，有56个民族。汉族人口最多，占全国总人口的90%以上，珞巴族人口最少，还不到3000人。

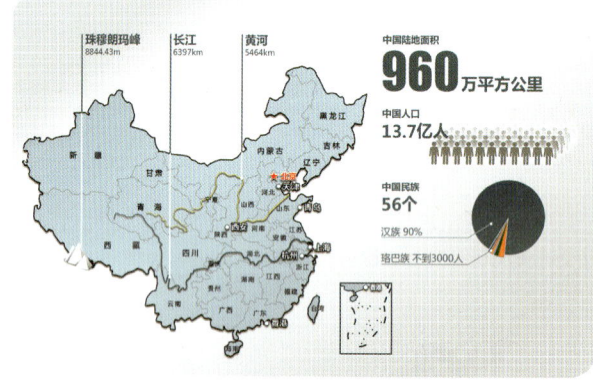

● 본문을 읽고, 최대한 구체적으로 다음 질문에 답해 봅시다.

1. Zhōngguó de lùdì miànjī yǒu duō dà?
   中国的陆地面积有多大? 중국의 육지 면적은 얼마인가요?

2. Cháng Jiāng hé Huáng Hé yǒu duō cháng? Zhūmùlǎngmǎ Fēng yǒu duō gāo?
   长江和黄河有多长? 珠穆朗玛峰有多高?
   창지앙과 황허는 얼마나 긴가요? 에베레스트 산은 얼마나 높나요?

3. Zhōngguó nǎge mínzú rénkǒu zuì duō? Zhàn quánguó zǒngrénkǒu de duōshao?
   中国哪个民族人口最多? 占全国总人口的多少?
   중국은 어느 민족 인구가 가장 많은가요? 전국 총 인구의 얼마를 차지하나요?

4. Zhōngguó nǎge mínzú rénkǒu zuì shǎo? Yǒu duōshao rén?
   中国哪个民族人口最少? 有多少人? 중국은 어느 민족 인구가 가장 적은가요? 몇 명이나 되나요?

새 단어 🔊 20-02

数字	shùzì 명 숫자	山峰	shānfēng 명 산봉우리
亚洲	Yàzhōu 고유 아시아 주	总人口	zǒngrénkǒu 총 인구
东部	dōngbù 명 동부	总	zǒng 형 전체의, 총
陆地	lùdì 명 육지	人口	rénkǒu 명 인구
平方公里	píngfāng gōnglǐ 제곱킬로미터	多民族	duōmínzú 다민족
公里	gōnglǐ 양 킬로미터	民族	mínzú 명 민족
长江	Cháng Jiāng 고유 창지앙	汉族	Hànzú 고유 한족
河	hé 명 강	占	zhàn 동 차지하다
长	cháng 명 길이	全国	quánguó 전국
黄河	Huáng Hé 고유 황허	全	quán 형 전체의, 모든 부 모두, 완전히
珠穆朗玛峰	Zhūmùlǎngmǎ Fēng 고유 에베레스트 산	以上	yǐshàng 명 이상
高	gāo 명 높이	珞巴族	Luòbāzú 고유 뤄바족
米	mǐ 양 미터		

핵심 표현

- **珠穆朗玛峰高8844.43米。**
  중국어로 숫자를 읽는 방식은 한국어와 마찬가지로, 숫자에 자릿수를 붙여 읽으면 됩니다. 소수점은 '点 diǎn'이라고 읽고, 소수점 이하의 숫자는 자릿수를 붙이지 않고 하나씩 끊어서 읽습니다. 자릿수를 나타내는 중국어 '一 yī 일' '十 shí 십' '百 bǎi 백' '千 qiān 천' '万 wàn 만' '亿 yì 억'는 기본적으로 익혀 두도록 합니다.

- **汉族人口最多，占全国总人口的90%以上。**
  퍼센트(%)는 '百分之 bǎi fēnzhī'라고 읽습니다. 예를 들어 90%는 '百分之九十 bǎi fēnzhī jiǔshí'라고 읽습니다.

본문 해석

중국은 아시아 동부에 있으며, 육지 면적은 960만 제곱킬로미터입니다. 창지앙은 중국 최대의 강이자 세계에서 세 번째로 큰 강으로, 길이가 6397킬로미터입니다. 황허는 중국에서 두 번째로 큰 강이자 세계에서 다섯 번째로 큰 강으로, 길이는 5464킬로미터입니다. 에베레스트 산은 8844.43미터로 중국에서 가장 높은 산봉우리이자 세계에서도 가장 높은 산봉우리입니다. 2010년 11월 1일, 중국의 총 인구는 13.7억 명에 달했습니다. 중국은 다민족 국가로 56개 민족이 있습니다. 한족이 인구가 가장 많아 전국 총 인구의 90퍼센트 이상을 차지하고, 뤄바족이 인구가 가장 적어 3천 명도 되지 않습니다.

본문 암송

中国在_____，_____960万_____。长江是中国_____，世界_____，长6397___。黄河是_____，_____，长5464___。珠穆朗玛峰__8844.43__，是_____，也是世界_____。到2010年11月11日，中国____达13.7亿人。中国是_____，有56个___。汉族_____，占_____90%以上，珞巴族_____，还____3000人。

활용

● '핵심 표현'에서 배운 내용을 떠올리며 다음 문장을 읽어 봅시다.

1 숫자에 주의해 여러 번 따라 읽어 봅시다. 🔊 20-03

(1) Qīngdǎo Jiāozhōu Wān Dàqiáo cháng sìshíyī diǎn wǔ bā gōnglǐ, shì shìjiè shang zuì cháng de qiáo.
青岛胶州湾大桥长41.58公里，是世界上最长的桥。

(2) Quán shìjiè měi nián yào yòng yī diǎn èr wàn yì ge sùliàodài, měi fēnzhōng yào yòng yìbǎi wàn ge.
全世界每年要用1.2万亿个塑料袋，每分钟要用100万个。

(3) Yìqiān wǔbǎi duō nián qián, Zǔ Chōngzhī jiù bǎ yuánzhōulǜ jìsuàn dào sān diǎn yī sì yī wǔ jiǔ èr liù dào sān diǎn yī sì yī wǔ jiǔ èr qī zhījiān.
1500多年前，祖冲之就把圆周率计算到3.1415926到3.1415927之间。

(4) Dào èr líng yī èr nián, Zhōngguó de wǎngmín yǐjīng dádào wǔ diǎn liù sì yì.
到2012年，中国的网民已经达到5.64亿。

2 숫자와 단위 표현에 주의해 여러 번 따라 읽어 봅시다. 🔊 20-04

(1) Bǎi fēnzhī sìshí de Zhōngguó wǎngmín yǒu wǎng shang gòuwù de jīnglì.
40%的中国网民有网上购物的经历。

(2) Dìqiú zǒng miànjī sān diǎn liù yì píngfāng gōnglǐ, bǎi fēnzhī qīshíyī shì hǎiyáng.
地球总面积3.6亿平方公里，71%是海洋。

(3) Hànyǔ shì shìjiè shang shǐyòng rénkǒu zuì duō de yǔyán, shuō Hànyǔ de rén zhàn shìjiè rénkǒu de bǎi fēnzhī èrshísān.
汉语是世界上使用人口最多的语言，说汉语的人占世界人口的23%。

(4) Zhǐyào yǒu bǎi fēnzhī yī de xīwàng, jiù yào jìn bǎi fēnzhī bǎi de nǔlì.
只要有百分之一的希望，就要尽百分之百的努力。

📝 확장 단어 🔊 20-05

青岛 Qīngdǎo 고유 칭다오 | 胶州湾 Jiāozhōu Wān 고유 쟈오저우만 | 祖冲之 Zǔ Chōngzhī 고유 조충지 | 圆周率 yuánzhōulǜ 명 원주율(π) | 计算 jìsuàn 동 계산하다 | 之间 zhījiān 명 사이 | 网民 wǎngmín 명 누리꾼, 네티즌 | 经历 jīnglì 명 경험 | 海洋 hǎiyáng 명 바다, 해양 | 使用 shǐyòng 동 사용하다 | 只要 zhǐyào 접 다만 ~하기만 하면 | 尽 jìn 동 되도록 ~하다 | 努力 nǔlì 동 노력하다

간체자

제시된 간체자가 모두 들어간 문장을 만들어 봅시다.

部	陆
总	里

연습

1 국가의 면적과 인구수를 나타낸 도표를 보고 물음에 답해 봅시다.

(1) Zhōngguó miànjī duō dà? Yǒu duōshao rénkǒu?
中国面积多大？有多少人口？

(2) Měiguó miànjī duō dà? Yǒu duōshao rénkǒu?
美国面积多大？有多少人口？

(3) Éluósī miànjī duō dà? Yǒu duōshao rénkǒu?
俄罗斯面积多大？有多少人口？

(4) Fǎguó miànjī duō dà? Yǒu duōshao rénkǒu?
法国面积多大？有多少人口？

(5) Yīngguó miànjī duō dà? Yǒu duōshao rénkǒu?
英国面积多大？有多少人口？

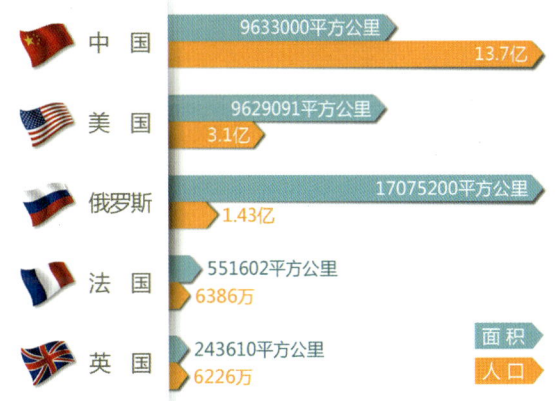

2 세계 언어 사용 인구 통계를 다룬 도표를 보고 물음에 답해 봅시다.

(1) Shuō Hànyǔ de rén zhàn shìjiè rénkǒu de duōshao?
说汉语的人占世界人口的多少？

(2) Shuō Xībānyáyǔ de rén zhàn shìjiè rénkǒu de duōshao?
说西班牙语的人占世界人口的多少？

(3) Shuō Yīngyǔ de rén zhàn shìjiè rénkǒu de duōshao?
说英语的人占世界人口的多少？

(4) Shuō Ālābóyǔ de rén zhàn shìjiè rénkǒu de duōshao?
说阿拉伯语的人占世界人口的多少？

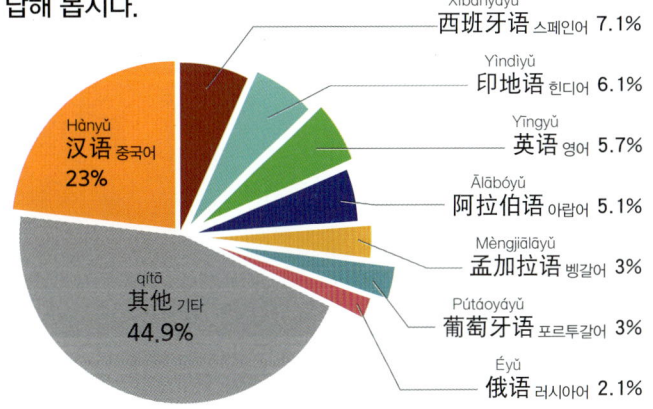

3 빈칸에 알맞은 지명을 보기에서 찾아 봅시다.

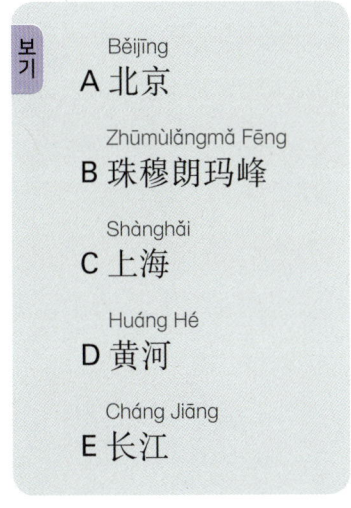

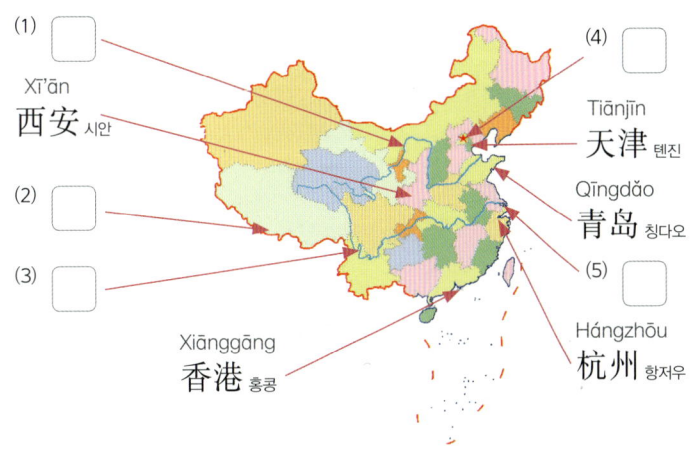

4 자신이 알고 있는 중국 또는 중국인에 관해 말해 봅시다.

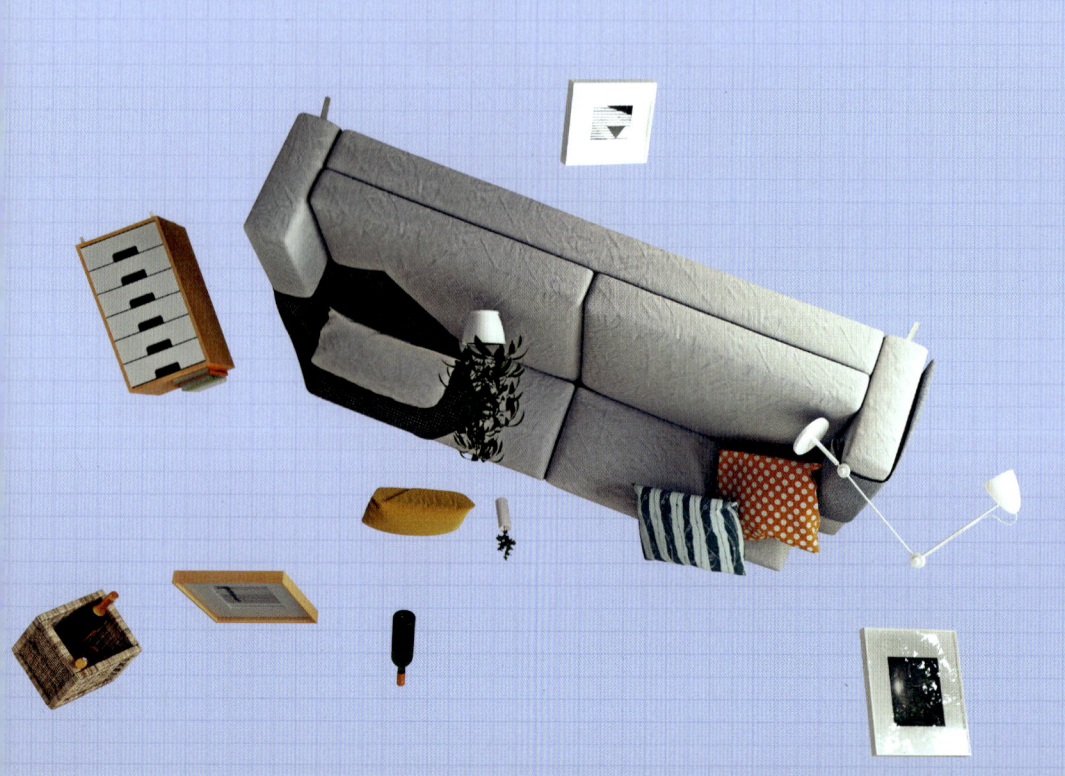

부록

번체자 본문	94
녹음 대본과 모범답안	101
단어 색인	121

번체자 본문

01 第一次上路 | 第一次上路

警察对我说了什么？

今天我第一次开车上路，既紧张又兴奋。到了一个路口，红灯亮了，我把车停了下来。过了一会儿，绿灯亮了，可是我的车熄火了。又过了一会儿，绿灯变成了黄灯，黄灯又变成了红灯，我的车还是动不了。这个时候一位警察走过来，说："小姐，你还没有等到你喜欢的颜色吗？"

1 今天"我"的心情怎么样？为什么？
2 到了路口怎么了？
3 "我"的车怎么了？
4 这个时候，谁走了过来？

警察對"我"說了什麼？

今天我第一次開車上路，既緊張又興奮。到了一個路口，紅燈亮了，我把車停了下來。過了一會兒，綠燈亮了，可是我的車熄火了。又過了一會兒，綠燈變成了黃燈，黃燈又變成了紅燈，我的車還是動不了。這個時候一位警察走過來，說："小姐，你還沒有等到你喜歡的顏色嗎？"

1 今天"我"的心情怎麼樣？爲什麼？
2 到了路口怎麼了？
3 "我"的車怎麼了？
4 這個時候，誰走了過來？

02 您找我有事儿吗？ | 您找我有事兒嗎？

江日新跟司机吵架了吗？

一辆公共汽车在马路上行驶。江日新坐在后面，戴着耳机，听着音乐，望着窗外的风景。突然一个急刹车，江日新一下子扑到了前面，倒在司机旁边。车停了下来，他爬起来看着司机。大家都以为，他要跟司机吵一架。没想到，江日新却笑了笑，对司机说："师傅，您找我有事儿吗？"

1 公共汽车在哪儿行驶？
2 江日新坐在哪儿？在车上做什么？
3 突然发生了什么事情？江日新怎么了？
4 没想到，江日新说什么了？

江日新跟司機吵架了嗎？

一輛公共汽車在馬路上行駛。江日新坐在後面，戴着耳機，聽着音樂，望着窗外的風景。突然一個急刹車，江日新一下子撲到了前面，倒在司機旁邊。車停了下來，他爬起來看着司機。大家都以爲，他要跟司機吵一架。沒想到，江日新却笑了笑，對司機說："師傅，您找我有事兒嗎？"

1 公共汽車在哪兒行駛？
2 江日新坐在哪兒？在車上做什麼？
3 突然發生了什麼事情？江日新怎麼了？
4 沒想到，江日新說什麼了？

03 一片绿叶 | 一片綠葉

女孩儿活了下来吗？

有个女孩儿得了重病，她每天望着窗外的一棵大树。秋天来了，树叶一片片落了下来。她很伤心："树叶掉光了，我的生命也就结束了。"一位老画家知道了女孩儿的心思，决定帮助她，就画了一片绿叶，挂在树上。冬天到了，这片绿叶一直留在树上。因为这片绿叶，女孩儿奇迹般地活了下来。

1 女孩儿怎么了？每天做什么？
2 看着秋天的树叶，女孩儿怎么想？
3 冬天来了，那片绿叶怎么样？
4 女孩儿怎么活下来了？

女孩兒活了下來嗎？

有個女孩兒得了重病，她每天望着窗外的一棵大樹。秋天來了，樹葉一片片落了下來。她很傷心："樹葉掉光了，我的生命也就結束了。"一位老畫家知道了女孩兒的心思，決定幫助她，就畫了一片綠葉，掛在樹上。冬天到了，這片綠葉一直留在樹上。因爲這片綠葉，女孩兒奇迹般地活了下來。

1 女孩兒怎麼了？每天做什麼？
2 看着秋天的樹葉，女孩兒怎麼想？
3 冬天來了，那片綠葉怎麼樣？
4 女孩兒怎麼活下來了？

04 影子 | 影子

李大朋认识小男孩儿吗？

李大朋是一位中学体育老师，他的身材又高又大。一个夏天的中午，天气非常热。李大朋下课以后，觉得又渴又累，就去超市买矿泉水。李大朋走在半路上，突然发现一个小男孩儿一直跟着他。他感到很奇怪，问："小朋友，你怎么老跟着我呀？"小男孩儿说："太热了，我觉得在你的影子下面凉快。"

1. 李大朋是做什么的？
2. 李大朋下课以后要去做什么？
3. 走在半路上，李大朋发现了什么？
4. 小男孩儿为什么跟着李大朋？

李大朋認識小男孩兒嗎？

李大朋是一位中學體育老師，他的身材又高又大。一個夏天的中午，天氣非常熱。李大朋下課以後，覺得又渴又累，就去超市買礦泉水。李大朋走在半路上，突然發現一個小男孩兒一直跟著他。他感到很奇怪，問："小朋友，你怎麼老跟著我呀？"小男孩兒說："太熱了，我覺得在你的影子下面涼快。"

1. 李大朋是做什麼的？
2. 李大朋下課以後要去做什麼？
3. 走在半路上，李大朋發現了什麼？
4. 小男孩兒爲什麼跟著李大朋？

05 画像 | 畫像

年轻人请求科学家什么？

有一位科学家从来不让人为自己画像。但是有一次，他改变了态度。有一天，一位年轻的画家请求为他画像，科学家说："对不起，我没有时间。""先生，我非常需要卖这幅画儿的钱！"年轻人诚恳地说。"哦，那就是另外一回事了。"科学家马上坐了下来，微笑着说："年轻人，开始吧。"

1. 那位科学家不喜欢什么？
2. 科学家对年轻的画家说了什么？
3. 年轻人又怎么请求？
4. 最后，科学家怎么了？

年輕人請求科學家什麼？

有一位科學家從來不讓人爲自己畫像。但是有一次，他改變了態度。有一天，一位年輕的畫家請求爲他畫像，科學家說："對不起，我沒有時間。""先生，我非常需要賣這幅畫兒的錢！"年輕人誠懇地說。"哦，那就是另外一回事了。"科學家馬上坐了下來，微笑著說："年輕人，開始吧。"

1. 那位科學家不喜歡什麼？
2. 科學家對年輕的畫家說了什麼？
3. 年輕人又怎麼請求？
4. 最後，科學家怎麼了？

06 想哭就哭吧。 | 想哭就哭吧。

为什么女人的平均寿命比男人长？

女人的平均寿命比男人长，爱哭也是一个原因。人在伤心的时候，身体里会产生一些有害物质，眼泪可以清除这些物质。伤心的时候，如果忍着不哭，身体里的有害物质不能被清除，就会影响身体健康。所以，伤心的时候，想哭就哭吧。不过，哭最好不要超过15分钟，时间太长，反而对身体不好。

1. 人伤心的时候，身体里会产生什么？
2. 流眼泪有什么好处？
3. 忍着不哭，会怎么样？
4. 哭多长时间比较合适？为什么？

爲什麼女人的平均壽命比男人長？

女人的平均壽命比男人長，愛哭也是一個原因。人在傷心的時候，身體裏會產生一些有害物質，眼淚可以清除這些物質。傷心的時候，如果忍著不哭，身體裏的有害物質不能被清除，就會影響身體健康。所以，傷心的時候，想哭就哭吧。不過，哭最好不要超過15分鐘，時間太長，反而對身體不好。

1. 人傷心的時候，身體裏會產生什麼？
2. 流眼淚有什麼好處？
3. 忍著不哭，會怎麼樣？
4. 哭多長時間比較合適？爲什麼？

07 照片是我照的。 | 照片是我照的。

谁捡到了小张的照相机？

今天，小张去一家商店买东西，回到家才发现把照相机落在那儿了，于是就赶紧给商店打电话。店主说，有人捡到了照相机，让他赶快去取。小张取回照相机，发现照相机里多了两张照片。一张照片是个女孩儿，手里举着一个牌子，上面写着："照相机是我捡到的！"另一张照片是个小伙子，手里也举着一个牌子，上面写着："照片是我照的！"

1 回家以后，小张发现了什么？
2 小张给谁打电话？
3 店主说了什么？
4 取回照相机后，小张又发现了什么？

誰撿到了小張的照相機？

今天，小張去一家商店買東西，回到家才發現把照相機落在那兒了，於是就趕緊給商店打電話。店主說，有人撿到了照相機，讓他趕快去取。小張取回照相機，發現照相機裏多了兩張照片。一張照片是個女孩兒，手裏舉著一個牌子，上面寫著："照相機是我撿到的！"另一張照片是個小夥子，手裏也舉著一個牌子，上面寫著："照片是我照的！"

1 回家以後，小張發現了什麼？
2 小張給誰打電話？
3 店主說了什麼？
4 取回照相機後，小張又發現了什麼？

08 采访 | 采訪

钱锺书写的小说叫什么名字？

钱锺书是中国著名的作家。他的小说《围城》非常有名，写的是几个年轻人的工作、生活和婚姻的故事，电视台把它改编成了电视剧。电视剧播出后，非常受欢迎。很多记者都想采访他，但是都被他拒绝了。一位记者问他为什么拒绝采访，他说："你吃了一个好吃的鸡蛋，一定要认识那只生蛋的母鸡吗？"

1 小说《围城》写的是什么故事？
2 电视台把《围城》改编成了什么？
3 《围城》受欢迎，记者们想做什么？
4 钱锺书是怎么拒绝采访的？

錢鍾書寫的小說叫什麼名字？

錢鍾書是中國著名的作家。他的小說《圍城》非常有名，寫的是幾個年輕人的工作、生活和婚姻的故事，電視臺把它改編成了電視劇。電視劇播出後，非常受歡迎。很多記者都想採訪他，但是都被他拒絕了。一位記者問他爲什麼拒絕採訪，他說："你吃了一個好吃的雞蛋，一定要認識那只生蛋的母雞嗎？"

1 小說《圍城》寫的是什麼故事？
2 電視臺把《圍城》改編成了什麼？
3 《圍城》受歡迎，記者們想做什麼？
4 錢鍾書是怎麼拒絕採訪的？

09 袁隆平 | 袁隆平

袁隆平是一位什么样的科学家？

袁隆平是中国一位有名的科学家，他几十年如一日地培育杂交水稻，被人们称作"杂交水稻之父"。1973年，袁隆平培育出的杂交水稻亩产量从300公斤提高到500公斤。2001年，亩产量提高到926公斤。他培育出的水稻为中国增产了几亿吨粮食，并被美国、日本等100多个国家引进；每年增产的粮食可以解决世界上3500万人的吃饭问题。

1 袁隆平是什么人？
2 他培育出的水稻亩产量是多少？
3 他培育出的水稻增产了多少粮食？
4 他解决了什么问题？

袁隆平是一位什麼樣的科學家？

袁隆平是中國一位有名的科學家，他幾十年如一日地培育雜交水稻，被人們稱作"雜交水稻之父"。1973年，袁隆平培育出的雜交水稻畝產量從300公斤提高到500公斤。2001年，畝產量提高到926公斤。他培育出的水稻爲中國增產了幾億噸糧食，並被美國、日本等100多個國家引進；每年增產的糧食可以解決世界上3500萬人的吃飯問題。

1 袁隆平是什麼人？
2 他培育出的水稻畝產量是多少？
3 他培育出的水稻增產了多少糧食？
4 他解決了什麼問題？

10 幸福像自助餐。 | 幸福像自助餐。

人们觉得幸福是什么？

幸福就像自助餐。如果很多人一起去吃自助餐，每个人都会根据自己的爱好选东西，并根据自己的饭量放在各自的盘子里，每个人盘子里的菜都是不一样的。幸福也是这样，每个人对幸福的理解不同，需求也不同。有的人在自己的盘子里装满了钱，有的人装满了情感，有的人装满了成功的事业……你的盘子里装的是什么呢？

1 每个人都会按照什么选东西？
2 人们对幸福的理解怎么样？
3 人们在自己的幸福盘子里都装了什么？
4 你的幸福盘子里装的是什么呢？

人們覺得幸福是什麼？

幸福就像自助餐。如果很多人一起去吃自助餐，每個人都會根據自己的愛好選東西，並根據自己的飯量放在各自的盤子裏，每個人盤子裏的菜都是不一樣的。幸福也是這樣，每個人對幸福的理解不同，需求也不同。有的人在自己的盤子裏裝滿了錢，有的人裝滿了情感，有的人裝滿了成功的事業……你的盤子裏裝的是什麼呢？

1 每個人都會按照什麼選東西？
2 人們對幸福的理解怎麼樣？
3 人們在自己的幸福盤子裏都裝了什麼？
4 你的幸福盤子裏裝的是什麼呢？

11 水星 | 水星

水星上有什么？

水星是太阳系八大行星之一。水星非常小，跟地球相比，它只能算是个"小兄弟"。水星离太阳最近，表面温差很大，太阳照到的地方温度高达摄氏430度，照不到的地方却只有摄氏零下170度。水星表面有很多山，它们都是用世界著名的文学家、艺术家的名字命名的，其中有15个是用中国人的名字命名的，包括伯牙、李白、鲁迅等。

1 太阳系八大行星中，哪个行星离太阳最近？
2 水星大吗？
3 水星表面的温度怎么样？
4 水星表面有什么？

水星上有什麼？

水星是太陽系八大行星之一。水星非常小，跟地球相比，它只能算是個"小兄弟"。水星離太陽最近，表面溫差很大，太陽照到的地方溫度高達攝氏430度，照不到的地方卻只有攝氏零下170度。水星表面有很多山，它們都是用世界著名的文學家、藝術家的名字命名的，其中有15個是用中國人的名字命名的，包括伯牙、李白、魯迅等。

1 太陽系八大行星中，哪個行星離太陽最近？
2 水星大嗎？
3 水星表面的溫度怎麼樣？
4 水星表面有什麼？

12 送蜡烛 | 送蠟燭

敲门的人是谁？

一个年轻女人刚搬到新家，晚上忽然停电了。她找出蜡烛，正想点着，听到有人敲门。她打开门，原来是隔壁家的小女孩儿。小女孩儿问："阿姨，您家有蜡烛吗？"女人以为她是来借蜡烛的，心里很不高兴：我刚搬来你就来借东西。于是女人冷冰冰地说："没有！"没想到小女孩儿却得意地笑着说："我知道您家没有蜡烛，就给您送来了。"

1 停电以后，女人想做什么？
2 小女孩儿问了女人什么？
3 听了小女孩儿的话，女人为什么很不高兴？
4 小女孩儿为什么来的？

敲門的人是誰？

一個年輕女人剛搬到新家，晚上忽然停電了。她找出蠟燭，正想點着，聽到有人敲門。她打開門，原來是隔壁家的小女兒。小女兒問："阿姨,您家有蠟燭嗎？"女人以爲她是來借蠟燭的，心裏很不高興：我剛搬來你就來借東西。於是女人冷冰冰地說："沒有！"沒想到小女兒卻得意地笑著說："我知道您家沒有蠟燭，就給您送來了。"

1 停電以後，女人想做什麼？
2 小女兒問了女人什麼？
3 聽了小女兒的話，女人爲什麼很不高興？
4 小女兒爲什麼來的？

13 卖扇子 | 賣扇子

从课文来看，王羲之的书法怎么样？

有一天，一位老奶奶在集市上卖扇子，过了好长时间也没有人买，她十分着急。这时候走过来一个人，拿起扇子就在上面写起字来。老奶奶很不高兴，不让他写。这个人却极其自信地说："您放心，写了字保证就有人买了。"写完他就走了。果然，他刚走，人们立刻围了上来，抢着买，扇子很快就卖光了。原来，写字的人是王羲之，他是中国古代最有名的书法家之一。

1 老奶奶在哪儿，在做什么？
2 走过来的人做了什么？
3 写字的人走后发生了什么事儿？
4 写字的人叫什么？他是什么人？

從課文來看，王羲之的書法怎麼樣？

有一天，一位老奶奶在集市上賣扇子，過了好長時間也沒有人買，她十分着急。這時候走過來一個人，拿起扇子就在上面寫起字來。老奶奶很不高興，不讓他寫。這個人卻極其自信地說："您放心，寫了字保證就有人買了。"寫完他就走了。果然，他剛走，人們立刻圍了上來，搶着買，扇子很快就賣光了。原來，寫字的人是王羲之，他是中國古代最有名的書法家之一。

1 老奶奶在哪兒，在做什麼？
2 走過來的人做了什麼？
3 寫字的人走後發生了什麼事兒？
4 寫字的人叫什麼？他是什麼人？

14 找声音 | 找声音

丈夫在找什么？

一对夫妻吵架之后，妻子好几天都不跟丈夫说话。这天，丈夫下班回家，一进屋就翻箱倒柜地找东西。妻子觉得很奇怪，几次想问都忍住了。最后，丈夫把家里弄得乱七八糟的，妻子终于忍不住了，生气地问："你到底要找什么？"丈夫高兴地喊起来："我终于找到了！我要找的就是你的声音！"妻子笑了，两人就和好了。

1 妻子为什么好几天都不跟丈夫说话？
2 有一天，丈夫下班回家，一进屋就做什么？
3 妻子觉得怎么样？
4 两人怎么样了？

丈夫在找什麼？

一對夫妻吵架之後，妻子好幾天都不跟丈夫說話。這天，丈夫下班回家，一進屋就翻箱倒櫃地找東西。妻子覺得很奇怪，幾次想問都忍住了。最後，丈夫把家裏弄得亂七八糟的，妻子終於忍不住了，生氣地問："你到底要找什麼？"丈夫高興地喊起來："我終於找到了！我要找的就是你的聲音！"妻子笑了，兩人就和好了。

1 妻子爲什麼好幾天都不跟丈夫說話？
2 有一天，丈夫下班回家，一進屋就做什麼？
3 妻子覺得怎麼樣？
4 兩人怎麼樣了？

15 一封被退回来的信 | 一封被退回来的信

"我"的信为什么被退回来了？

昨天，我收到了一封被退回来的信。我拿着信封，从收信人的邮政编码到地址，再从寄信人的邮政编码到地址，仔仔细细地看了两遍，也没有发现什么问题。我正埋怨邮局的时候，突然看到贴邮票的地方，竟然是一张我自己的照片。这时我突然想起，我准备寄信的时候，正忙着填写考试报名表。贴照片的时候我觉得很奇怪：怎么少了张照片呢？

1 他收到被退回来的信的时候，想到了什么？
2 他发现问题了吗？
3 他想起了什么？
4 贴照片的时候，他为什么觉得很奇怪？

"我"的信爲什麼被退回來了？

昨天，我收到了一封被退回來的信。我拿着信封，從收信人的郵政編碼到地址，再從寄信人的郵政編碼到地址，仔仔細細地看了兩遍，也沒有發現什麼問題。我正埋怨郵局的時候，突然看到貼郵票的地方，竟然是一張我自己的照片。這時我突然想起，我準備寄信的時候，正忙着填寫考試報名表。貼照片的時候我覺得很奇怪：怎麼少了張照片呢？

1 他收到被退回來的信的時候，想到了什麼？
2 他發現問題了嗎？
3 他想起了什麼？
4 貼照片的時候，他爲什麼覺得很奇怪？

16 汽车的颜色和安全 | 汽车的颜色和安全

什么颜色的车最安全？为什么？

研究发现，汽车的颜色和安全的关系很大。白色和银色最安全，红色、蓝色和绿色比较安全，黑色最不安全。这是因为，浅颜色让人觉得车更宽、更大，比深颜色更能引起人们的注意。另外，深颜色和道路环境的颜色接近，尤其傍晚和雨天，不容易被人看清楚，比较容易发生事故。当然，行车安全，最重要的不是汽车的颜色，而是良好的开车习惯。

1 研究发现了什么？
2 为什么浅颜色的汽车比较安全？
3 为什么深颜色的汽车比较容易发生事故？
4 行车安全，最重要的是什么？

什麼顏色的車最安全？爲什麼？

研究發現，汽車的顏色和安全的關係很大。白色和銀色最安全，紅色、藍色和綠色比較安全，黑色最不安全。這是因爲，淺顏色讓人覺得車更寬、更大，比深顏色更能引起人們的注意。另外，深顏色和道路環境的顏色接近，尤其傍晚和雨天，不容易被人看清楚，比較容易發生事故。當然，行車安全，最重要的不是汽車的顏色，而是良好的開車習慣。

1 研究發現了什麼？
2 爲什麼淺顏色的汽車比較安全？
3 爲什麼深顏色的汽車比較容易發生事故？
4 行車安全，最重要的是什麼？

17 明天别来了。 | 明天別來了。

年轻人到底是做什么工作的？

有一天，张老板到工厂检查工作，看见一个年轻人懒洋洋地靠在箱子上。张老板不满地问："你一周挣多少钱？""五百元。"年轻人奇怪地看着他。张老板拿出五百元钱，严肃地说："这是你一周的工资，明天你别来了。"年轻人收下钱就走了。"他在咱们厂工作多长时间了？"张老板问旁边的工人。"他不是咱们厂的，"工人小心翼翼地说，"他是来送快递的。"

1 张老板对什么不满意？
2 张老板问年轻人什么？
3 听了年轻人的回答，张老板做了什么？
4 年轻人收到钱后做了什么？

年輕人到底是做什麼工作的？

有一天，張老闆到工廠檢查工作，看見一個年輕人懶洋洋地靠在箱子上。張老闆不滿地問："你一周挣多少錢？""五百元。"年輕人奇怪地看着他。張老闆拿出五百元錢，嚴肅地說："這是你一周的工資，明天你別來了。"年輕人收下錢就走了。"他在咱們廠工作多長時間了？"張老闆問旁邊的工人。"他不是咱們廠的，"工人小心翼翼地說，"他是來送快遞的。"

1 張老闆對什麼不滿意？
2 張老闆問年輕人什麼？
3 聽了年輕人的回答，張老板做了什麼？
4 年輕人收到錢後做了什麼？

18 狗不理 | 狗不理

人们为什么喜欢买"狗不理"包子？

天津的"狗不理"包子店已经有一百多年的历史了。传说，店主叫高贵友，小名叫"狗子"。狗子做的包子又好吃又好看，还很便宜。店里的顾客太多了，他忙极了，只好让顾客把钱放在桌子上，他根据钱数给包子。因为太忙，他没有时间跟顾客说话，人们就开玩笑说："狗子卖包子，谁都不理。"后来，他家的包子就被叫作"狗不理"了。

1 "狗不理"包子店的历史有多长？
2 店主叫什么？小名叫什么？
3 他怎么卖包子？
4 人们为什么把他的包子叫作"狗不理"？

人們爲什麼喜歡買"狗不理"包子？

天津的"狗不理"包子店已經有一百多年的歷史了。傳說，店主叫高貴友，小名叫"狗子"。狗子做的包子又好吃又好看，還很便宜。店裏的顧客太多了，他忙極了，只好讓顧客把錢放在桌子上，他根據錢數給包子。因爲太忙，他沒有時間跟顧客說話，人們就開玩笑說："狗子賣包子，誰都不理。"後來，他家的包子就被叫作"狗不理"了。

1 "狗不理"包子店的歷史有多長？
2 店主叫什麼？小名叫什麼？
3 他怎麼賣包子？
4 人們爲什麼把他的包子叫作"狗不理"？

19 不敢说。| 不敢說。

小李去了几次医院?

小李嗓子疼,到医院看病。大夫认真检查后说:"扁桃体发炎了,最好切除。"他听了大夫的建议,做了手术,把扁桃体切掉了。过了半年,小李肚子疼得受不了,又去找大夫。大夫说:"盲肠发炎了,必须切除!"他听了大夫的建议,把盲肠也切掉了。又过了半年,小李又去找大夫。大夫问:"你又怎么了?"他小声说:"我不敢跟您说。""你到底怎么了?""我……我头疼!"

1 第一次,小李为什么去医院看病?大夫给了他什么建议?
2 过了半年,小李为什么又去找大夫?大夫给了他什么建议?
3 又过了半年,小李为什么又去找大夫?大夫又给了他什么建议?
4 小李到底怎么了?

小李去了幾次醫院?

小李嗓子疼,到醫院看病。大夫認真檢查後說:"扁桃體發炎了,最好切除。"他聽了大夫的建議,做了手術,把扁桃體切掉了。過了半年,小李肚子疼得受不了,又去找大夫。大夫說:"盲腸發炎了,必須切除!"他聽了大夫的建議,把盲腸也切掉了。又過了半年,小李又去找大夫。大夫問:"你又怎麼了?"他小聲說:"我不敢跟您說。""你到底怎麼了?""我……我頭疼!"

1 第一次,小李爲什麼去醫院看病?大夫給了他什麼建議?
2 過了半年,小李爲什麼又去找大夫?大夫給了他什麼建議?
3 又過了半年,小李爲什麼又去找大夫?大夫又給了他什麼建議?
4 小李到底怎麼了?

20 数字中国 | 數字中國

中国的第一大河是什么河?

中国在亚洲东部,陆地面积960万平方公里。长江是中国第一大河,世界第三大河,长6397公里。黄河是中国第二大河,世界第五大河,长5464公里。珠穆朗玛峰高8844.43米,是中国最高的山峰,也是世界最高的山峰。到2010年11月1日,中国总人口达13.7亿人。中国是多民族国家,有56个民族。汉族人口最多,占全国总人口的90%以上,珞巴族人口最少,还不到3000人。

1 中国的陆地面积有多大?
2 长江和黄河有多长?珠穆朗玛峰有多高?
3 中国哪个民族人口最多?占全国总人口的多少?
4 中国哪个民族人口最少?有多少人?

中國的第一大河是什麼河?

中國在亞洲東部,陸地面積960萬平方公里。長江是中國第一大河,世界第三大河,長6397公里。黃河是中國第二大河,世界第五大河,長5464公里。珠穆朗瑪峰高8844.43米,是中國最高的山峰,也是世界最高的山峰。到2010年11月1日,中國總人口達13.7亿人。中國是多民族國家,有56個民族。漢族人口最多,占全國總人口的90%以上,珞巴族人口最少,還不到3000人。

1 中國的陸地面積有多大?
2 長江和黃河有多長?珠穆朗瑪峰有多高?
3 中國哪個民族人口最多?占全國總人口的多少?
4 中國哪個民族人口最少?有多少人?

녹음 대본과 모범답안

01 我是今年来中国的。

활용 01-03 01-04

1 ⑴ 坐飞机既快又舒服。 ⑵ 安妮既爱唱歌，又爱跳舞。 ⑶ 这孩子5岁，既会说汉语，又会说韩语。 ⑷ 北京既是中国的政治中心，又是中国的文化中心。	1 ⑴ 비행기를 타면 빠르고 편안합니다. ⑵ 애니는 노래 부르기도 좋아하고 춤추기도 좋아합니다. ⑶ 이 아이는 5살인데 중국어도 할 줄 알고 한국어도 할 줄 압니다. ⑷ 베이징은 중국의 정치 중심이자 중국의 문화 중심입니다.
2 ⑴ 那个女孩儿昨天来了，今天又来了。 ⑵ 张经理又出差了。 ⑶ 今年暑假我们又见面了。 ⑷ 小王又买了一台电脑。	2 ⑴ 저 여자아이는 어제 왔는데 오늘도 또 왔습니다. ⑵ 장 사장님은 또 출장입니다. ⑶ 이번 해 여름휴가 때 우리는 또 만났습니다. ⑷ 샤오왕은 노트북 한 대를 또 샀습니다.

간체자

红灯变成了绿灯，他的车又开始动了。
빨간불이 파란불로 바뀌자 그의 차가 다시 움직이기 시작했습니다.

연습

1 ⑴ 既新鲜又好吃
  ⑵ 既能打电话，又能拍照、上网
  ⑶ 既方便，又能锻炼身体
  ⑷ 既好看又便宜 / 既不好看又不便宜

2 ⑴ 又考试了   ⑵ 又来中国了   ⑶ 又讲了一遍   ⑷ 又迟到了   ⑸ 又下雪了

3 ⑴ A, D, H, K, M   ⑵ B, E, G, J, L, O   ⑶ C, F, I, N

4 我第一次上汉语课的时候，老师让我一个人读一遍课文，我以前没学过汉语，特别紧张，怕读错，读的时候声音很小。不过老师说我读得好，我很高兴。
제가 처음 중국어 수업에 들어갔을 때, 선생님이 저에게 혼자서 본문을 읽어 보라고 하셨습니다. 저는 이전에 중국어를 공부한 적이 없어서 아주 긴장되었고, 잘못 읽을까 봐 걱정되어 읽을 때 목소리가 작았습니다. 그러나 선생님이 제가 잘 읽었다고 말해 주셔서 저는 기뻤습니다.

부록 101

02 您找我有事儿吗？

활용 02-03 02-04

1 (1) 晚饭后，爷爷一直坐在沙发上喝着茶，读着报纸。 (2) 爸爸和哥哥兴奋地聊着那场足球比赛。 (3) 王方方戴着一条珍珠项链，很漂亮。 (4) 小李穿着白衬衫，系着红领带，却穿着一双运动鞋。 2 (1) 放暑假了，我想去西安旅游，弟弟却想去上海。 (2) 刘子明年龄虽然小，力气却很大。 (3) 塑料袋给生活带来了方便，却破坏了环境。 (4) 应该来的人没来，不应该来的人却来了。	1 (1) 저녁을 먹은 후 할아버지는 쭉 소파에 앉아서 차를 마시고 신문을 보고 계십니다. (2) 아빠와 오빠는 신나게 그 축구 경기 얘기를 하고 있습니다. (3) 왕팡팡이 하고 있는 진주 목걸이는 아주 예쁩니다. (4) 샤오리는 흰색 셔츠를 입고 빨강색 넥타이를 맸지만 운동화를 신고 있습니다. 2 (1) 여름방학이 시작됐습니다. 저는 시안에 여행을 가고 싶지만 남동생은 상하이에 가고 싶어 합니다. (2) 리우즈밍은 나이는 어리지만 힘은 셉니다. (3) 비닐봉지는 생활에 편리함을 가져왔지만 환경을 파괴했습니다. (4) 와야 할 사람은 오지 않고 오지 않아야 할 사람이 왔습니다.

간체자

我戴着耳机看旁边的风景的时候，我朋友对我说:"你在干什么?"
제가 이어폰을 끼고 근처 풍경을 보고 있을 때, 제 친구가 저에게 말했습니다. "너 뭐하는 거니?"

연습

1 (1) 开着车　　　　(2) 刮着风 / 下着雪　　　　(3) 戴着眼镜　　　　(4) 穿着旗袍

2 (1) 我以为今天会下雨，没想到却是个晴天。
  (2) 爸爸刚40岁，头发却都白了。
  (3) 林木住得最远，却第一个到了。

3 (1) A (2) G (3) H (4) F (5) C (6) B (7) D (8) E

4 在中国留学的时候，我和一个美国朋友一起住。我们睡觉和学习的时间不一样。
  中午我吃完午饭看电视的时候，她睡午觉。晚上我要学习的时候，她和男朋友打电话聊天儿。

중국에서 유학하던 시절, 저는 한 미국인 친구와 함께 살았습니다. 저희는 잠을 자고 공부하는 시간이 서로 달랐습니다. 낮에 제가 점심을 다 먹고 TV를 보려고 할 때에 그녀는 낮잠을 자고, 저녁에 제가 공부하려고 할 때에 그녀는 남자친구와 전화로 수다를 떨었습니다.

03 一片绿叶

활용 03-03 03-04

1. (1) 主持人把嘉宾一个个介绍给大家。
   (2) 下班了,同事们一个个都走了,办公室就剩下我一个人。
   (3) 孩子们最开心的事儿就是一件件打开圣诞礼物。
   (4) 书要一本本读,文章要一篇篇看,生词要一个个记。

2. (1) 他把客户的地址写了下来。
   (2) 我把校长的演讲录了下来。
   (3) 请你把这个文件拷下来。
   (4) 小王费了九牛二虎之力,才把房子买下来。

1. (1) 사회자는 귀빈들을 한 명씩 모두에게 소개했습니다.
   (2) 근무 시간이 끝나 동료들이 한 명씩 떠나고, 사무실에는 저 한 명만 남아 있습니다.
   (3) 아이들이 가장 즐거워하는 일은 바로 크리스마스 선물을 하나씩 열어 보는 것입니다.
   (4) 책은 한 권씩 읽어야 하고, 글을 한 편씩 봐야 하고, 단어는 하나씩 외워야 합니다.

2. (1) 그 사람은 손님의 주소를 기록했습니다.
   (2) 저는 교장 선생님의 연설을 녹음했습니다.
   (3) 이 문서를 좀 복사해 주세요.
   (4) 샤오왕은 엄청난 노력을 한 끝에 겨우 집을 샀습니다.

간체자

树上的绿叶慢慢儿变黄了,女孩儿很伤心:"树的生命就要结束了。"
나무의 파란 잎이 점점 노랗게 변하자 소녀는 상심했습니다. "나무의 생명도 곧 끝나겠구나."

연습

1. (1) 同学们把老师的话一句句记下来了。
   (2) 她的爱好是一件件试衣服。
   (3) 孩子们一个个跑出了教室。
   (4) 小明把书一本本放进书包里。

2. (1) 那片树叶让女孩儿活了下来。
   (2) 妻子一定要把那件大衣买下来。
   (3) 把这句话记下来。
   (4) 安妮把课文一篇篇背了下来。
   (5) 公司决定把那个房子租下来。

3. 大 - 小 | 多 - 小 | 高 - 矮 | 深 - 浅 | 远 - 近 | 长 - 短 | 咸 - 淡 | 快 - 慢 | 热 - 冷 | 肥 - 瘦

4. 生日那天我得病了,一个人在家没吃晚饭,有点儿不高兴。这时候我的三个朋友突然到我家来了。她们买来了好吃的东西,给我礼物,还一起唱歌。我感动极了。

생일날 저는 병이 나서 혼자 집에서 저녁도 먹지 않고, 기분이 좀 안 좋았습니다. 그때 저의 친구 세 명이 갑자기 집에 찾아왔습니다. 그녀들은 맛있는 음식들을 사 왔고, 저에게 선물을 주었을 뿐만 아니라 함께 노래도 불러 주었습니다. 저는 아주 감동했습니다.

04 影子

활용 🔊 04-03 🔊 04-04

1 (1) 这一课的生词又多又难。 (2) 这种水果又贵又不好吃。 (3) 在沙漠里走了一天，他们又累又渴又饿。 (4) 这种工作又苦又累又无聊。	1 (1) 이 단원의 단어는 많기도 하고 어렵기도 합니다. (2) 이런 과일은 비싸고 맛도 없습니다. (3) 사막에서 하루 종일 걸었더니 그들은 피곤하고 목마르고 배도 고픕니다. (4) 이런 일은 고되고 피곤하며 지루합니다.
2 (1) 这个超市的生意一直很好。 (2) 阿里一直想学中国功夫。 (3) 昨天晚上你的电话为什么一直占线？ (4) 这些年，我们一直在寻找解决环境问题的方法。	2 (1) 이 슈퍼마켓은 장사가 줄곧 잘됩니다. (2) 알리는 줄곧 중국의 무술을 배우고 싶어합니다. (3) 어제 저녁에 네 전화는 왜 계속 통화 중이었니? (4) 몇 년간, 저희는 줄곧 환경 문제를 해결할 방법을 찾고 있습니다.

간체자

一位学生发现这个超市的矿泉水比那个超市的贵一点儿。
한 학생이 이 슈퍼마켓의 생수가 저 슈퍼마켓의 생수보다 좀 더 비싸다는 걸 발견했습니다.

연 습

1 (1) 又小又舒服　　(2) 又宽敞又安静　　(3) 又漂亮又便宜　　(4) 又快又好　　(5) 又冷又饿

2 (1) 于文乐一直生活在北京。
(2) 弟弟一直想当律师。
(3) 这个星期上海一直在下雨。
(4) 我最近一直没看见他。
(5) 我一直不知道这儿有个咖啡馆儿。

4 二十年前过儿童节，我跟父母去儿童公园玩。那天公园里人非常多，玩的时候半路上我突然发现父母都不见了。我哭着找妈妈，找了几个小时，我才找到了爸爸妈妈。

20년 전 어린이날, 저는 부모님과 어린이공원에 놀러 갔습니다. 그날 공원에는 사람이 아주 많았습니다. 놀던 중에 저는 문득 부모님이 보이지 않는다는 것을 발견했습니다. 울면서 엄마를 몇 시간 동안 찾은 끝에 겨우 아빠와 엄마를 찾을 수 있었습니다.

05 画像

활용 05-03 05-04

1
(1) 我从来不在网上购物。
(2) 李兰性格很好，她从来不生气。
(3) 这件事我从来没听说过。
(4) 实验失败了很多次，但他从来没想过放弃。

2
(1) 晚会上，他为大家表演了一个节目。
(2) 让我们为运动员加油！
(3) 请您为我们拍张合影好吗？
(4) 明天是爷爷的生日，我为他准备了一份生日礼物。

1
(1) 저는 지금껏 인터넷에서 물건을 사 본 적이 없습니다.
(2) 리란 씨는 성격이 좋아서 지금껏 화를 내 본 적이 없습니다.
(3) 저는 지금껏 이 사건을 들어 본 적이 없습니다.
(4) 실험이 여러 번 실패했지만 그는 지금껏 포기를 생각해 본 적이 없습니다.

2
(1) 저녁 모임에서 그는 모두를 위해 한 프로그램을 공연했습니다.
(2) 우리 운동선수를 위해 응원합시다!
(3) 저희를 위해 단체 사진을 한 장 찍어 주실 수 있나요?
(4) 내일은 할아버지의 생신이십니다. 저는 할아버지를 위해 생신 선물을 준비했습니다.

간체자

有一位画家画像的时候，诚恳地请求说："请您不要动。"
어느 화가가 초상화를 그리면서 진지하게 요청했습니다. "가능한 한 움직이지 마세요."

연습

1
(1) 丈夫从来不收拾房间。
(2) 海南从来没下过雪。
(3) 我从来没见过这个人。 또는 这个人从来没见过我。
(4) 小孙喝咖啡从来不放糖。

2
(1) 校长为获奖的同学发奖。
(2) 参加晚会前，姐姐为我化妆。
(3) 服务员为我拿来一份菜单。
(4) 刘秘书为经理订飞机票。

3 (1) C (2) G (3) A (4) D (5) H (6) B (7) E (8) J (9) F (10) I

4 我不喜欢做的事情就是别人为我画像。因为画像的时候，不能动，也不能说话，很无聊。所以我从来不让人为我画像。

제가 싫어하는 일을 바로 다른 사람에게 저의 초상화를 그리게 하는 것입니다. 초상화를 그릴 때에는 움직일 수 없고, 말도 할 수 없어서 지루하기 때문입니다. 그래서 저는 여태까지 다른 사람에게 저의 초상화를 그리게 한 적이 없습니다.

06 想哭就哭吧。

활용 06-03 06-04

1
(1) 这件衣服很适合你，想买就买吧。
(2) 大家如果有不同意见，想说就说吧。
(3) 冰箱里有饮料，你想喝就喝吧。
(4) 这里上网不收费，你想上(网)就上(网)吧。

2
(1) 孙经理做生意没赚钱，反而赔钱了。
(2) 房价高了，反而卖得更快了。
(3) 博物馆的门票贵了，参观的人反而多了。
(4) 吃了这种药，他的感冒不但没好，反而更严重了。

1
(1) 이 옷 당신한테 잘 어울리네요. 사고 싶으면 사세요.
(2) 모두들 다른 의견이 있다면 마음껏 말하세요.
(3) 냉장고 안에 음료수가 있어요. 마시고 싶으면 마시세요.
(4) 여기는 인터넷 비용을 받지 않아요. 인터넷을 하려면 하세요.

2
(1) 쑨 사장님은 장사를 했지만 돈을 벌지 못했고, 오히려 돈을 잃었습니다.
(2) 집 가격이 올랐지만 오히려 더 빨리 팔렸습니다.
(3) 박물관 입장료가 올랐지만 참관하려는 사람들은 오히려 많아졌습니다.
(4) 이 약을 먹고, 그의 감기는 나아지지 않았을 뿐 아니라 더 심각해졌습니다.

간체자

眼泪可以清除身体里产生的有害物质，让寿命更长。
눈물은 몸에서 만들어내는 유해물질을 제거하여 수명이 더 길어지게 합니다.

연습

1 (1) 想睡就睡吧 (2) 想唱就唱 / 想跳就跳吧 (3) 想买就买吧
(4) 想吃就吃吧 (5) 想看电影就看吧

2 (1) 晚上九点了，街上的人没有少，反而多了。 (2) 王方方住得最远，反而第一个到了。
(3) 风不但没停，反而更大了。 (4) 大卫个子最小，反而跑得最快。

3

tóufa 头发 머리카락
tóu 头 머리
méimao 眉毛 눈썹
yǎnjing 眼睛 눈
yǎnjìng 眼镜 안경
bízi 鼻子 코
yǎnlèi 眼泪 눈물
yá 牙 이빨
zuǐ 嘴 입
shétou 舌头 혀
sǎngzi 嗓子 목(구멍)

4 我的性格比较安静，也不喜欢运动。所以我解除压力的方法就是听音乐，看电影。
저는 비교적 조용한 성격이고, 운동도 좋아하지 않습니다. 그래서 제가 스트레스를 푸는 방식은 '음악 듣기' '영화 보기'입니다.

07 照片是我照的。

활용 07-03 07-04

1 (1) 昨天林木加班，十二点才离开公司。 (2) 他生病以后才知道健康最重要。 (3) 别着急，医生马上就来。 (4) 丁先生刚搬到这里就认识了很多邻居。	1 (1) 어제 린무 씨는 야근을 해서 12시에야 회사를 떠났습니다. (2) 그는 병이 나고서야 건강이 가장 중요하다는 것을 알았습니다. (3) 조급해하지 마세요. 의사 선생님이 금방 오실 거예요. (4) 딩 선생님은 막 여기로 이사 왔지만 금방 많은 이웃들을 알게됐습니다.
2 (1) 桌子上放着很多杂志。 (2) 黑板上写着很多中文句子。 (3) 那座山上种着很多苹果树。 (4) 幼儿园门口停着很多汽车。	2 (1) 탁자 위에 잡지가 많이 놓여 있습니다. (2) 칠판에 중국어 문장이 많이 써져 있습니다. (3) 그 산에는 사과 나무가 많이 심어져 있습니다. (4) 유치원 입구에 차가 많이 서 있습니다.

간체자

我赶紧去商店，发现一个孩子手里举着一个牌子，上面写着:"照相机是我捡到的。"
제가 서둘러 가게에 갔더니 한 아이가 손에 '카메라는 제가 주웠어요.'라고 쓰여진 팻말을 들고 있었습니다.

연습

1 (1) 就 (2) 才 (3) 就 (4) 才 (5) 就 (6) 才

2 (1) 拿着白色的手机
  (2) 坐着两个年轻人
  (3) 写着"吸烟有害健康"
  (4) 挂着很多历史照片

3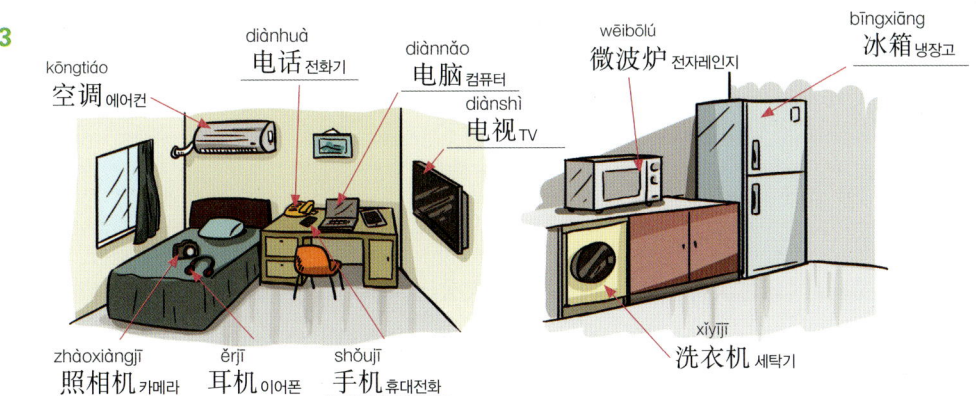

4 去年夏天，有一次我和妹妹一起去游泳。游泳以后，我们回到家，我才发现把钱包落在那儿了。我马上回去找，服务员捡到钱包还给我了。

작년 여름, 한번은 여동생과 함께 수영을 갔습니다. 수영을 하고 집에 돌아와서, 저는 그제서야 지갑을 거기에 두고 왔음을 알아차렸습니다. 저는 곧바로 (지갑을) 찾으러 돌아가니, 종업원이 제 지갑을 주웠다가 저에게 돌려주었습니다.

08 采访

활용 🔊 08-03 🔊 08-04

1
(1) 本杰明把"ᴬ银行"念成了"ᴮ很行"。
(2) 他把这个ᴬ英文小说翻译成了ᴮ中文。
(3) 他把ᴬ自己打扮成ᴮ圣诞老人，给孩子们送礼物。
(4) 老师想把ᴬ她培养成一个ᴮ音乐家。

1
(1) 벤자민은 '银行'을 '很行'으로 읽었습니다.
(2) 그는 이 영문 소설을 중문으로 번역했습니다.
(3) 그는 스스로를 산타클로스처럼 꾸미고, 아이들에게 선물을 주었습니다.
(4) 선생님은 그녀를 음악가로 키우고 싶어합니다.

2
(1) 今天的工作我一定要完成。
(2) 我们一定要保护好自然环境。
(3) 下雪了，您一定要慢点儿走。
(4) 你回国的时候，我一定去机场送你。

2
(1) 저는 오늘 업무를 반드시 완수해야 합니다.
(2) 저희는 반드시 자연환경을 잘 보호해야 합니다.
(3) 눈이 왔으니 천천히 걸으셔야 합니다.
(4) 네가 귀국할 때, 내가 반드시 너를 배웅하러 공항에 갈게.

간체자

她没有拒绝这次采访，很多记者都受到欢迎，电视台已经播出了她的采访节目。

그녀는 이번 인터뷰를 거절하지 않았고, 많은 기자들이 환영 받았습니다. 방송국은 그녀의 인터뷰를 벌써 방송했습니다.

연습

1
(1) 把"林木"说成了"木林"
(2) 把"好"写成了"女子"
(3) 把刘大双看成了刘小双
(4) 把21号听成了27号

2
(1) 我一定要去中国留学。
(2) 今天晚上你一定要早点儿睡。 또는 你今天晚上一定要早点儿睡。
(3) 我一定要看这个电影。
(4) 你一定要学好汉语。
(5) 同学们明天一定要交作业。 또는 明天同学们一定要交作业。

3 (1) B (2) A (3) E (4) D (5) F (6) C

4 最近韩国很流行的电视剧是《蓝色大海的传说》，男女主人公[zhǔréngōng 주인공]是很有名的韩流[Hánliú 한류]明星[míngxīng 스타]李敏镐[Lǐ Mǐnhào 이민호]和全智贤[Quán zhìxián 전지현]。电视剧的故事很有意思，也非常新鲜，所以播出后，非常受欢迎。

최근에 한국에서 유행한 드라마는 '푸른 바다의 전설'입니다. 남녀 주인공은 유명한 한류스타인 이민호와 전지현입니다. 드라마의 줄거리가 재미있고 아주 신선해서, 방영 후 인기가 아주 많습니다.

09 袁隆平

활용 09-03 09-04

1. (1) 客人来了，妈妈很快就做出了一桌丰盛的菜。
   (2) 要写出一篇好文章真不容易。
   (3) 林木想出了一个好主意。
   (4) 讨论的时候，大家都说出了自己的看法。

2. (1) 钱锺书的《围城》被翻译成了很多种语言，并被改编成了电视剧。
   (2) 网络影响并改变了人们的生活。
   (3) 在工作中，我们要及时发现并解决问题。
   (4) 王懿荣是中国发现并研究甲骨文的第一人。

1. (1) 손님이 오시자 어머니는 풍성한 음식을 한 상 차려 내셨습니다.
   (2) 좋은 글 한 편을 써 내는 것은 정말 쉽지 않습니다.
   (3) 린무 씨는 좋은 방법을 생각해 냈습니다.
   (4) 토론을 할 때는 모두가 자신의 견해를 말했습니다.

2. (1) 치앤중수의 「포위된 성」은 여러 개의 언어로 번역되어졌고, TV 드라마로도 만들어졌습니다.
   (2) 인터넷은 사람들의 생활에 영향을 끼치고 사람들의 생활을 변화시켰습니다.
   (3) 업무 중에 우리는 제때에 문제를 발견하고 해결해야 합니다.
   (4) 왕의영은 중국에서 처음으로 갑골문을 발견하고 연구한 사람입니다.

간체자

他的技术为国家增产了几亿吨粮食，并被很多国家引进，他就被称作"水稻之父"。

그의 기술이 나라를 위해 몇 억 톤의 식량을 증산시키고 많은 나라들에 도입되면서 그는 '벼의 아버지'라고 불리게 됩니다.

연습

1. (1) 方方猜出了送礼物的人。
   (2) 他找出了解决问题的方法。
   (3) 你能说出这句话的中文意思吗？
   (4) 她一个月就写出了一本小说。 또는 一个月她就写出了一本小说。
   (5) 画家很快为科学家画出了一幅画像。

2. (1) 他写了一篇文章，并把它翻译成了英语。
   (2) 他2012年大学毕业，并参加了工作。
   (3) 在这次采访中，我学到了很多东西，并认识了很多有名的人。
   (4) 这种水果受到人们的喜欢，并被很多国家引进。
   (5) 他参加了这次比赛，并做了精彩的演讲。

3. I - F - G - E - C - A - D - H - B - J

4. 我最尊敬我的汉语老师。她为学生几十年如一日地努力研究。跟她学汉语以后，我的汉语水平提高了很多，还在这次演讲比赛中获了奖。我觉得如果没有老师的帮助，我就没有这么好的成绩。

   저는 저의 중국어 선생님을 가장 존경합니다. 그녀는 학생들을 위해 수십년을 하루처럼 열심히 연구합니다. 그녀에게 중국어를 배운 이후, 저의 중국어 실력은 아주 많이 늘었고, 이번 말하기 대회에서 상도 탔습니다. 만약 선생님의 도움이 없었다면 이렇게 좋은 성적은 없었을 거라고 생각합니다.

10 幸福像自助餐。

활용 🔊 10-03 🔊 10-04

1
(1) <u>生活</u>就像<u>旅行</u>，可以看到各种不同的风景。
(2) <u>读好书</u>就像<u>喝好茶</u>，需要慢慢品味。
(3) 没想到，这次比赛<u>我获奖了</u>，真像<u>做梦</u>。
(4) 我们希望<u>汉语</u>像<u>一座桥</u>，把中国和世界连在一起。

2
(1) 广告对<u>产品</u>的<u>销售</u>很有帮助。
(2) 他对<u>历史</u>感兴趣，我对<u>地理</u>感兴趣。
(3) 校长对<u>老师们</u>的<u>工作</u>很满意。
(4) 我们认识的时间不长，我对<u>他</u>不太了解。

1
(1) 삶은 여행과 같아서, 각기 다른 풍경들을 볼 수 있습니다.
(2) 좋은 책을 읽는 것은 좋은 차를 마시는 것과 같아서, 천천히 맛보아야 합니다.
(3) 뜻밖에도 이번 경기에서 제가 수상을 하게 됐습니다. 정말 꿈을 꾸는 것 같습니다.
(4) 저희는 중국어가 중국과 세계를 연결해 주는 하나의 다리가 되기를 바랍니다.

2
(1) 광고는 상품의 판매에 아주 도움이 됩니다.
(2) 그는 역사에 관심이 있고, 저는 지리에 관심이 있습니다.
(3) 교장 선생님은 선생님들의 일처리에 만족하고 있습니다.
(4) 우리가 알고 지낸 시간이 길지 않아서 저는 그에 대해 잘 알지 못합니다.

간체자

我们在自助餐店根据饭量把菜装在自己的盘子里。
우리는 뷔페 식당에서 식사량에 따라 음식을 자신의 접시에 담았습니다.

연습

1
(1) 就像一本活词典
(2) 就像一幅画
(3) 就像孩子的脸
(4) 像图书馆

2
(1) 每个人对成功的理解都不一样。
(2) 手机对人们的生活影响很大。
(3) 他说的话对我很有帮助。
(4) 吸烟对健康有害。

3 (1) F (2) D (3) I (4) B (5) H (6) J (7) E (8) G (9) A (10) C

4 我觉得幸福就像水一样。水装在可乐瓶子里的时候和装在茶杯里的时候形状[xíngzhuàng 형상]不同。幸福也是这样的。根据人的不同，幸福的样子[yàngzi 모양]也不同。
저는 행복은 물과 같다고 생각합니다. 물은 콜라병에 담겨 있을 때와 찻잔에 담겨 있을 때 형상이 다릅니다. 행복도 그렇습니다. 사람이 다른 것에 따라 행복의 모양 역시 달라집니다.

11 水性

활용 🔊 11-03 🔊 11-04

1
(1) 本杰明很了解中国文化，算是个中国通了。
(2) 她在这个公司算是个不错的销售员。
(3) 刘教授非常受欢迎，算是这个大学里最有名的人了。
(4) 你觉得怎样才算是真正的朋友？

1
(1) 벤자민은 중국 문화를 잘 이해하고 있어서 '중국통'이라고 할 수 있습니다.
(2) 그녀는 이 회사에서 괜찮은 판매원이라고 할 수 있습니다.
(3) 리우 교수님은 아주 환영을 받았고, 이 대학교 안에서 가장 유명한 사람이라고 할 수 있습니다.
(4) 당신은 어떻게 해야 진정한 친구라고 할 수 있다고 생각하나요?

2
(1) ᴬ这家超市离ᴮ地铁站很近。
(2) ᴬ我家离ᴮ国际会议中心不远。
(3) ᴬ上海离ᴮ西安挺远的。
(4) ᴬ理想总是离ᴮ现实很远。

2
(1) 이 슈퍼마켓은 지하철에서 가깝습니다.
(2) 저의 집은 국제회의센터에서 멀지 않습니다.
(3) 상하이는 시안에서 아주 멉니다.
(4) 이상은 늘 현실에서 멉니다.

간체자

地球离太阳比较近，表面温度高达摄氏70度。
지구는 태양에서 가까운 편이고 표면 온도는 70도까지 올라갑니다.

연습

1
(1) 大卫爱吃各种美食，算是个美食家了。
(2) 如果这也算是小说，那谁都能写。
(3) 他这么爱学习，算是个好学生。
(4) 林木家书多极了，算是个小图书馆了。

2
(1) 幼儿园离公园很近。
(2) 邮局离中国银行不远。
(3) 饭馆儿离超市很近。
(4) 图书馆离博物馆很远。
(5) 火车站离机场很远。

4 我家离学校很近。从我家到学校大概需要十分钟。我家离地铁站不太远。从我家到地铁站大概需要二十分钟。我家离电影院很远。从我家到电影院大概需要一个半小时。

저의 집은 학교에서 가깝습니다. 저의 집에서 학교까지는 대략 10분 정도 걸립니다. 저의 집은 지하철역에서 그다지 멀지 않습니다. 저의 집에서 지하철역까지는 대략 25분 정도 걸립니다. 저의 집은 영화관에서 멉니다. 저의 집에서 영화관까지는 대략 한 시간 반 정도 걸립니다.

12 送蜡烛

활용 🔊 12-03 🔊 12-04

1
(1) 我找你半天没找到，原来你在这儿啊。
(2) 怪不得最近她这么累，原来她儿子生病住院了。
(3) 怪不得你们长得这么像，原来是双胞胎啊。
(4) 我的手机突然关机了，原来是没电了。

1
(1) 내가 너를 한참 동안 찾아도 못 찾았는데, 너 여기에 있었구나.
(2) 어쩐지 요즈음 그녀가 그렇게 피곤해하더라니, 그녀 아들이 아파서 입원했었구나.
(3) 어쩐지 너희들 그렇게 닮았더라니, 쌍둥이였구나.
(4) 내 휴대전화가 갑자기 꺼지더라니, 배터리가 없었구나.

2
(1) 小王很幽默，经常给大家讲笑话。
(2) 大卫给家人介绍了他在中国的生活。
(3) 昨天李老师给同学们做了一个精彩的讲座。
(4) 今天他又给我安装了一个新软件。

2
(1) 샤오왕은 유머러스해서 자주 모두에게 농담을 해 줍니다.
(2) 다비드는 가족에게 그의 중국 생활을 소개해 주었습니다.
(3) 어제 리 선생님은 학생들에게 훌륭한 강의를 해 주었습니다.
(4) 오늘 그는 또 저에게 새로운 소프트웨어를 설치해 주었습니다.

간체자

我们点蜡烛、送礼物，高兴地为他祝贺生日。
우리는 촛불을 붙이고 선물을 주며 그의 생일을 축하했습니다.

연습

1
(1) 原来下雪了
(2) 原来停电了
(3) 原来他出国了
(4) 原来今天是星期日

2
(1) 校长给大家带来一个好消息。
(2) 姐姐给方方买了很多旅游书。 또는 方方给姐姐买了很多旅游书。
(3) 妈妈给我们做了很多好吃的。 또는 我们给妈妈做了很多好吃的。
(4) 我给她留了我的手机号码。

3 (1) F (2) D (3) H (4) B (5) A (6) I (7) G (8) J (9) C (10) E

4 上个星期，我在龙山[Lóngshān 용산]有个约会。我高高兴兴地打扮好，到地铁站等朋友。可是等了二十分钟还没来。我生气地打电话问他，可是他也说早就到了，很生气地问我在哪里。原来他在新龙山地铁站等我呢，不是一个站，我们都误会了。

지난주에 저는 용산에서 약속이 있었습니다. 저는 신나게 준비를 마치고 지하철역에서 친구를 기다렸습니다. 그런데 20분을 기다렸는데도 (친구가) 나타나지 않았습니다. 제가 화를 내며 친구에게 전화해서 묻자, 친구도 이미 도착해 있다며 화를 내며 저에게 어디에 있냐며 물었습니다. 알고 보니 친구는 신용산 지하철역에서 저를 기다린 것으로, 같은 역이 아니었습니다. 저희는 모두 오해를 했던 것입니다.

13 卖扇子

활용 🔊 13-03 🔊 13-04

1. (1) 他刚唱完，观众就鼓起掌来。
   (2) 我刚到家电话就响起来了。
   (3) 春天到了，天气暖和起来了。
   (4) 这种手机是最新款式，一定会很快流行起来。

2. (1) 张老师通知大家明天把读书报告交上来。
   (2) 点完菜，服务员很快就把菜端了上来。
   (3) 我们刚到公司门口，经理就迎了上来。
   (4) 比赛快结束的时候，第2名运动员追了上来。

1. (1) 그가 노래를 다 부르자 관중들이 박수를 치기 시작했습니다.
   (2) 제가 집에 도착하자 전화가 울리기 시작했습니다.
   (3) 봄이 왔네요. 날씨가 따뜻해지기 시작했습니다.
   (4) 이런 휴대전화는 최신 디자인입니다. 분명 금방 유행하게 될 것입니다.

2. (1) 장 선생님은 모두에게 내일 독후감을 제출하라고 알렸습니다.
   (2) 음식을 주문하고, 종업원은 아주 빨리 음식을 들고 왔습니다.
   (3) 우리가 회사 입구에 도착하자 사장님이 환영해 주셨습니다.
   (4) 경기가 거의 끝나려고 할 때, 2등인 운동선수가 쫓기 시작했습니다.

간체자

卖扇子的人说：“我保证这扇子又好又便宜！”很多人围了上来，抢着买扇子。
부채를 파는 사람이 말했습니다. "이 부채가 (품질이) 좋고 가격도 싸다는 것을 보증하겠습니다." 많은 사람이 (그를) 둘러싸고 다투어 부채를 샀습니다.

연습

1. (1) 下起雨来   (2) 笑起来   (3) 吃起饭来   (4) 热了起来

2. (1) D (2) A (3) B (4) C

3. (1) K (2) H (3) J (4) L (5) C (6) I (7) E (8) B (9) D (10) G (11) A (12) F

4. 申师任堂[Shēnshīrèntáng 신사임당]是一位朝鲜时代[Cháoxiǎn shídài 조선 시대]的有名的艺术家。她很会画画。据说[jùshuō 전해지는 말에 의하면]，鸡以为她画的虫子是真的，想要吃呢。
   신사임당은 조선시대의 유명한 예술가입니다. 그녀는 그림을 아주 잘 그렸습니다. 전해지는 말에 의하면, 닭이 그녀의 그림 속 벌레를 진짜로 착각해 먹으려고 했다고도 합니다.

14 找声音

활용 🔊 14-03 🔊 14-04

1
(1) 地铁站不远，往前走，一ᴬ拐弯就ᴮ到了。
(2) 这首中文歌很简单，一ᴬ学就ᴮ会。
(3) 这句话我一ᴬ听就ᴮ明白了。
(4) 今天，马经理很累，一ᴬ回家就ᴮ坐在沙发上看电视，一ᴬ看电视就ᴮ睡着了。这时邻居来敲门，邻居一ᴬ敲门，马经理就ᴮ醒了。

2
(1) 丈夫等了一个小时，妻子终于打扮好了。
(2) 他终于实现了童年的梦想。
(3) 他的信我终于看懂了。
(4) 阿里终于通过了新HSK 6级考试。

1
(1) 지하철역은 멀지 않습니다. 앞으로 가다가 모퉁이를 돌면 바로예요.
(2) 이 중국 노래는 간단해서 배우자마자 부를 수 있습니다.
(3) 저는 이 말을 듣자마자 이해했습니다.
(4) 오늘 마 사장님은 아주 피곤합니다. 집으로 돌아가서 바로 소파에 앉아 티비를 봤고, 티비를 보다가 이내 곧 잠이 들었습니다. 이때 이웃이 와서 문을 두들겼고, 이웃이 문을 두들기자 마 사장님은 바로 잠에서 깼습니다.

2
(1) 남편이 한 시간 반을 기다린 끝에 아내는 단장을 마쳤습니다.
(2) 그는 마침내 어린 시절의 꿈을 이루었습니다.
(3) 저는 그의 편지를 마침내 이해했습니다.
(4) 알리는 마침내 新HSK 6급 시험에 통과했습니다.

간체자

他翻箱倒柜地找东西，把房间弄得乱七八糟，他弟弟终于生气了。
그가 온통 뒤집어 엎으며 물건을 찾느라 방을 엉망진창으로 만들어 그의 동생은 결국 화가 났습니다.

연습

1
(1) 一看就懂了
(2) 一上班就开始打电话
(3) 一见面就聊了起来
(4) 一猜就知道是谁写的字

2 (1) A (2) B (3) A (4) A (5) B

3 好 — 坏 | 干净 — 脏 | 新 — 旧 | 整齐 — 乱 | 饱 — 饿 | 便宜 — 贵 | 舒服 — 辛苦 | 快乐 — 伤心 | 对 — 错 | 早 — 晚

4 我心情不好的时候喜欢哭，因为眼泪可以清除身体里产生的有害物质，让身体更健康，让寿命更长。哭完了以后你会觉得心情好一点儿。你也试试吧。

기분이 좋지 않을 때 저는 울곤 합니다. 눈물은 몸속에서 생겨나는 유해물질을 제거해 주어 몸을 더 건강하게 만들고, 수명이 더 길어지게 하기 때문입니다. 다 울고나면 기분이 좀 나아진 것을 느낄 수 있을 것입니다. 여러분도 한번 시도해 보세요.

15 一封被退回来的信

활용 🔊 15-03 🔊 15-04

1 (1) 这么简单的字，他竟然写错了，太粗心了。 (2) 那个人我见过两次，竟然没有一点儿印象。 (3) 几年前流行的衣服样式今年竟然又流行起来了。 (4) 导游竟然找不到博物馆的入口。	1 (1) 이렇게 간단한 글자를 그가 잘못 썼다니, 너무 부주의하네요. (2) 그 사람은 제가 두 번 본 적이 있는데, 뜻밖에도 어떤 인상도 없습니다. (3) 몇 년 전 유행했던 옷 스타일이 뜻밖에도 또 유행하고 있습니다. (4) 관광 가이드는 뜻밖에도 박물관의 입구를 찾지 못했습니다.
2 (1) 你怎么不尝尝我做的菜? (2) 航班怎么又晚了? (3) 外面怎么这么热闹? (4) 刘教授怎么做起生意来了?	2 (1) 어째서 제가 만든 요리를 먹어 보지 않나요? (2) 항공편이 어째서 또 늦어졌나요? (3) 밖이 어째서 이렇게 시끌벅적한가요? (4) 리우 교수님은 어째서 장사를 하게 되신 건가요?

간체자

我很仔细地把我的地址和邮政编码写在信封上，不过没有贴邮票。
저는 꼼꼼하게 제 주소와 우편번호를 편지 봉투에 썼지만, 우표를 붙이지 않았습니다.

연습

1 (1) B (2) A (3) A (4) C (5) B

2 (1) 马华怎么又搬家了? 因为他又换工作了。
(2) 你怎么关机了? 手机没电了。
(3) 你怎么才来? 因为我的车坏了。
(4) 今天人怎么这么多? 今天商场打折。

3 생략

4 我喝着咖啡玩儿游戏的时候，粗心地把咖啡碰倒了，电脑坏了。这是我哥哥刚买的电脑。哥哥下班回家，一进屋我就跟哥哥说对不起。
저는 커피를 마시며 게임을 하다가 부주의하게 커피를 넘어뜨려 컴퓨터를 고장냈습니다. 그 컴퓨터는 오빠가 막 구입한 것이었습니다. 오빠가 퇴근하고 집에 돌아와서 방에 들어서자마자 저는 오빠에게 미안하다고 말했습니다.

16 汽车的颜色和安全

활용 🔊 16-03 🔊 16-04

1
(1) 酒喝得太多对身体不好，尤其会影响到心脏健康。
(2) 家人的意见，尤其是爸爸的意见，对我来说很重要。
(3) 现在环境污染很厉害，尤其是大城市。
(4) 研究表明，白色、黄色、红色三种颜色的花儿最香，尤其是白色的花儿。

2
(1) 旅游最重要的不是ᴬ去哪儿，而是ᴮ跟谁一起去。
(2) 观众说，他们不是ᴬ在看演出的时候睡觉，而是ᴮ在睡觉的时候看演出。
(3) 大自然缺少的不是ᴬ美，而是ᴮ发现美的眼睛。
(4) 你最需要的不是ᴬ留住她的人，而是ᴮ留住她的心。

1
(1) 술을 많이 마시는 것은 몸에 좋지 않습니다. 특히 심장 건강에 영향을 줍니다.
(2) 가족의 의견, 특히 아빠의 의견이 저에게 중요합니다.
(3) 현재 환경 오염이 심각합니다. 대도시가 특히 그러합니다.
(4) 연구에서 밝히길, 흰색, 노란색, 빨간색, 이 세 가지 색 꽃이 가장 향기롭고, 특히 흰색 꽃이 향기롭다고 합니다.

2
(1) 여행에서 제일 중요한 것은 어디를 가는지가 아니라 누구와 함께 가는지입니다.
(2) 관중들이 말하길, 그들은 공연을 볼 때 잔 것이 아니라 잘 때 공연을 본 것이라고 합니다.
(3) 대자연이 부족한 것은 아름다움이 아니라, 아름다움을 발견하는 눈입니다.
(4) 당신에게 필요한 것은 그녀를 붙잡아 둘 사람이 아니라, 그녀를 붙잡아 둘 마음입니다.

간체자

银色让人觉得车更宽，事故也发生得少，可以说颜色跟安全有关系。
은색은 차를 더 넓어 보이게 하고 사고도 적게 일어나니, 색깔과 안전이 관계 있다고 할 수 있습니다.

연습

1
(1) 安妮很喜欢中国音乐，尤其是中国传统音乐。
(2) 节日的时候人们喜欢发短信，尤其是春节。
(3) 妹妹的学习成绩很好，尤其是数学。
(4) 这个餐厅人很多，尤其是周末。

2
(1) 哥哥不是出国留学，而是出国工作。
(2) 商场五层不是餐厅，而是电影院。
(3) 房租不是一个月交一次，而是一年交一次。
(4) 爸爸不是太困了，而是不喜欢看这个电影。

3 B-C-A

4 我要买白色的车。因为白色的车让人觉得车更宽、更大。另外，深颜色的车很容易脏，天黑时不容易被发现，不太安全。
저는 흰색 자동차를 살 것입니다. 흰색 자동차는 사람들에게 차가 더욱 넓고 커 보이게 하기 때문입니다. 한편, 짙은 색깔의 자동차는 더러워지기 쉽고, 날이 어두울 때에는 발견하기가 쉽지 않아 그다지 안전하지 못합니다.

17 明天别来了。

활용 🔊 17-03 🔊 17-04

1 (1) 他们一见面就开心地聊了起来。 (2) 她愉快地接受了我们的邀请。 (3) 任务终于完成了，我们应该好好儿地休息休息。 (4) 王经理给我们简单地介绍了一下公司的情况。	1 (1) 그들은 만나자마자 신나게 이야기하기 시작했습니다. (2) 그녀는 즐겁게 우리의 요청을 받아들였습니다. (3) 임무를 마침내 완수했습니다. 우리는 잘 쉬어야 해요. (4) 왕 사장님이 우리에게 회사의 상황을 간단히 소개해 주셨습니다.
2 (1) 你别等了，她肯定不会来了。 (2) 你别走了，就在这儿吃吧。 (3) 别难过了，他的病会好起来的。 (4) 出门前，别忘了关灯。	2 (1) 기다리지 마세요. 그녀는 분명 오지 않을 거예요. (2) 가지 마세요. 그냥 여기에서 드세요. (3) 힘들어 하지 마세요. 그의 병은 곧 나아질 거예요. (4) 집을 나설 때 불 끄는 것을 잊지 마세요.

간체자

老板检查了我们的工作后，既严肃又不满地说："不行"。
사장님은 우리들의 업무를 점검한 후, 엄숙하고 불만스럽게 "안 됩니다."라고 말했습니다.

연습

1 (1) 好好儿地打扫一下吧
 (2) 懒洋洋地躺着
 (3) 高兴地笑了
 (4) 生气地问
 (5) 冷冰冰地回答

2 (1) 别哭了。
 (2) 别开车了。
 (3) 别上网了。 또는 别玩儿电脑了。
 (4) 别吵了。
 (5) 别说话了。

3 (1) 愉快 — 즐겁다, 유쾌하다 | 无聊 — 지루하다 | 惊喜 — 놀랍고 기쁘다 | 奇怪 — 이상하다 | 紧张 — 긴장하다
 (2) 满意 — 만족하다 | 兴奋 — 흥분하다, 감격하다 | 难过 — 슬프다, 괴롭다, 고생스럽다 | 着急 — 조급하다, 마음을 졸이다 | 冷冰冰 — 쌀쌀하다, 차갑다

4 我每天晚上回到家，先简单地准备晚饭，和家人一起吃晚饭，吃晚饭以后看电视。看一个小时电视以后，回到自己的房间，在床上看书，到晚上12点以后才关灯睡觉。
저는 매일 저녁 집에 돌아오면 먼저 간단히 저녁밥을 만든 후 가족들과 함께 저녁밥을 먹습니다. 저녁밥을 먹고 나서는 TV를 봅니다. TV를 한 시간 정도 본 후에는 방으로 돌아와 침대에서 책을 보다가, 밤 12시 이후에야 불을 끄고 잠을 잡니다.

18 狗不理

활용 🔊 18-03　🔊 18-04

1
(1) 北京的春天经常刮风，还很干燥。
(2) 这种调查方法又快又准确，还很简单。
(3) 今天我第一次开车，又紧张又兴奋，还有点儿害怕。
(4) 刘老师又高又帅，还很幽默，学生们都很喜欢他。

2
(1) 明天有大雨，运动会只好推迟了。
(2) 他们在一起总是吵架，只好分手了。
(3) 路上车太多了，能不能赶上飞机，我只好听天由命了。
(4) 西医没治好我的病，我只好去看中医。

1
(1) 베이징은 봄에 자주 바람이 부는 데다가 건조하기도 합니다.
(2) 이런 조사 방법은 빠르고 정확한 데다가 간단하기도 합니다.
(3) 오늘 저는 처음 운전을 해서, 긴장되고 흥분되는 데다가 조금 무섭기도 합니다.
(4) 리우 선생님은 키가 크고 잘생긴 데다가 유머러스하기도 해서, 학생들이 모두 그 선생님을 좋아합니다.

2
(1) 내일 비가 많이 내린다고 해서 어쩔 수 없이 운동회를 연기했습니다.
(2) 그들은 함께 있으면 늘 말다툼을 해서 어쩔 수 없이 헤어졌습니다.
(3) 도로에 차가 많아서, 비행기를 탈 수 있을지는 하늘에 맡기는 수밖에 없겠습니다.
(4) 양의사가 제 병을 고치지 못해서 저는 중의사에게 진찰 받으러 가는 수밖에 없습니다.

간체자

顾客们喜欢这些传统的商品，商店已经赚了很多钱。
고객들이 이런 전통 상품을 좋아해서 가게는 이미 많은 돈을 벌었습니다.

연습

1
(1) 那个房子宽敞漂亮，还不贵。 또는 那个房子漂亮宽敞，还不贵。
(2) 安妮会弹钢琴，还会拉小提琴。 또는 安妮会拉小提琴，还会弹钢琴。
(3) 这双鞋又好看又便宜，还很舒服。
(4) 这个工作工资不高，还很辛苦。
(5) 他会唱京剧，也喜欢听相声，还想学太极拳。

2
(1) 只好在家休息
(2) 只好等妻子回来开门
(3) 只好走上去
(4) 只好走路去学校

3 (1) D (2) H (3) G (4) E (5) F (6) C (7) A (8) B

4 我来介绍一下卖面条和饺子的饭馆儿，名字叫"明洞饺子"。这家饭馆儿的菜都很好吃，也很便宜，所以饭馆里总是有很多客人，非常热闹。如果你还没去过，我就建议你去尝尝。

국수와 만두를 파는 식당을 소개해 보겠습니다. 가게 이름은 '명동교자'입니다. 이 식당의 요리는 모두 맛이 좋고, 가격도 쌉니다. 그래서 식당 안에는 항상 손님들이 많아 시끌벅적합니다. 아직 가 본 적이 없다면, 가서 한번 맛보시는 걸 제안합니다.

19 不敢说。

활용 🔊 19-03 🔊 19-04

1
(1) 每个人都必须遵守法律。
(2) 最近我又长了五斤，必须减肥了。
(3) 今天的考试很简单，不必紧张。
(4) 离登机时间还早呢，你不必着急。

2
(1) 这件事小刘跟我说过，可是我忘了。
(2) 这个问题比较复杂，我得跟你们解释一下。
(3) 你跟大家介绍介绍网上购物的经验吧。
(4) 我们去跟那位新来的同事打个招呼吧。

1
(1) 모든 사람들은 법률을 준수해야 합니다.
(2) 요즈음 저는 (살이) 2.5킬로그램이 더 쪄서 다이어트를 해야 해요.
(3) 오늘 시험은 간단하니 긴장하지 않아도 됩니다.
(4) 비행기 탑승 시간까지 아직 이르니 서두르지 않아도 됩니다.

2
(1) 이 일은 샤오리가 저에게 말했던 적이 있지만 제가 잊어버렸습니다.
(2) 이 문제는 비교적 복잡해서 제가 여러분에게 설명을 좀 해 드려야 합니다.
(3) 당신이 모두에게 인터넷 구매의 경험에 대해서 소개를 좀 해 주세요.
(4) 우리 그 새로 온 동료에게 인사를 하러 갑시다.

간체자

他很认真地建议我："演讲时必须大声点儿。"
그는 진지한 태도로 제게 권유했습니다. "연설을 할 때는 반드시 큰 소리로 하세요."

연습

1
(1) 必须睡觉了
(2) 必须去医院 또는 必须吃药
(3) 手机必须关机
(4) 不必难过

2 (1) B (2) A (3) B (4) C (5) B

3 (1) H (2) D (3) C (4) A (5) F (6) B (7) G (8) E

4 有一次妈妈的眼睛很疼，我跟她去了医院。大夫说妈妈必须做手术。手术后，妈妈的眼睛几天看不见，我为她做饭、洗衣服，打扫房间。
한번은 엄마가 눈이 아프셔서 저와 엄마는 함께 병원에 갔습니다. 의사 선생님은 엄마가 반드시 수술을 받아야 한다고 말씀하셨습니다. 수술 후, 엄마는 며칠간 눈이 보이지 않으셨기 때문에 저는 엄마를 위해 밥을 하고, 빨래를 하고, 방을 청소했습니다.

20 数字中国

활용 🔊 20-03 🔊 20-04

1
(1) 青岛胶州湾大桥长41.58公里，是世界上最长的桥。
(2) 全世界每年要用1.2万亿个塑料袋，每分钟要用100万个。
(3) 1500多年前，祖冲之就把圆周率计算到3.1415926到3.1415927之间。
(4) 到2012年，中国的网民已经达到5.64亿。

2
(1) 40%的中国网民有网上购物的经历。
(2) 地球总面积3.6亿平方公里，71％是海洋。
(3) 汉语是世界上使用人口最多的语言，说汉语的人占世界人口的23％。
(4) 只要有百分之一的希望，就要尽百分之百的努力。

1
(1) 칭다오의 쟈오저우만 대교는 41.58킬로미터로, 세계에서 가장 긴 다리입니다.
(2) 전 세계에서 매년 1.2조 개의 비닐봉지를 사용하니, 일 분마다 100만 개를 사용하는 것입니다.
(3) 1,500여년 전, 조충지는 원주율을 3.1415926에서 3.1415927 사이까지 계산해 냈습니다.
(4) 2012년에 중국의 네티즌은 이미 5.64억 명에 이르렀습니다.

2
(1) 40퍼센트의 중국 네티즌들은 인터넷 구매 경험이 있습니다.
(2) 지구의 총면적은 3.6억 제곱킬로미터이고 71퍼센트가 바다입니다.
(3) 중국어는 세계에서 사용 인구가 가장 많은 언어로, 중국어를 쓰는 사람들이 세계 인구의 23퍼센트를 차지합니다.
(4) 1퍼센트의 희망이라도 있다면 100퍼센트의 노력을 다해야 합니다.

간체자

上海在中国的东部，陆地总面积为6,340平方公里，是中国的经济中心城市。
상하이는 중국의 동부에 있고 육지 총면적은 6,340제곱킬로미터로, 중국의 경제 중심 도시입니다.

연습

1
(1) 中国的面积有九百六十三万三千平方公里，有十三点七亿人口。
(2) 美国的面积有九百六十二万九千零九十一平方公里，有三点一亿人口。
(3) 俄罗斯的面积有一千七百零七万五千二百平方公里，有一点四三亿人口。
(4) 法国的面积有五十五万一千六百零二平方公里，有六千三百八十六万人口。
(5) 英国的面积有二十四万三千六百一十平方公里，有六千二百二十六万人口。

2
(1) 说汉语的人占世界人口的百分之二十三。
(2) 说西班牙语的人占世界人口的百分之七点一。
(3) 说英语的人占世界人口的百分之五点七。
(4) 说阿拉伯语的人占世界人口的百分之五点一。

3 (1) D (2) B (3) E (4) A (5) C

4 我去过中国一次，是和家人一起去旅游。我们去上海玩了两天，看了东方明珠[Dōngfāngmíngzhū 동팡밍주]和美丽的外滩[wàitān 와이탄]。东方明珠高468米，外滩全长1.5公里。
저는 중국에 한 번 가 본 적이 있습니다. 가족들과 함께 여행을 간 것이었습니다. 저희는 상하이에서 이틀 동안 놀며, 동팡밍주와 아름다운 와이탄을 봤습니다. 동팡밍주는 높이가 468미터이고, 와이탄은 전체 길이가 1.5킬로미터입니다.

단어 색인

간체자	번체자	한어병음	품사	해당 과
A				
阿姨	阿姨	āyí	명	12
爱	愛	ài	동	1
安全	安全	ānquán	형	16
安装	安裝	ānzhuāng	동	12
B				
般	般	bān	조	3
搬	搬	bān	동	12
搬家	搬家	bān jiā	동	12
半路	半路	bànlù	명	4
半天	半天	bàntiān	수량	12
傍晚	傍晚	bàngwǎn	명	16
包括	包括	bāokuò	동	11
保护	保護	bǎohù	동	8
保证	保證	bǎozhèng	동	13
报告	報告	bàogào	명	13
报名	報名	bào míng	동	15
报名表	報名表	bàomíngbiǎo	명	15
必须	必須	bìxū	부	19
编码	編碼	biānmǎ	명	15
扁桃体	扁桃體	biǎntáotǐ	명	19
变	變	biàn	동	1
变成	變成	biànchéng		1
表	表	biǎo	명	15
表面	表面	biǎomiàn	명	11
表明	表明	biǎomíng	동	16
表演	表演	biǎoyǎn	동	5
别	別	bié	부	7
并	并	bìng	접	9
播出	播出	bōchū	동	8
伯牙	伯牙	Bó Yá	고유	11
不必	不必	búbì	부	19
不错	不錯	búcuò	형	11
不但	不但	búdàn	접	6
不敢	不敢	bùgǎn	동	19
不满	不滿	bùmǎn	형	17
不同	不同	bù tóng		6
C				
才	才	cái	부	11
采访	採訪	cǎifǎng	동	8
产量	產量	chǎnliàng	명	9
产品	產品	chǎnpǐn	명	10
产生	產生	chǎnshēng	동	6

간체자	번체자	한어병음	품사	해당 과
长	長	cháng	명	20
长江	長江	Cháng Jiāng	고유	20
厂	廠	chǎng	명	17
超过	超過	chāoguò	동	6
吵架	吵架	chǎo jià	동	2
称作	稱作	chēngzuò	동	9
成	成	chéng	동	1
成功	成功	chénggōng	형	10
诚恳	誠懇	chéngkěn	형	5
出差	出差	chū chāi	동	1
出门	出門	chū mén	동	17
传说	傳說	chuánshuō	동	18
窗外	窗外	chuāng wài		2
从	從	cóng	개	9
从来	從來	cónglái	부	5
粗心	粗心	cūxīn	형	15
D				
达	達	dá	동	11
打扮	打扮	dǎban	동	8
打招呼	打招呼	dǎ zhāohu		19
大自然	大自然	dàzìrán	명	16
戴	戴	dài	동	2
导游	導遊	dǎoyóu	명	15
倒	倒	dǎo	동	2
到底	到底	dàodǐ	부	14
道路	道路	dàolù	명	16
得病	得病	dé bìng	동	3
得意	得意	déyì	형	12
地	地	de	조	2
灯	燈	dēng	명	1
登机	登機	dēngjī	동	19
等	等	děng	동, 조	1, 9
地理	地理	dìlǐ	명	10
地球	地球	dìqiú	명	11
地址	地址	dìzhǐ	명	3
点	點	diǎn	동	12
点菜	點菜	diǎn cài	동	13
电	電	diàn	명	12
电视剧	電視劇	diànshìjù	명	8
店	店	diàn	명	18
店主	店主	diànzhǔ		7
调查	調查	diàochá	동	18
掉	掉	diào	동	3
东部	東部	dōngbù	명	20
动	動	dòng	동	1
动不了	動不了	dòng bu liǎo		1

간체자	번체자	한어병음	품사	해당 과
读书报告	讀書報告	dú shū bàogào		13
端	端	duān	동	13
对	對	duì	동, 개, 양	2, 10, 14
对……来说	對……來說	duì……lái shuō		16
吨	噸	dūn	양	9
多	多	duō	동, 수	7, 9
多民族	多民族	duōmínzú		20

E

간체자	번체자	한어병음	품사	해당 과
饿	餓	è	형	4
而是	而是	ér shì		16
耳机	耳機	ěrjī	명	2

F

간체자	번체자	한어병음	품사	해당 과
发生	發生	fāshēng	동	16
发现	發現	fāxiàn	동	4
发炎	發炎	fāyán	동	19
法律	法律	fǎlǜ	명	19
翻箱倒柜	翻箱倒櫃	fān xiāng dǎo guì		14
翻译	翻譯	fānyì	동	8
反而	反而	fǎn'ér	부	6
饭量	飯量	fànliàng	명	10
房价	房價	fángjià	명	6
放弃	放棄	fàngqì	동	5
放心	放心	fàng xīn	동	13
费九牛二虎之力	費九牛二虎之力	fèi jiǔ niú èr hǔ zhī lì		3
分手	分手	fēn shǒu	동	18
份	份	fèn	양	5
丰盛	豐盛	fēngshèng	형	9
风景	風景	fēngjǐng	명	2
封	封	fēng	양	15
夫妻	夫妻	fūqī	명	14
幅	幅	fú	양	5
父	父	fù	명	9
复杂	複雜	fùzá	형	19

G

간체자	번체자	한어병음	품사	해당 과
改编	改編	gǎibiān	동	8
改变	改變	gǎibiàn	동	5
干燥	乾燥	gānzào	형	18
赶紧	趕緊	gǎnjǐn	부	7
赶快	趕快	gǎnkuài	부	7
赶上	趕上	gǎnshang	동	18
感到	感到	gǎndào	동	4
感兴趣	感興趣	gǎn xìngqù		10
高	高	gāo	명	20
高贵友	高貴友	Gāo Guìyǒu	고유	18
隔壁	隔壁	gébì	명	12

간체자	번체자	한어병음	품사	해당 과
各自	各自	gèzì	대	10
根据	根據	gēnjù	동	10
跟	跟	gēn	동, 개	4, 19
更	更	gèng	부	16
工厂	工廠	gōngchǎng	명	17
工人	工人	gōngrén	명	17
工资	工資	gōngzī	명	17
公里	公裏	gōnglǐ	양	20
功夫	功夫	gōngfu	명	4
狗不理	狗不理	Gǒubùlǐ	고유	18
狗子	狗子	Gǒuzi	고유	18
古代	古代	gǔdài	명	13
鼓掌	鼓掌	gǔ zhǎng		13
顾客	顧客	gùkè	명	18
拐弯	拐彎	guǎi wān	동	14
关灯	關燈	guān dēng		17
关机	關機	guānjī	동	12
关系	關系	guānxi	명	16
观众	觀眾	guānzhòng	명	13
光	光	guāng	형	3
广告	廣告	guǎnggào	명	10
国际	國際	guójì		11
国际会议中心	國際會議中心	Guójì Huìyì Zhōngxīn	고유	11
果然	果然	guǒrán	부	13

H

간체자	번체자	한어병음	품사	해당 과
海洋	海洋	hǎiyáng	명	20
害怕	害怕	hàipà	동	18
韩语	韓語	Hányǔ	고유	1
喊	喊	hǎn	동	14
汉族	漢族	Hànzú	고유	20
航班	航班	hángbān	명	15
好	好	hǎo	부	13
好好儿	好好兒	hǎohāor	부	17
好几	好幾	hǎojǐ	수	14
合影	合影	héyǐng	명	5
和好	和好	héhǎo	동	14
河	河	hé	명	20
黑板	黑板	hēibǎn	명	7
红灯	紅燈	hóngdēng	명	1
后	後	hòu	명	2
后来	後來	hòulái		18
忽然	忽然	hūrán	부	12
画家	畫家	huàjiā	명	3
画像	畫像	huà xiàng	동	5
画像	畫像	huàxiàng		5
欢迎	歡迎	huānyíng		8
黄灯	黃燈	huángdēng		1
黄河	黃河	Huáng Hé	고유	20
回	回	huí	양	5
会议	會議	huìyì	명	11
婚姻	婚姻	hūnyīn	명	8

간체자	번체자	한어병음	품사	해당 과
J				
及时	及時	jíshí	부	9
级	級	jí	양	14
极其	極其	jíqí	부	13
急刹车	急剎車	jíshāchē		2
集市	集市	jíshì	명	13
几	幾	jǐ	수	8
几十年如一日	幾十年如壹日	jǐ shí nián rú yí rì		9
计算	計算	jìsuàn	동	20
系	系	jì	동	2
既……又……	既……又……	jì……yòu……		1
寄信	寄信	jì xìn		15
寄信人	寄信人	jìxìnrén	명	15
加班	加班	jiā bān	동	7
加油	加油	jiā yóu	동	5
家	家	jiā	양, 명	7, 12
家人	家人	jiārén	명	12
嘉宾	嘉賓	jiābīn	명	3
甲骨文	甲骨文	jiǎgǔwén	명	9
捡	撿	jiǎn	동	7
检查工作	檢查工作	jiǎnchá gōngzuò		17
减肥	減肥	jiǎn féi	동	19
简单	簡單	jiǎndān	형	14
建议	建議	jiànyì	명, 동	19
健康	健康	jiànkāng	명	6
讲座	講座	jiǎngzuò	명	12
胶州湾	膠州灣	Jiāozhōu Wān	고유	20
叫作	叫作	jiàozuò	동	18
教授	教授	jiàoshòu	명	11
接近	接近	jiējìn	동	16
接受	接受	jiēshòu	동	17
结束	結束	jiéshù	동	3
解决	解決	jiějué	동	4
解释	解釋	jiěshì	동	19
介绍	介紹	jièshào	동	3
紧张	緊張	jǐnzhāng	형	1
尽	盡	jìn	동	20
经历	經歷	jīnglì	명	20
经验	經驗	jīngyàn	명	19
竟然	竟然	jìngrán	부	15
举	舉	jǔ	동	7
句子	句子	jùzi	명	7
拒绝	拒絕	jùjué	동	8
K				
开玩笑	開玩笑	kāi wánxiào		18
看	看	kàn	동	18
看病	看病	kàn bìng	동	19
看法	看法	kànfǎ	명	9
拷	拷	kǎo	동	3
靠	靠	kào	동	17
科学家	科學家	kēxuéjiā	명	5
棵	棵	kē	양	3
渴	渴	kě	형	4
肯定	肯定	kěndìng	부	17
哭	哭	kū	동	6
苦	苦	kǔ	형	4
快	快	kuài	부	13
宽	寬	kuān	형	16
款式	款式	kuǎnshì	명	13
矿泉水	礦泉水	kuàngquánshuǐ	명	4
L				
落	落	là	동	7
蜡烛	蠟燭	làzhú	명	12
懒	懶	lǎn	형	17
懒洋洋	懶洋洋	lǎnyángyáng	형	17
老	老	lǎo	부	4
老板	老板	lǎobǎn	명	17
老奶奶	老奶奶	lǎonǎinai	명	13
老人	老人	lǎorén	명	8
冷冰冰	冷冰冰	lěngbīngbīng	형	12
离	離	lí	동	11
离开	離開	líkāi	동	7
李白	李白	Lǐ Bái	고유	11
理	理	lǐ	동	18
理解	理解	lǐjiě	동	10
理想	理想	lǐxiǎng	명	11
力气	力氣	lìqi	명	2
厉害	厲害	lìhai	형	16
立刻	立刻	lìkè	부	13
连	連	lián	동	10
良好	良好	liánghǎo	형	16
凉快	涼快	liángkuai	형	4
粮食	糧食	liángshi	명	9
亮	亮	liàng	동	1
了解	了解	liǎojiě	동	10
邻居	鄰居	línjū	명	7
领带	領帶	lǐngdài	명	2
另	另	lìng	대	7
另外	另外	lìngwài	대, 접	5
流行	流行	liúxíng	동	13
旅行	旅行	lǚxíng	동	10
绿灯	綠燈	lǜdēng	명	1
绿叶	綠葉	lǜyè	명	3
鲁迅	魯迅	Lǔ Xùn	고유	11
陆地	陸地	lùdì	명	20
录	錄	lù	동	3
乱七八糟	亂七八糟	luànqībāzāo		14
珞巴族	珞巴族	Luòbāzú	고유	20
落	落	luò	동	3

간체자	번체자	한어병음	품사	해당 과
M				
马路	馬路	mǎlù	명	2
埋怨	埋怨	mányuàn	동	15
满	滿	mǎn	형	10
满意	滿意	mǎnyì	동	10
慢慢	慢慢	mànmàn		10
忙	忙	máng	동	15
盲肠	盲腸	mángcháng	명	19
美	美	měi	형	16
门口	門口	ménkǒu	명	7
门票	門票	ménpiào	명	6
梦想	夢想	mèngxiǎng	명	14
米	米	mǐ	양	20
民族	民族	mínzú	명	20
名	名	míng	양	13
明白	明白	míngbai	동	14
命名	命名	mìng míng	동	11
母鸡	母雞	mǔjī	명	8
亩	畝	mǔ	양	9
亩产量	畝產量	mǔchǎnliàng		9
N				
男孩儿	男孩兒	nánháir	명	4
男人	男人	nánrén	명	6
难	難	nán	형	4
难过	難過	nánguò	형	17
年龄	年齡	niánlíng	명	2
念	念	niàn	동	8
弄	弄	nòng	동	14
努力	努力	nǔlì	동	20
女孩儿	女孩兒	nǚháir	명	1
女人	女人	nǚrén	명	6
P				
爬	爬	pá	동	2
牌子	牌子	páizi	명	7
培养	培養	péiyǎng	동	8
培育	培育	péiyù	동	9
赔钱	賠錢	péi qián	동	6
片	片	piàn	양	3
品味	品味	pǐnwèi	동	10
平方公里	平方公裏	píngfāng gōnglǐ		20
平均	平均	píngjūn	동	6
破坏	破壞	pòhuài	동	2
扑	撲	pū	동	2
Q				
其中	其中	qízhōng	명	11
奇怪	奇怪	qíguài	형	4
奇迹	奇跡	qíjì	명	3
钱数	錢數	qiánshù		18
钱锺书	錢鍾書	Qián Zhōngshū	고유	8
抢	搶	qiǎng	동	13
敲门	敲門	qiāo mén	동	12
桥	橋	qiáo	명	10
切	切	qiē	동	19
切除	切除	qiēchú	동	19
青岛	青島	Qīngdǎo	고유	20
清除	清除	qīngchú	동	6
情感	情感	qínggǎn	명	10
情况	情況	qíngkuàng	명	17
请求	請求	qǐngqiú	동	5
取	取	qǔ	동	7
全	全	quán	형, 부	20
全国	全國	quánguó		20
缺少	缺少	quēshǎo	동	16
却	却	què	부	2
R				
让	讓	ràng	동	5
热闹	熱鬧	rènao	형	15
人口	人口	rénkǒu	명	20
人们	人們	rénmen	명	9
忍	忍	rěn	동	6
认真	認真	rènzhēn	형	19
任务	任務	rènwu	명	17
日本	日本	Rìběn	고유	9
容易	容易	róngyì	형	9, 16
入口	入口	rùkǒu	명	15
S				
沙漠	沙漠	shāmò	명	4
山峰	山峰	shānfēng	명	20
扇子	扇子	shànzi	명	13
伤心	傷心	shāngxīn	형	3
上路	上路	shàng lù	동	1
少	少	shǎo	동	15
摄氏度	攝氏度	shèshìdù	명	11
生	生	shēng	동	8
生蛋	生蛋	shēng dàn		8
生命	生命	shēngmìng	명	3
生意	生意	shēngyi	명	4
圣诞老人	聖誕老人	Shèngdàn Lǎorén	고유	8
剩下	剩下	shèngxià		3
失败	失敗	shībài	동	5
师傅	師傅	shīfu	명	2
十分	十分	shífēn	부	13
实现	實現	shíxiàn	동	14
实验	實驗	shíyàn	명	5
使用	使用	shǐyòng	동	20

간체자	번체자	한어병음	품사	해당 과
事故	事故	shìgù	명	16
事业	事業	shìyè	명	10
适合	適合	shìhé	동	6
收	收	shōu	동	15
收费	收費	shōu fèi		6
收信	收信	shōu xìn		15
收信人	收信人	shōuxìnrén	명	15
手术	手術	shǒushù	명	19
首	首	shǒu	양	14
寿命	壽命	shòumìng	명	6
受	受	shòu	동	8
受不了	受不了	shòu bu liǎo		19
书法家	書法家	shūfǎjiā	명	13
暑假	暑假	shǔjià	명	1
树	樹	shù	명	3
树叶	樹葉	shùyè	명	3
数字	數字	shùzì	명	20
帅	帥	shuài	형	18
双胞胎	雙胞胎	shuāngbāotāi	명	12
水稻	水稻	shuǐdào	명	9
水星	水星	shuǐxīng	명	11
睡着	睡著	shuìzháo		14
说话	說話	shuō huà	동	14
送	送	sòng	동	8
塑料袋	塑料袋	sùliàodài	명	2
算是	算是	suànshì		11
岁	歲	suì	명	1

T

간체자	번체자	한어병음	품사	해당 과
台	臺	tái	양	1
太阳系	太陽系	tàiyángxì	명	11
态度	態度	tàidu	명	5
讨论	討論	tǎolùn	동	9
提高	提高	tígāo	동	9
体育	體育	tǐyù	명	4
天津	天津	Tiānjīn	고유	18
填写	填寫	tiánxiě	동	15
贴	貼	tiē	동	15
听说	聽說	tīngshuō	동	5
听天由命	聽天由命	tīng tiān yóu mìng		18
停电	停電	tíng diàn	동	12
挺	挺	tǐng	부	11
通过	通過	tōngguò	동	14
通知	通知	tōngzhī	동	13
童年	童年	tóngnián	명	14
推迟	推遲	tuīchí	동	18
退	退	tuì	동	15

W

간체자	번체자	한어병음	품사	해당 과
完成	完成	wánchéng	동	8
玩笑	玩笑	wánxiào	명	18

간체자	번체자	한어병음	품사	해당 과
晚会	晚會	wǎnhuì	명	5
万	萬	wàn	수	9
王羲之	王羲之	Wáng Xīzhī	고유	13
王懿荣	王懿榮	Wáng Yìróng	고유	9
网络	網絡	wǎngluò	명	9
网民	網民	wǎngmín	명	20
望	望	wàng	동	2
微笑	微笑	wēixiào	동	5
围	圍	wéi	동	13
围城	圍城	Wéi Chéng	고유	8
为	爲	wèi	개	5
温差	溫差	wēnchā	명	11
温度	溫度	wēndù	명	11
文件	文件	wénjiàn	명	3
文学	文學	wénxué	명	11
文学家	文學家	wénxuéjiā	명	11
文章	文章	wénzhāng	명	3
污染	汙染	wūrǎn	동	16
屋	屋	wū	명	14
无聊	無聊	wúliáo	형	4
物质	物質	wùzhì	명	6

X

간체자	번체자	한어병음	품사	해당 과
西医	西醫	xīyī	명	18
希望	希望	xīwàng	동	10
熄火	熄火	xī huǒ	동	1
现实	現實	xiànshí	명	11
相比	相比	xiāng bǐ		11
香	香	xiāng	형	16
响	響	xiǎng	동	13
想	想	xiǎng	동	5
项链	項鏈	xiàngliàn	명	2
像	像	xiàng	동	10
小伙子	小夥子	xiǎohuǒzi	명	7
小名	小名	xiǎomíng	명	18
小朋友	小朋友	xiǎopéngyǒu	명	4
小声	小聲	xiǎo shēng		19
小说	小說	xiǎoshuō	명	8
小心	小心	xiǎoxīn	동	17
小心翼翼	小心翼翼	xiǎoxīn yìyì		17
笑	笑	xiào	동	2
笑话	笑話	xiàohua	명	12
心	心	xīn	명	12
心思	心思	xīnsi	명	3
心脏	心臟	xīnzàng	명	16
新	新	xīn	부	19
信封	信封	xìnfēng	명	15
兴奋	興奮	xīngfèn	형	1
行	行	xíng	형	8
行车	行車	xíngchē	동	16
行驶	行駛	xíngshǐ	동	2
行星	行星	xíngxīng	명	11

간체자	번체자	한어병음	품사	해당 과
醒	醒	xǐng	동	14
兴趣	興趣	xìngqù	명	10
幸福	幸福	xìngfú	명	10
性格	性格	xìnggé	명	5
兄弟	兄弟	xiōngdi	명	11
需求	需求	xūqiú	명	10
寻找	尋找	xúnzhǎo	동	4

Y

간체자	번체자	한어병음	품사	해당 과
亚洲	亞洲	Yàzhōu	고유	20
呀	呀	ya	조	4
严肃	嚴肅	yánsù	형	17
严重	嚴重	yánzhòng	형	6
颜色	顏色	yánsè	명	1
眼泪	眼淚	yǎnlèi	명	6
演出	演出	yǎnchū	동	16
样式	樣式	yàngshì	명	15
邀请	邀請	yāoqǐng	동	17
一会儿	一會兒	yíhuìr	수량	1
一下子	一下子	yíxiàzi	부	2
一些	一些	yìxiē	수량	6
已经	已經	yǐjīng	부	18
以后	以後	yǐhòu	명	4
以上	以上	yǐshàng	명	20
以为	以爲	yǐwéi	동	2
亿	億	yì	수	9
艺术	藝術	yìshù	명	11
艺术家	藝術家	yìshùjiā	명	11
意见	意見	yìjiàn	명	6
音乐家	音樂家	yīnyuèjiā	명	8
银色	銀色	yínsè	명	16
引进	引進	yǐnjìn	동	9
引起	引起	yǐnqǐ	동	16
饮料	飲料	yǐnliào	명	6
印象	印象	yìnxiàng	명	15
应该	應該	yīnggāi	조동	2
迎	迎	yíng	동	13
影响	影響	yǐngxiǎng	동	6
影子	影子	yǐngzi	명	4
幽默	幽默	yōumò	형	12
尤其	尤其	yóuqí	부	16
邮票	郵票	yóupiào	명	15
邮政	郵政	yóuzhèng	명	15
邮政编码	郵政編碼	yóuzhèng biānmǎ	명	15
有	有	yǒu	동	5
有的	有的	yǒude	대	10
有害	有害	yǒu hài		6
又	又	yòu	부	1
幼儿园	幼兒園	yòu'éryuán	명	7
于是	於是	yúshì	접	7
愉快	愉快	yúkuài	형	17
雨天	雨天	yǔ tiān		16

간체자	번체자	한어병음	품사	해당 과
语言	語言	yǔyán	명	9
元	元	yuán	양	17
袁隆平	袁隆平	Yuán Lóngpíng	고유	9
原来	原來	yuánlái	부	12
原因	原因	yuányīn	명	6
圆周率	圓周率	yuánzhōulǜ	명	20
运动会	運動會	yùndònghuì	명	18

Z

간체자	번체자	한어병음	품사	해당 과
杂交	雜交	zájiāo	동	9
杂交水稻	雜交水稻	zájiāo shuǐdào		9
怎样	怎樣	zěnyàng	대	11
增产	增產	zēng chǎn		9
占	占	zhàn	동	20
占线	占線	zhàn xiàn	동	4
长	長	zhǎng	동	12
招呼	招呼	zhāohu	동	19
着	著	zháo		12
着急	著急	zháojí	형	7
照	照	zhào	동	11
照相机	照相機	zhàoxiàngjī	명	7
这些	這些	zhèxiē	대	4
着	著	zhe	조	2
珍珠	珍珠	zhēnzhū	명	2
真正	真正	zhēnzhèng	형	11
正	正	zhèng	부	12
政治	政治	zhèngzhì	명	1
挣	掙	zhèng	동	17
之	之	zhī	조	9
之父	之父	zhī fù		9
之后	之後	zhīhòu	명	14
之间	之間	zhījiān	명	20
之一	之壹	zhī yī		11
只	只	zhī	양	8
只好	只好	zhǐhǎo	부	18
只要	只要	zhǐyào	접	20
治	治	zhì	동	18
中国通	中國通	zhōngguótōng	명	11
中心	中心	zhōngxīn	명	1
中学	中學	zhōngxué	명	4
中医	中醫	zhōngyī	명	18
终于	終於	zhōngyú	부	14
种	種	zhòng	동	7
重	重	zhòng	형	3
重要	重要	zhòngyào	형	7
周	周	zhōu	명	17
珠穆朗玛峰	珠穆朗瑪峰	Zhūmùlǎngmǎ Fēng	고유	20
主持人	主持人	zhǔchírén	명	3
主意	主意	zhǔyi	명	9
住院	住院	zhù yuàn	동	12
注意	註意	zhùyì	동	16
著名	著名	zhùmíng	형	8

간체자	번체자	한어병음	품사	해당 과
赚钱	賺錢	zhuàn qián	동	6
装	裝	zhuāng	동	10
追	追	zhuī	동	13
准确	準確	zhǔnquè	형	18
桌	桌	zhuō	명	9
仔细	仔細	zǐxì	형	15
仔仔细细	仔仔細細	zǐzǐxìxì		15
自己	自己	zìjǐ	대	5
自然	自然	zìrán	명	8
自信	自信	zìxìn	형	13
自助餐	自助餐	zìzhùcān	명	10
总	總	zǒng	형	20
总人口	總人口	zǒngrénkǒu		20
祖冲之	祖沖之	Zǔ Chōngzhī	고유	20
最好	最好	zuìhǎo	부	6
最后	最後	zuìhòu	명	14
遵守	遵守	zūnshǒu	동	19
作家	作家	zuòjiā	명	8
做梦	做夢	zuò mèng	동	10
做生意	做生意	zuò shēngyi		15

다락원 홈페이지에서 MP3 파일
다운로드 및 실시간 재생 서비스

New Concept Chinese
신개념 중국어 3 본책

지은이 崔永华
옮긴이 임대근, 이수영
펴낸이 정규도
펴낸곳 (주)다락원

초판 1쇄 발행 2017년 4월 27일
초판 3쇄 발행 2024년 2월 16일

기획·편집 박소정, 이상윤
디자인 박나래, 최영란

다락원 경기도 파주시 문발로 211
전화 (02)736-2031 (내선 250~252/내선 430, 437)
팩스 (02)732-2037
출판등록 1977년 9월 16일 제406-2008-000007호

Copyright © 2013, 北京语言大学出版社
한국 내 Copyright © 2017, (주)다락원

이 책의 한국 내 저작권은 北京语言大学出版社와의
독점 계약으로 (주)다락원이 소유합니다.

저자 및 출판사의 허락 없이 이 책의 일부 또는 전부를 무단 복제·전재·발췌할 수 없습니다. 구입 후 철회는 회사 내규에 부합하는 경우에 가능하므로 구입처에 문의하시기 바랍니다. 분실·파손 등에 따른 소비자 피해에 대해서는 공정거래위원회에서 고시한 소비자 분쟁 해결 기준에 따라 보상 가능합니다. 잘못된 책은 바꿔 드립니다.

ISBN 978-89-277-2208-3 18720
978-89-277-2183-3 (set)

www.darakwon.co.kr

다락원 홈페이지를 방문하시면 상세한 출판 정보와 함께 동영상 강좌, MP3 자료 등 다양한 어학 정보를 얻으실 수 있습니다.

북경어언대학출판사 편
원제 新概念汉语 3 - 练习册
편저 崔永华 | 편역 임대근, 이수영

3

워크북

▶ 워크북의 '녹음 대본과 모범답안' PDF 파일은 '다락원 홈페이지(www.darakwon.co.kr)'의 '학습자료 〉 중국어' 게시판에서 무료로 다운로드 받으실 수 있습니다.

차 례

01 第一次上路 첫 번째 운전		4
02 您找我有事儿吗? 무슨 일로 저를 부르셨나요?		9
03 一片绿叶 파란 나뭇잎 하나		14
04 影子 그림자		20
05 画像 초상화 그리기		25
06 想哭就哭吧。 울고 싶으면 우세요.		30
07 照片是我照的。 사진은 제가 찍었어요.		35
08 采访 인터뷰하기		40
09 袁隆平 위앤룽핑		45
10 幸福像自助餐。 행복은 뷔페와 같습니다.		50
11 水星 수성		55
12 送蜡烛 초 선물하기		60
13 卖扇子 부채 팔기		65
14 找声音 소리 찾기		70
15 一封被退回来的信 되돌아온 편지 한 통		75
16 汽车的颜色和安全 자동차의 색깔과 안전		80
17 明天别来了。 내일은 나오지 마세요.		85
18 狗不理 거우부리		90
19 不敢说。 말할 용기가 없어요.		94
20 数字中国 숫자로 보는 중국		99

01

dì-yī cì shàng lù
第一次上路

첫 번째 운전

단어 연습

1 조합할 수 있는 것끼리 모두 연결해 봅시다.

qìchē　　　shíjiān　　　dēng　　　yánsè
汽车　　　　时间　　　　灯　　　　颜色

xī huǒ le　　　liàng le　　　biàn le
熄火了　　　　亮了　　　　　变了

2 예와 같이 제시된 두 단어 위에 한어병음을 쓴 후, 문장 속 알맞은 위치에 넣어 봅시다.

예)　dòng　kāi　｜ Nǐ de chē kāilai le ma? Wǒ de chē dòng bu liǎo le.
　　　动　　开　｜ 你的车 开 来了吗？我的车 动 不了了。

(1) 变　　变成　｜ Lǎorén mèngdào zìjǐ ___ niánqīng le, tóufa yě ___ le hēisè.
　　　　　　　　老人梦到自己_____年轻了，头发也_____了黑色。

(2) 亮　　变　｜ Zhè zhǒng dēng ___ le yǐhòu, hái kěyǐ ___ yánsè.
　　　　　　　这种灯_____了以后，还可以_____颜色。

(3) 路上　上路　｜ Měi tiān zǎoshang wǒ kāi chē ___ qián, māma dōu huì shuō: "___ xiǎoxīn!"
　　　　　　　　每天早上我开车_____前，妈妈都会说："_____小心！"

(4) 兴奋　惊喜　｜ Guò shēngrì de shíhou, nánpéngyou gěile wǒ yí ge ___, wǒ hěn ___.
　　　　　　　　过生日的时候，男朋友给了我一个_____，我很_____。

(5) 紧张　激烈　｜ Zhè shì yì chǎng ___ de zúqiú bǐsài, měi ge rén dōu hěn ___.
　　　　　　　　这是一场_____的足球比赛，每个人都很_____。

老人 lǎorén 몡 노인 ｜ 自己 zìjǐ 뎨 자기, 자신 ｜ 小心 xiǎoxīn 툉 조심하다

3 빈칸에 알맞은 보기를 고른 후, 큰 소리로 문장을 읽어 봅시다.

보기　ài　　suì　　tái　　zhèngzhì　　chū chāi　　shǔjià
　　A 爱　B 岁　C 台　D 政治　　　E 出差　　　F 暑假

(1) Wǒ jīnnián sānshí ___ shì yí ge lǎoshī.
　　我今年30_____，是一个老师。

(2) Zhè ___ diànnǎo shì wǒ qùnián mǎi de.
　　这_____电脑是我去年买的。

(3) Běijīng jì shì Zhōngguó de ___ zhōngxīn, yòu shì Zhōngguó de wénhuà zhōngxīn.
　　北京既是中国的_____中心，又是中国的文化中心。

(4) Qùnián ___ wǒ hé tóngxué yìqǐ zài yí ge fànguǎnr gōngzuò.
　　去年_____，我和同学一起在一个饭馆儿工作。

●4

(5) 我们班有人喜欢喝咖啡，也有人_____喝茶。
Wǒmen bān yǒu rén xǐhuan hē kāfēi, yě yǒu rén ___ hē chá.

(6) 这是我第一次一个人_____，有点儿紧张。
Zhè shì wǒ dì-yī cì yí ge rén ___ yǒudiǎnr jǐnzhāng.

4 색깔을 나타내는 단어를 아는 대로 다 써 봅시다.

_____ _____ _____ _____

_____ _____ _____ _____

어법 연습

1 제시된 낱말을 알맞게 배열해 문장을 완성한 후, 부정문으로도 바꿔 써 봅시다.

(1) 过得 有意义 又 今年 暑假 既 充实
    guò de yǒu yìyì yòu jīnnián shǔjià jì chōngshí

→ _____

→ _____

(2) 整齐 又 这个 房间 既 干净
    zhěngqí yòu zhège fángjiān jì gānjìng

→ _____

→ _____

(3) 既 方方 漂亮 年轻 又
    jì Fāngfāng piàoliang niánqīng yòu

→ _____

→ _____

(4) 他 又 我的老师 我的朋友 是 既 是
    tā yòu wǒ de lǎoshī wǒ de péngyou shì jì shì

→ _____

→ _____

(5) 这儿 又 既 能上网 能复印
    zhèr yòu jì néng shàng wǎng néng fùyìn

→ _____

→ _____

(6) 我 想学相声 既 又 想学中国画
wǒ xiǎng xué xiàngsheng jì yòu xiǎng xué zhōngguóhuà

→ _____

→ _____

2 빈칸에 '又'와 '再' 중 알맞은 말을 넣어 문장을 완성한 후, 큰 소리로 읽어 봅시다.

(1) 那个相声真有意思，我上午听了一遍，下午_____听了一遍。
Nàge xiàngsheng zhēn yǒu yìsi, wǒ shàngwǔ tīngle yí biàn, xiàwǔ tīngle yí biàn.

(2) 我们都觉得那个电影非常好看，这个周末想_____去看一次。
Wǒmen dōu juéde nàge diànyǐng fēicháng hǎokàn, zhège zhōumò xiǎng qù kàn yí cì.

(3) 刚才我_____去了一趟办公室，老师还是不在。
Gāngcái wǒ qùle yí tàng bàngōngshì, lǎoshī háishi bú zài.

(4) 妈妈给我买的这双运动鞋既酷又舒服，我还想_____买一双。
Māma gěi wǒ mǎi de zhè shuāng yùndòngxié jì kù yòu shūfu, wǒ hái xiǎng mǎi yì shuāng.

(5) 老师，您可以_____说一遍吗？我没听清楚。
Lǎoshī, nín kěyǐ shuō yí biàn ma? Wǒ méi tīng qīngchu.

(6) 你怎么_____喝咖啡了？刚才不是喝了一杯吗？
Nǐ zěnme hē kāfēi le? Gāngcái bú shì hēle yì bēi ma?

3 예와 같이 제시된 단어와 '既……又……' '又'를 사용해 문장을 완성해 봅시다.

> **예**
> 有意思　精彩　看
> yǒu yìsi　jīngcǎi　kàn
>
> → 这个电影既精彩又有意思。我昨天看了一遍，今天又看了一遍。
> Zhège diànyǐng jì jīngcǎi yòu yǒu yìsi. Wǒ zuótiān kànle yí biàn, jīntiān yòu kànle yí biàn.

(1) 漂亮　干净　去
piàoliang　gānjìng　qù

→ 那个城市_____。阿里去年暑假_____，今年暑假_____。
Nàge chéngshì　　　　　Ālǐ qùnián shǔjià　　　jīnnián shǔjià

(2) 养狗　养猫　一只狗　两只猫
yǎng gǒu　yǎng māo　yì zhī gǒu　liǎng zhī māo

→ 本杰明喜欢动物，_____。三年前他_____，前年_____。
Běnjiémíng xǐhuan dòngwù,　　　Sān nián qián tā　　　qiánnián

(3) 请　不好吃　不便宜
qǐng　bù hǎochī　bù piányi

→ 上个周末朋友请我去饭馆儿吃饭，昨天_____，
Shàng ge zhōumò péngyou qǐng wǒ qù fànguǎnr chī fàn, zuótiān

可是我觉得那个饭馆儿的菜_____。
kěshì wǒ juéde nàge fànguǎnr de cài

　　　　　guàng　　hǎokàn　　piányi
(4)　逛　　好看　　便宜

　　　　Nàge gòuwù zhōngxīn Ānni hé tā péngyou qiántiān　　　　　zuótiān
→ 那个购物中心安妮和她朋友前天＿＿＿＿＿＿，昨天＿＿＿＿＿＿，

　　tāmen dōu juéde nàr de yīfu
她们都觉得那儿的衣服＿＿＿＿＿＿＿＿＿。

　　　　mǎi　　bù piányi　　bù hǎoyòng
(5)　买　　不便宜　　不好用

　　　Qùnián Liú Xiǎoshuāng　　　　yònghuài le; jīnnián　　　　yě huài le.
→ 去年刘小双＿＿＿＿＿＿＿，用坏了；今年＿＿＿＿＿＿，也坏了。

　　　Xiǎoshuāng juéde zhè zhǒng diànnǎo
小双觉得这种电脑＿＿＿＿＿＿＿＿＿。

只 zhī 양 마리[일부 동물을 세는 단위] | 动物 dòngwù 명 동물

듣기 연습

1 녹음을 듣고, 그림과 가장 관련있는 녹음의 번호를 써 봅시다. 🔊 W-01-01

(1)　　　　(2)　　　　(3)　　　　(4)

2 녹음을 듣고, 녹음 속 질문에 알맞은 답을 골라 봅시다. 🔊 W-01-02

　　　　jǐnzhāng　　　　　gāoxìng　　　　　xīngfèn
(1) A 紧张　　　B 高兴　　　C 兴奋

　　　xī huǒ le　　　　　méi děng wǒ　　　　kāi de tài kuài le
(2) A 熄火了　　B 没等我　　C 开得太快了

쓰기 연습

1 제시된 두 글자를 문장 속 알맞은 위치에 써넣어 봅시다.

　　liǎo　　zi　　Nàge hái　　　bèi qìchē zhuàngdǎo le, tuǐ dòng bu　　　le.
(1) 了　　子 | 那个孩＿＿＿被汽车撞倒了，腿动不＿＿＿了。

　　gāo　　liàng　　Wǎnshang, nà zuò　　　lóu shang de dēng dōu　　le.
(2) 高　　亮 | 晚上，那座＿＿＿楼上的灯都＿＿＿了。

2 녹음을 듣고 문장을 받아써 봅시다. 🔊 W-01-03

(1) _____

(2) _____

회화 연습

괄호 안의 표현을 활용해 대화를 완성해 봅시다.

(1) A 你_____?
      Nǐ

    B 我在看书呢。
      Wǒ zài kàn shū ne.

    A 这本书_____?
      Zhè běn shū

    B _____ (既……又……)
      jì……yòu……

    A 这本书讲的是什么?
      Zhè běn shū jiǎng de shì shénme?

    B _____

(2) A 听说你去应聘销售员了?
      Tīngshuō nǐ qù yìngpìn xiāoshòuyuán le?

    B _____

    A 公司是怎么面试的?
      Gōngsī shì zěnme miànshì de?

    B _____ (又)
      yòu

    A 这两次面试都很难吗?
      Zhè liǎng cì miànshì dōu hěn nán ma?

    B _____

面试 miànshì 동 면접시험을 보다 명 면접시험

담화 연습

자신의 실제 상황에 근거해 글을 완성해 봅시다. 괄호 안의 표현을 잘 활용해 보세요.

(1) 我给大家介绍一位明星，他/她叫_____，是_____人。因为他/她_____
    Wǒ gěi dàjiā jièshào yí wèi míngxīng, tā/tā jiào   shì   rén. Yīnwèi tā/tā

    (即……又……)，_____我很喜欢他/她。他/她演过很多电影，我最喜欢_____。
    jì……yòu……   wǒ hěn xǐhuan tā/tā. Tā/Tā yǎnguo hěn duō diànyǐng, wǒ zuì xǐhuan

(2) 我和_____是好朋友。他/她_____(即……又……)。我们的爱好
    Wǒ hé   shì hǎo péngyou. Tā/Tā   jì……yòu……   Wǒmen de àihào

    _____。_____的时候，我们一起旅游，去了_____，
            de shíhou, wǒmen yìqǐ lǚyóu, qùle

    _____(又)。坐火车很累，_____。
      yòu   zuò huǒchē hěn lèi,

明星 míngxīng 명 스타, 유명한 연예인 | **风景** fēngjǐng 명 풍경, 경치

02 您找我有事儿吗?

Nín zhǎo wǒ yǒu shìr ma?

무슨 일로 저를 부르셨나요?

단어 연습

1 그림이 나타내는 단어를 보기에서 골라 봅시다.

| 보기 | A 戴 dài | B 倒 dǎo | C 爬 pá | D 笑 xiào | E 望 wàng | F 扑 pū |

(1) _____ (2) _____ (3) _____ (4) _____ (5) _____ (6) _____

2 빈칸에 알맞은 보기를 고른 후, 큰 소리로 문장을 읽어 봅시다.

| 보기 | A 对 duì | B 一下子 yíxiàzi | C 行驶 xíngshǐ | D 以为 yǐwéi | E 吵架 chǎo jià | F 急刹车 jíshāchē |

(1) 春节期间北京街道上_____的车辆比较少。
Chūn Jié qījiān Běijīng jiēdào shang de chēliàng bǐjiào shǎo.

(2) 一只小猫突然跑到马路中间，司机看见后马上_____。
Yì zhī xiǎo māo tūrán pǎodào mǎlù zhōngjiān, sījī kàn jiàn hòu mǎshàng

(3) 昨天爷爷跟奶奶_____了，现在他们两个人还不说话。
Zuótiān yéye gēn nǎinai le, xiànzài tāmen liǎng ge rén hái bù shuō huà.

(4) 我_____"我去方便一下"的意思是说"这里不方便"。
Wǒ "wǒ qù fāngbiàn yíxià" de yìsi shì shuō "zhèli bù fāngbiàn".

(5) 林木每次进办公室都要_____我们说"大家好"。
Lín Mù měi cì jìn bàngōngshì dōu yào wǒmen shuō "dàjiā hǎo".

(6) 我们正在教室上课，大卫_____冲了进来。
Wǒmen zhèng zài jiàoshì shàng kè, Dàwèi chōngle jìnlai.

期间 qījiān 명 기간 | 街道 jiēdào 명 거리, 큰길 | 车辆 chēliàng 명 차량 | 说话 shuō huà 통 말하다

3 예와 같이 제시된 두 단어 위에 한어병음을 쓴 후, 문장 속 알맞은 위치에 넣어 봅시다.

예: 坏 huài 破坏 pòhuài | 我不用塑料袋，因为用几次后就会 <u>坏</u> ，还 <u>破坏</u> 环境。
Wǒ bú yòng sùliàodài, yīnwèi yòng jǐ cì hòu jiù huì huài, hái pòhuài huánjìng.

(1) 应该 Nǐ 能 | 你_____早点儿来，经理现在不方便见你，你不_____进去。
Nǐ zǎo diǎnr lái, jīnglǐ xiànzài bù fāngbiàn jiàn nǐ, nǐ bù jìnqu.

(2) 年龄　岁 | 弟弟今年16_____，虽然_____还很小，但是已经大学毕业了。
Dìdi jīnnián shíliù   suīrán   hái hěn xiǎo, dànshì yǐjīng dàxué bì yè le.

(3) 生气　力气 | 你别_____，我实在没有_____搬桌子了。
Nǐ bié   wǒ shízài méiyǒu   bān zhuōzi le.

(4) 后　后天 | _____哥哥就要出国留学了，他打算毕业_____回国工作。
gēge jiù yào chū guó liú xué le, tā dǎsuàn bì yè   huí guó gōngzuò.

(5) 领带　项链 | 儿子买了一条_____送给妈妈，买了一条_____送给爸爸。
Érzi mǎile yì tiáo   sònggěi māma, mǎile yì tiáo   sònggěi bàba.

几 jǐ 몇 | 已经 yǐjīng 이미, 벌써 | 别 bié ~하지 마라 | 实在 shízài 정말, 참으로

4 빈칸에 알맞은 보기를 고른 후, 큰 소리로 문장을 읽어 봅시다.

보기 | A 系 jì | B 穿 chuān | C 戴 dài

(1) 明天我想_____这件白衬衫。
Míngtiān wǒ xiǎng zhè jiàn bái chènshān.

(2) 你看那个_____着耳机的人，他就是江日新。
Nǐ kàn nàge zhe ěrjī de rén, tā jiù shì Jiāng Rìxīn.

(3) 你帮我看看，我_____哪条领带更好看？
Nǐ bāng wǒ kànkan, wǒ nǎ tiáo lǐngdài gèng hǎokàn?

(4) 你_____这条珍珠项链很漂亮。
Nǐ zhè tiáo zhēnzhū xiàngliàn hěn piàoliang.

(5) 你怎么这么早就_____裙子了？外边还很冷呢。
Nǐ zěnme zhème zǎo jiù qúnzi le? Wàibian hái hěn lěng ne.

(6) 今天风大，你_____上帽子吧。
Jīntiān fēng dà, nǐ shang màozi ba.

어법 연습

1 제시된 낱말을 알맞게 배열해 문장을 완성해 봅시다.

(1) 一边 写 作业 着 听 一边 音乐 着 阿里
yìbiān xiě zuòyè zhe tīng yìbiān yīnyuè zhe Ālǐ

→ _____

(2) 下 雨 你 着 吧 外面 带上 呢 伞
xià yǔ nǐ zhe ba wàimian dàishang ne sǎn

→ _____

(3) 手机 放 桌子上 着 你的 呢 在
shǒujī fàng zhuōzi shang zhe nǐ de ne zài

→ _____

(4) 等 我 到 你在 很快就 我 着 地铁站
→ _____

(5) 灯 一定 亮 房间里 有人 着 的
→ _____

(6) 窗外 坐在 望 风景 着 她 沙发上 的
→ _____

一边……一边…… yìbiān……yìbiān…… ～하면서 ～하다

2 괄호 안의 단어와 '却'를 사용해 문장을 완성해 봅시다.

(1) 这是我第一次开车上路，_____。（不 紧张）

(2) 红灯亮了，可是那辆车_____。（停）

(3) 我知道这个词的发音，_____。（汉字）

(4) 我在跟女朋友说话，可是她_____。（窗外）

(5) 我的一位西班牙同事在北京生活了很多年，_____。（北京烤鸭）

(6) 我想买那个红色的耳机，_____。（白色）

发音 fāyīn 명 발음

3 괄호 안 단어의 문장 속 위치를 찾아 봅시다.

(1) 我 A 现在想喝杯咖啡，B 这个地方 C 没有。（却）

(2) 这个故事 A 很短，B 很有意思 C。（却）

(3) 妻子 A 想跟丈夫吵一架，可是 B 丈夫 C 对妻子笑了笑。（却）

(4) 你看 A，大家都在聚会上高兴地跳 B 舞 C 呢。（着）

(5) 我看见 A 大卫拿 B 一个黑色的塑料袋出去 C 了。（着）

(6) 爸爸和女儿坐 A 在沙发上，聊 B 刚才的足球比赛 C。（着）

듣기 연습

1 녹음을 듣고, 그림과 가장 관련있는 녹음의 번호를 써 봅시다. 🔊 W-02-01

(1)　　　　　　　(2)　　　　　　　(3)　　　　　　　(4)

　___　　　　　　___　　　　　　___　　　　　　___

2 녹음을 듣고, 녹음 속 질문에 알맞은 답을 골라 봅시다. 🔊 W-02-02

(1) A 火车上 (huǒchē shang)　　B 自己的国家 (zìjǐ de guójiā)　　C 窗外 (chuāng wài)

(2) A 安妮输了 (Ānni shū le)　　B 安妮获奖了 (Ānni huò jiǎng le)　　C 老师输了 (lǎoshī shū le)

쓰기 연습

1 제시된 간체자가 들어간 단어를 아는 대로 다 써 봅시다.

(1) 以 (yǐ) _____ _____ _____ _____

(2) 行 (xíng) _____ _____ _____ _____

2 녹음을 듣고 문장을 받아써 봅시다. 🔊 W-02-03

(1) _____

(2) _____

회화 연습

괄호 안 단어와 '동사+着'를 활용해 대화를 완성해 봅시다.

(1) **本杰明** (Běnjiémíng) 安妮，我们去跳舞，你怎么_____？（牛仔裤）
Ānni, wǒmen qù tiào wǔ, nǐ zěnme ... niúzǎikù

安妮 (Ānni) 我想穿裙子，可是_____。（冷）
Wǒ xiǎng chuān qúnzi, kěshì ... lěng

本杰明 (Běnjiémíng) 你怎么也不化化妆?
Nǐ zěnme yě bú huàhua zhuāng?

	Ānnī 安妮	Wǒ xiǎng huà zhuāng, 我想化妆，_____。（过敏）guòmǐn
		Wǒmen bié qù tiào wǔ le, qù tīng yīnyuèhuì ba. 我们别去跳舞了，去听音乐会吧。
	Běnjiémíng 本杰明	Tīng yīnyuèhuì yìzhí 听音乐会一直_____（坐），太没意思了。zuò tài méi yìsi le.
(2)	Fāngfāng 方方	Nǐ zěnme gēn Ānnī chǎo jià le? 你怎么跟安妮吵架了？
	Dàwèi 大卫	Zuótiān wǒ xiǎng qù fànguǎnr chī fàn, kěshì 昨天我想去饭馆儿吃饭，可是_____。（做饭）zuò fàn
	Fāngfāng 方方	Nà nǐmen shì zài nǎr chī de? 那你们是在哪儿吃的？
	Dàwèi 大卫	Wǒmen shì zài fànguǎnr chī de. Kěshì wǒ xiǎng kāi chē qù, tā 我们是在饭馆儿吃的。可是我想开车去，她_____。（走路）zǒu lù
		Dàole fànguǎnr, wǒ xiǎng chī zhōngguócài, tā 到了饭馆儿，我想吃中国菜，她_____。（日本菜）rìběncài

过敏 guòmǐn 형 예민하다 | 日本菜 rìběncài 명 일본 요리

담화 연습

괄호 안의 단어와 '동사+着' '却'를 활용해 글을 완성해 봅시다.

(1) Zài bīnguǎn dàtáng li, Liú Yǒngshān
在宾馆大堂里，刘永山_____（拖鞋），_____（手机），tuōxié shǒujī
zháojí de wèn fúwùyuán "Qǐng wèn Liú Yǒngshān zhù nǎge fángjiān?" Fúwùyuán
着急地问服务员："请问刘永山住哪个房间？" 服务员_____（笑 说）：xiào shuō
"Nín bú shì Liú xiānsheng ma?" Liú Yǒngshān bù hǎo yìsi de shuō: "Wǒ shì a, gāngcái wǒ chūlai dǎ diànhuà,
"您不是刘先生吗？" 刘永山不好意思地说："我是啊，刚才我出来打电话，_____
_____（忘）。"wàng

(2) Liú Dàshuāng hé Liú Xiǎoshuāng shì yí duì shuāngbāotāi, tāmen zhǎng de yíyàng, kěshì
刘大双和刘小双是一对双胞胎，他们长得一样，可是_____（爱好）。àihào
Liú Dàshuāng xǐhuan dǎ pīngpāngqiú, Liú Xiǎoshuāng Liú Dàshuāng xǐhuan yóu yǒng, Liú Xiǎoshuāng
刘大双喜欢打乒乓球，刘小双_____。刘大双喜欢游泳，刘小双_____
Búguò, tāmen dōu xǐhuan tī zúqiú. Nǐ kàn, tāmen zhèng xīngfèn de liáo
_____。不过，他们都喜欢踢足球。你看，他们正兴奋地_____（聊）。

拖鞋 tuōxié 명 슬리퍼 | 着急 zháojí 형 조급해하다, 마음을 졸이다 | 不好意思 bù hǎoyìsi 쑥스럽다, 멋쩍다
双胞胎 shuāngbāotāi 명 쌍둥이 | 长 zhǎng 동 자라다

03 一片绿叶
yí piàn lǜyè

파란 나뭇잎 하나

단어 연습

1 그림이 나타내는 단어를 보기에서 골라 봅시다.

보기: A 树 shù | B 树叶 shùyè | C 伤心 shāngxīn | D 得病 dé bìng | E 画家 huàjiā | F 画儿 huàr

(1)　　(2)　　(3)　　(4)　　(5)　　(6)

2 예와 같이 제시된 두 단어 위에 한어병음을 쓴 후, 문장 속 알맞은 위치에 넣어 봅시다.

예) zhīdao 知道 | rènshi 认识 | Wǒ hé tā yǐjīng rènshi shí nián le, wǒ zhīdao tā xǐhuan lǚyóu. 我和她已经 认识 十年了，我 知道 她喜欢旅游。

(1) 掉　　落 | Zhè shì zuìhòu yí piàn ____ yè, zhè kē shù de yèzi yǐjīng ____ guāng le. 这是最后一片____叶，这棵树的叶子已经____光了。

(2) 生命　　生活 | Dàxué ____ hěn kuài jiù yào jiéshù le, zhè shì wǒ ____ zhōng zuì nánwàng de shíjiān. 大学____很快就要结束了，这是我____中最难忘的时间。

(3) 病　　得病 | Zhège nǚháir ____ le, tā ____ de hěn zhòng. 这个女孩儿____了，她____得很重。

(4) 觉得　　心思 | Nǐ ____ tā néng kànchū nǚpéngyou de ____ ma? 你____他能看出女朋友的____吗？

(5) 般　　一样 | Tā gēn mèimei ____, suīrán yǐjīng bāshí duō suì le, dànshì què yǒu háizi ____ de xīn. 她跟妹妹____，虽然已经80多岁了，但是却有孩子____的心。

最后 zuìhòu 몡 최후 | 快 kuài 뮈 곧, 머지않아 | 心 xīn 몡 마음

3 '下'의 쓰임에 따라 보기의 단어를 분류해 봅시다.

보기	A 下来 xiàlai	B 下班 xià bān	C 下山 xià shān	D 一下儿 yíxiàr
	E 下楼 xià lóu	F 下课 xià kè	G 一下子 yíxiàzi	

(1) 아래 _____   (2) 마치다 _____

(3) 짧은 시간 _____

4 조합할 수 있는 것끼리 모두 연결해 봅시다.

一片 yí piàn   一篇 yì piān   一棵 yì kē   一位 yí wèi

主持人 zhǔchírén   树 shù   嘉宾 jiābīn   课文 kèwén   树叶 shùyè   文章 wénzhāng

어법 연습

1 빈칸에 알맞은 보기를 고른 후, 큰 소리로 문장을 읽어 봅시다.

보기	A 一个 yí gè	B 一个个 yí gègè	C 一件 yí jiàn	D 一件件 yí jiànjiàn	E 一天 yì tiān	F 一天天 yì tiāntiān

(1) 服务员把房间_____都打扫干净了。
　　Fúwùyuán bǎ fángjiān   dōu dǎsǎo gānjìng le.

(2) 主持人又给大家介绍了_____嘉宾。
　　Zhǔchírén yòu gěi dàjiā jièshàole   jiābīn.

(3) 司机把我的行李_____搬到车上。
　　Sījī bǎ wǒ de xíngli   bāndào chē shang.

(4) 下个星期一是妈妈的生日，我要给她买_____礼物。
　　Xià ge Xīngqīyī shì māma de shēngrì, wǒ yào gěi tā mǎi   lǐwù.

(5) 孩子_____长大了。
　　Háizi   zhǎngdà le.

(6) 我跟朋友爬了_____山，真累！
　　Wǒ gēn péngyou pále   shān, zhēn lèi!

2 제시된 낱말을 알맞게 배열해 문장을 완성한 후, 의문문과 부정문으로도 바꿔 써 봅시다.

(1) nàge 那个　huó 活　xiàlai 下来　le 了　bèi zhuàng de rén 被撞的人

→ _____

→ _____

→ _____

(2) lù 录　jīntiān de Hànyǔkè 今天的汉语课　le 了　xiàlai 下来　Ālǐ 阿里

→ _____

→ _____

→ _____

(3) xiě 写　Běnjiémíng 本杰明　le 了　xiàlai 下来　tīngxiě de jùzi 听写的句子

→ _____

→ _____

→ _____

(4) Liú Dàshuāng 刘大双　xiàlai 下来　yìngpìn 应聘　xiāoshòuyuán de zhíwèi 销售员的职位　le 了

→ _____

→ _____

→ _____

(5) hǎo wénzhāng 好文章　le 了　xiàlai 下来　bèi 背　nà piān 那篇　wǒ 我

→ _____

→ _____

→ _____

(6) Fāngfāng 方方　zhēnzhū xiàngliàn 珍珠项链　mǎi 买　nà tiáo 那条　le 了　xiàlai 下来

→ _____

→ _____

→ _____

16

3 괄호 안의 단어를 '一+양사 중첩'과 '동사+下来' 형식으로 활용해 문장을 완성해 봅시다.

(1) 这里的山真漂亮！我要把这些山＿＿＿＿＿＿＿＿＿＿。（座　拍）

(2) 请大家把生词＿＿＿＿＿＿＿＿＿＿。（个　写）

(3) 这些书真不错，我要把它们＿＿＿＿＿＿＿＿＿＿。（本　买）

(4) 这些节目非常精彩，我已经＿＿＿＿＿＿＿＿＿＿。（个　录）

(5) 这几篇课文非常有意思，我要＿＿＿＿＿＿＿＿＿＿。（篇　背）

(6) 她每天运动，吃得也很少，现在＿＿＿＿＿＿＿＿＿＿。（天　瘦）

瘦 shòu 형 마르다, 여위다

듣기 연습

1 녹음을 듣고, 그림과 가장 관련있는 녹음의 번호를 써 봅시다. W-03-01

(1)　　　(2)　　　(3)　　　(4)

2 녹음을 듣고, 녹음 속 질문에 알맞은 답을 골라 봅시다. W-03-02

(1) A 比赛刚开始的时候　　B 比赛快结束的时候　　C 比赛结束后

(2) A 大双的　　B 老人的　　C 大双和老人的

쓰기 연습

1 제시된 두 글자를 문장 속 알맞은 위치에 써넣어 봅시다.

(1) 道　到 ｜ 你知＿＿＿吗？阿里昨天又迟＿＿＿了。

(2) 树　束 ｜ 这棵＿＿＿的生命快要结＿＿＿了。

2 녹음을 듣고 문장을 받아써 봅시다. 🔊 W-03-03

(1) _____

(2) _____

회화 연습

괄호 안 단어를 '一+양사 중첩' 형식이나 '동사+下来' 형식으로 활용해 대화를 완성해 봅시다.

(1) A 汉语真难，我总是_____（记）。
　　　Hànyǔ zhēn nán, wǒ zǒngshì　　　　jì

　　B 你是怎么学的？
　　　Nǐ shì zěnme xué de?

　　A 每个生词我都看一两遍。
　　　Měi ge shēngcí wǒ dōu kàn yì-liǎng biàn.

　　B 你只看一两遍，当然_____（记）。
　　　Nǐ zhǐ kàn yì-liǎng biàn, dāngrán　　　　jì

　　A 你有什么好办法？
　　　Nǐ yǒu shénme hǎo bànfǎ?

　　B 每个生词我都_____（遍　听），_____（遍　读），
　　　Měi ge shēngcí wǒ dōu　　　biàn tīng　　　　biàn dú
　　　然后_____（个　写）。
　　　ránhòu　　　　　gè xiě

(2) A 世界杯比赛开始了！你喜欢哪个队？
　　　Shìjièbēi bǐsài kāishǐ le! Nǐ xǐhuan nǎge duì?

　　B 我喜欢_____。
　　　Wǒ xǐhuan

　　A 我也喜欢_____。前几天我去看了一场比赛，_____（拍），
　　　Wǒ yě xǐhuan　　　　　Qián jǐ tiān wǒ qù kànle yì chǎng bǐsài,　　　pāi
　　　我要把这些照片_____（张）洗出来。
　　　wǒ yào bǎ zhèxiē zhàopiàn　　zhāng xǐ chūlai.

　　B 我是在家看的，把精彩的比赛_____（场　录），打算以后再看。
　　　Wǒ shì zài jiā kàn de, bǎ jīngcǎi de bǐsài　　　chǎng lù　dǎsuàn yǐhòu zài kàn.

　　A 我可以_____（拷）吗？
　　　Wǒ kěyǐ　　　　kǎo ma?

　　B 当然可以！
　　　Dāngrán kěyǐ!

办法 bànfǎ 몡 방법, 수단 | 世界杯 shìjièbēi 몡 월드컵 | 洗 xǐ 동 현상하다, 인화하다 | 难 nán 형 어렵다

18

담화 연습

괄호 안의 표현을 '一+양사 중첩' 형식과 '동사+下来' 형식으로 활용해 글을 완성해 봅시다.

(1) 我们的汉语比赛叫_____。比赛的时候，主持人先把_____（嘉宾　个　介绍）。然后，参加比赛的人_____（个　上台演讲），嘉宾把_____（名字和成绩　个　记）。最后，获奖的人_____（个　上台领奖），还要和嘉宾_____（个　拍照）。

(2) 我们准备邀请_____位朋友来参加晚会。晚会活动有_____、_____、_____。我们先把_____（名字　个　写），接着把_____（要买的东西　件　写），然后把东西_____（件　买），最后给朋友_____（个　打电话）。

然后 ránhòu 접 그런 후에, 그 다음에 | **上台** shàng tái 동 무대에 오르다 | **邀请** yāoqǐng 동 초청하다 | **晚会** wǎnhuì 명 저녁 모임, 회식 | **活动** huódòng 명 활동, 행사 | **接着** jiēzhe 접 연이어, 이어서

04 影子
yǐngzi
그림자

단어 연습

1 그림이 나타내는 단어를 보기에서 골라 봅시다.

보기
A 矿泉水 kuàngquánshuǐ　B 体育 tǐyù　C 影子 yǐngzi　D 小朋友 xiǎopéngyou　E 沙漠 shāmò　F 男孩儿 nánháir

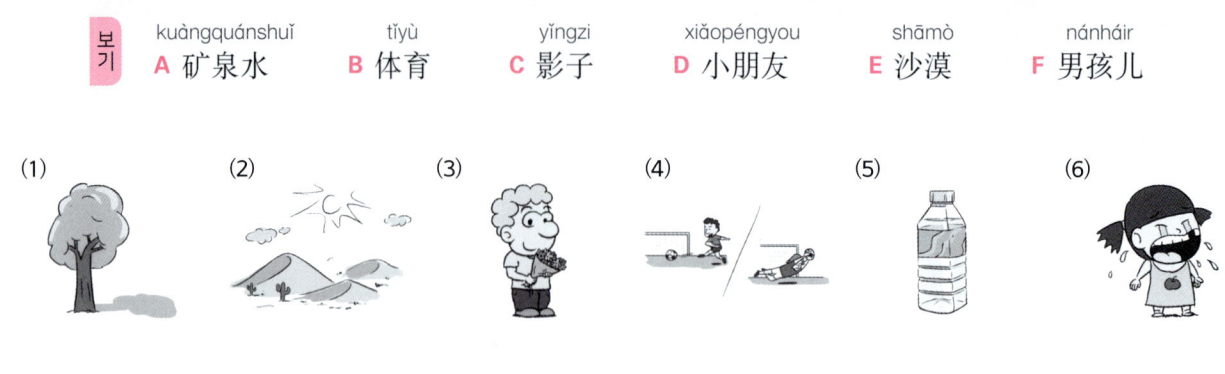

(1) _____　(2) _____　(3) _____　(4) _____　(5) _____　(6) _____

2 예와 같이 제시된 두 단어 위에 한어병음을 쓴 후, 문장 속 알맞은 위치에 넣어 봅시다.

예) liáng 凉　liángkuai 凉快 | Wǒ hēle bēi liángkuai dòujiāng, xiànzài juéde hěn liáng.
我喝了杯 凉快 豆浆，现在觉得很 凉 。

(1) 奇迹　奇怪 | Kàndào zhè zhī xiǎo gǒu _____ bān de huó xiàlai, dàjiā dōu juéde hěn _____。
看到这只小狗_____般地活下来，大家都觉得很_____。

(2) 收到　感到 | Xiǎolì _____ nánpéngyou sòng de shēngrì lǐwù, _____ tèbié gāoxìng.
小丽_____男朋友送的生日礼物，_____特别高兴。

(3) 跟　和 | Nán tóngxué _____ nǚ tóngxué dōu zài _____ zhe tǐyù lǎoshī pǎo bù.
男同学_____女同学都在_____着体育老师跑步。

(4) 上路　半路 | Jīntiān shì wǒ dì-yī cì kāi chē _____, méi xiǎngdào, _____ shang chē huài le.
今天是我第一次开车_____，没想到，_____上车坏了。

(5) 发烧　发现 | Jīntiān zǎoshang wǒ _____ Ānnī méi lái, Dàwèi gàosu wǒ tā _____ le.
今天早上我_____安妮没来，大卫告诉我她_____了。

小狗 xiǎo gǒu 명 강아지 | 特别 tèbié 부 아주

3 조합할 수 있는 것끼리 모두 연결해 봅시다.

解决 jiějué　寻找 xúnzhǎo　练习 liànxí　做 zuò　变成 biànchéng

沙漠 shāmò　功夫 gōngfu　客 kè　问题 wèntí　方法 fāngfǎ　生意 shēngyi

4 빈칸에 알맞은 보기를 고른 후, 큰 소리로 문장을 읽어 봅시다.

보기	A 渴 kě	B 难 nán	C 老 lǎo	D 饿 è	E 苦 kǔ	F 无聊 wúliáo

(1) 她泡的咖啡太_____，做的蛋糕也太甜了。
   Tā pào de kāfēi tài _____ , zuò de dàngāo yě tài tián le.

(2) 她喝了很多水，_____上洗手间。
   Tā hēle hěn duō shuǐ, _____ shàng xǐshǒujiān.

(3) 我_____了，我们几点吃饭？
   Wǒ _____ le, wǒmen jǐ diǎn chī fàn?

(4) 能给我瓶矿泉水吗？我_____了。
   Néng gěi wǒ píng kuàngquánshuǐ ma? Wǒ _____ le.

(5) 今天的课太_____了，我都没听懂。
   Jīntiān de kè tài _____ le, wǒ dōu méi tīngdǒng.

(6) 放假以后每天没事儿干，很_____。
   Fàng jià yǐhòu měi tiān méi shìr gàn, hěn _____.

泡 pào 동 물에 담가 두다 | 放假 fàng jià 방학하다

어법 연습

1 제시된 문장을 큰 소리로 읽고, 문장 속 '又'의 쓰임을 보기에서 골라 봅시다.

보기	A 동시적 상황을 나타내는 又 yòu	B 반복, 연속을 나타내는 又 yòu

(1) 这条领带又便宜又好看。☐
   Zhè tiáo lǐngdài yòu piányi yòu hǎokàn.

(2) 逛了一个小时，我现在又累又渴。☐
   Guàngle yí ge xiǎoshí, wǒ xiànzài yòu lèi yòu kě.

(3) 我们公司又来了一位新同事。☐
   Wǒmen gōngsī yòu láile yí wèi xīn tóngshì.

(4) 这辆车刚才又熄火了。☐
   Zhè liàng chē gāngcái yòu xī huǒ le.

(5) 他昨天又去上海出差了。☐
   Tā zuótiān yòu qù Shànghǎi chū chāi le.

(6) 比赛以前，我既紧张又兴奋。☐
   Bǐsài yǐqián, wǒ jì jǐnzhāng yòu xīngfèn.

2 제시된 낱말을 알맞게 배열해 문장을 완성한 후, 부정문으로도 바꿔 써 봅시다.

(1) 发现 我 凉快 这个房间 又 舒服 又
   fāxiàn / wǒ / liángkuai / zhège fángjiān / yòu / shūfu / yòu

   → _____

   → _____

(2)
```
jīliè   yòu   tǐyù   zuótiān de   jīngcǎi   yòu   bǐsài
激烈    又    体育   昨天的      精彩     又    比赛
```
→ _____

→ _____

(3)
```
yòu   cōngming   xiǎopéngyǒu   yòu   piàoliang   zhège
又    聪明       小朋友        又    漂亮       这个
```
→ _____

→ _____

(4)
```
Liú Dàshuāng   zhòng   yòu   xíngli   yòu   duō   de
刘大双         重      又    行李    又    多    的
```
→ _____

→ _____

(5)
```
Ālǐ    luàn   yòu   fángjiān   zāng   de   yòu
阿里   乱    又    房间       脏    的   又
```
→ _____

→ _____

(6)
```
tiào   zhè zhī gǒu   yòu   pǎo   yòu
跳     这只狗       又    跑    又
```
→ _____

→ _____

3 괄호 안의 표현을 사용해 문장을 완성해 봅시다.

(1) 他生意做得_____。（好　一直）

(2) 这家商店的衣服_____。（贵　一直）

(3) 这几天天气_____，不冷也不热。（不错　一直）

(4) 这家饭馆儿的菜_____。（好吃　便宜　又……又……）

(5) 他汉字写得_____，我要向他学习。（快　好　又……又……）

(6) 小朋友们_____，非常开心。（唱　跳　又……又……）

向 xiàng 〜에게, 〜를 향하여

듣기 연습

1 녹음을 듣고, 그림과 가장 관련있는 녹음의 번호를 써 봅시다. 🔊 W-04-01

(1) 　(2) 　(3) 　(4)

_____　　_____　　_____　　_____

2 녹음을 듣고, 녹음 속 질문에 알맞은 답을 골라 봅시다. 🔊 W-04-02

(1) A 老师迟到了　　B 本杰明总是迟到　　C 本杰明怎么上课
　　lǎoshī chídào le　　Běnjiémíng zǒngshì chídào　　Běnjiémíng zěnme shàng kè

(2) A 在中学学习　　B 在做生意　　C 在上海旅游
　　zài zhōngxué xuéxí　　zài zuò shēngyi　　zài Shànghǎi lǚyóu

쓰기 연습

1 제시된 간체자가 들어간 단어를 아는 대로 다 써 봅시다.

(1) 快 _____ _____ _____
　　kuài

(2) 生 _____ _____ _____
　　shēng

2 녹음을 듣고 문장을 받아써 봅시다. 🔊 W-04-03

(1) _____

(2) _____

회화 연습

자신의 실제 상황에 근거해 질문에 답해 봅시다.

(1) 你毕业后想做什么？一直这样想吗？
　　Nǐ bì yè hòu xiǎng zuò shénme? Yìzhí zhèyàng xiǎng ma?

(2) 你喜欢什么体育运动？是一直喜欢吗？
　　Nǐ xǐhuan shénme tǐyù yùndòng? Shì yìzhí xǐhuan ma?

(3) 什么事情让你一直很伤心？
　　Shénme shìqing ràng nǐ yìzhí hěn shāngxīn?

(4) 你一直住在哪个城市？这个城市怎么样？
　　Nǐ yìzhí zhù zài nǎge chéngshì? Zhège chéngshì zěnmeyàng?

(5) 你常常去哪儿买东西？那儿的东西怎么样？
　　Nǐ chángcháng qù nǎr mǎi dōngxi? Nàr de dōngxi zěnmeyàng?

(6) 你常去哪家饭馆儿吃饭？那儿的菜怎么样？
　　Nǐ cháng qù nǎ jiā fànguǎnr chī fàn? Nàr de cài zěnmeyàng?

事情 shìqing 몡 일, 사건

담화 연습

괄호 안의 표현을 활용하여 그림 속 상황에 맞게 글을 완성해 봅시다.

(1) 今天我给大家介绍一个小朋友，他叫_____，他是_____人，今年_____（岁）。我觉得他_____（又……又……）。我发现，他一直很喜欢_____，每次我去他家，都看见他在_____。他说，练习功夫的时候，他感到_____（又……又……）。中学毕业以后，他打算_____（一直）。

(2) 我昨天晚上_____（一直），有一个节目介绍的是保护环境。我看到到处都是沙漠，在那儿生活_____（又……又……）。这些年，很多人一直在_____（寻找），想让这些地方_____（环境）。

保护 bǎohù 통 보호하다 | **到处** dàochù 명 도처, 곳곳 | **让** ràng 통 ~하게 하다

05 画像 huà xiàng
초상화 그리기

단어 연습

1 제시된 문장을 큰 소리로 읽고, 문장 속 '有'의 쓰임을 보기에서 골라 봅시다.

보기 A '소유'나 '존재'를 나타내는 有(yǒu) B '불특정한 대상'을 나타내는 有(yǒu)

(1) 我有两个孩子。□
　　Wǒ yǒu liǎng ge háizi.

(2) 有一天，我在窗外看到一只被撞伤的小狗。□
　　Yǒu yì tiān, wǒ zài chuāng wài kàndào yì zhī bèi zhuàngshāng de xiǎo gǒu.

(3) 老师，您现在有时间吗？我想问您一个问题。□
　　Lǎoshī, nín xiànzài yǒu shíjiān ma? Wǒ xiǎng wèn nín yí ge wèntí.

(4) 对不起，我现在没有那么多钱。□
　　Duìbuqǐ, wǒ xiànzài méiyǒu nàme duō qián.

(5) 有一次，我感冒了，没去上课。□
　　Yǒu yí cì, wǒ gǎnmào le, méi qù shàng kè.

(6) 刚才有一位画家来找你。□
　　Gāngcái yǒu yí wèi huàjiā lái zhǎo nǐ.

2 예와 같이 제시된 두 단어 위에 한어병음을 쓴 후, 문장 속 알맞은 위치에 넣어 봅시다.

예 回(huí)　次(cì) | 他给我打了几次电话，可是我不知道这回事。
Tā gěi wǒ dǎle jǐ cì diànhuà, kěshì wǒ bù zhīdao zhè huí shì.

(1) 改变　变成 | 现在，他的态度_____了，_____了一个喜欢锻炼的人。
Xiànzài, tā de tàidu ____ le, ____ le yí ge xǐhuan duànliàn de rén.

(2) 请求　问 | 那个年轻人_____科学家现在有没有时间，_____他帮自己一个忙。
Nàge niánqīngrén ____ kēxuéjiā xiànzài yǒu méiyǒu shíjiān, ____ tā bāng zìjǐ yí ge máng.

(3) 幅　张 | 我看到那_____报纸上说这_____画很有名。
Wǒ kàndào nà ____ bàozhǐ shang shuō zhè ____ huà hěn yǒumíng.

(4) 让　请 | 您好，先生，这儿不_____停车，_____您把车停到那边吧。
Nín hǎo, xiānsheng, zhèr bù ____ tíng chē, ____ nín bǎ chē tíngdào nàbian ba.

(5) 从来　一直 | 方方_____不迟到，_____是班里来得最早的学生。
Fāngfāng ____ bù chídào, ____ shì bān li lái de zuì zǎo de xuésheng.

3 빈칸에 알맞은 동사를 보기에서 고른 후, 큰 소리로 문장을 읽어 봅시다.

보기 A 举行 jǔxíng B 放弃 fàngqì C 表演 biǎoyǎn D 改变 gǎibiàn

(1) _____工作 gōngzuò (2) _____晚会 wǎnhuì (3) _____性格 xìnggé (4) _____节目 jiémù

4 빈칸에 알맞은 양사를 고른 후, 큰 소리로 문장을 읽어 봅시다.

보기 A 张 zhāng B 本 běn C 幅 fú D 份 fèn

(1) 一_____画像 yī huàxiàng (2) 一_____合影 yī héyǐng (3) 一_____文件 yī wénjiàn (4) 三_____护照 sān hùzhào

어법 연습

1 빈칸에 '没'와 '不' 중 알맞은 말을 써넣고, 큰 소리로 읽어 봅시다.

(1) 他从来_____让人帮助自己。
Tā cónglái ràng rén bāngzhù zìjǐ.

(2) 我从来_____听说过那个地方。
Wǒ cónglái tīngshuōguo nàge dìfang.

(3) 弟弟从来_____吃牛肉。
Dìdi cónglái chī niúròu.

(4) 本杰明从来_____听过相声，很想去听一次。
Běnjiémíng cónglái tīngguo xiàngsheng, hěn xiǎng qù tīng yí cì.

(5) 这个城市从来_____举行过足球比赛。
Zhège chéngshì cónglái jǔxíngguo zúqiú bǐsài.

(6) 我妈妈从来_____化妆。
Wǒ māma cónglái huà zhuāng.

2 개사 '为'의 문장 속 위치를 찾아 봅시다.

(1) 妈妈 A 每天早上 B 都 C 我做早饭。
Māma měitiān zǎoshang dōu wǒ zuò zǎofàn.

(2) A 我 B 朋友 C 买了一杯咖啡。
wǒ péngyou mǎile yì bēi kāfēi.

(3) 这份 A 礼物是 B 姐姐 C 妹妹买的。
Zhè fèn lǐwù shì jiějie mèimei mǎi de.

(4) 谢谢 A 你 B 大家解决了 C 这个问题。
Xièxie nǐ dàjiā jiějuéle zhège wèntí.

(5) A 晚会上， B 你可以 C 同学们弹钢琴吗？
wǎnhuì shang, nǐ kěyǐ tóngxuémen tán gāngqín ma?

(6) A 宾馆的服务员 B 我订了两张 C 飞机票。
bīnguǎn de fúwùyuán wǒ dìngle liǎng zhāng fēijīpiào.

3 제시된 낱말을 알맞게 배열해 문장을 완성해 봅시다.

(1) 大家　那个　男孩儿　为　服务　从来不
→ _____

(2) 从来不　那个老人　别人　帮　搬行李　自己　让
→ _____

(3) 她　为　买过　礼物　男朋友　从来没
→ _____

(4) 做过　饭　为　妈妈　从来没　那个厨师
→ _____

(5) 让　服务员　为　从来不　打扫　房间　自己　那个客人
→ _____

(6) 拍照片　从来不　那个画家　让　儿子　为　自己
→ _____

别人 biéren 때 다른 사람

듣기 연습

1 녹음을 듣고, 그림과 가장 관련있는 녹음의 번호를 써 봅시다. W-05-01

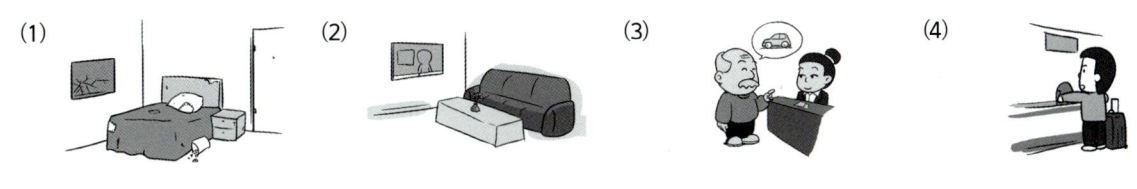

(1)　　　(2)　　　(3)　　　(4)

2 녹음을 듣고, 녹음 속 질문에 알맞은 답을 골라 봅시다. 🔊 W-05-02

(1) A 妈妈 (māma)　　B 我 (wǒ)　　C 朋友们 (péngyoumen)

(2) A 风景 (fēngjǐng)　　B 动物 (dòngwù)　　C 人 (rén)

쓰기 연습

1 제시된 두 글자를 문장 속 알맞은 위치에 써넣어 봅시다.

(1) 米 (mǐ)　　来 (lái) ｜ 8岁以前，我从_____没吃过爸爸做的_____饭。
(Bā suì yǐqián, wǒ cóng méi chīguo bàba zuò de fàn.)

(2) 为 (wèi)　　办 (bàn) ｜ _____公室的咖啡是林木_____大家买的。
(gōngshì de kāfēi shì Lín Mù dàjiā mǎi de.)

2 녹음을 듣고 문장을 받아써 봅시다. 🔊 W-05-03

(1) _____

(2) _____

회화 연습

괄호 안 단어를 활용해 그림 속 상황에 맞는 대화를 완성해 봅시다.

(1) A 你怎么这么_____？
(Nǐ zěnme zhème)

B 看，这是我女儿_____。（为　做）
(Kàn, zhè shì wǒ nǚ'ér / wèi zuò)

A 做得_____！
(Zuò de)

B 这是她_____。（第一次　为）
(Zhè shì tā / dì-yī cì wèi)

A 我儿子_____。（从来）
(Wǒ érzi / cónglái)

B 别着急，他_____。
(Bié zháojí, tā)

(2) A *Nǐ juéde Liú mìshū*
　　你觉得刘秘书_____?

　B *Tā gōngzuò*
　　她工作_____。

　A *Wèi shénme zhème shuō?*
　　为什么这么说?

　B *Měi cì huìyì qián, tā dōu   wèi   bǎ……zhǔnbèi hǎo*
　　每次会议前，她都_____。（为　把……准备好）

　A *Tīngshuō tā   cónglái   chídào*
　　听说她_____。（从来　迟到）

　B *Duì, tā yě   cónglái   qǐng jià*
　　对，她也_____。（从来　请假）

　A *Tā zhēn búcuò!*
　　她真不错!

会议 huìyì 명 회의

담화 연습

1 '却'와 '从来'의 용법에 주의하며, 자신이 평소에 해 보고 싶었으나 하지 못한 일에 대해 써 봅시다.

Suīrán wǒ tīngshuō   *kěshì*
虽然我听说_____，可是_____，

suǒyǐ wǒ hěn xiǎng chángchang. Wǒ hái tīngshuō
所以我很想尝尝。我还听说_____，_____，

wǒ hěn xiǎng   *Yǒu péngyou gàosu wǒ shuō*
我很想_____。有朋友告诉我说_____，

Wǒ yě xiǎng   *yīnwèi wǒ*
我也想_____，因为我_____。

2 '为'의 용법에 주의하며, 친구의 생일 파티 때 모두가 어떻게 축하해 주었는지 실제 경험에 근거해 써 봅시다.

　　　　　shì　　　　　　*de shēngrì.　Dàjiā wèi tā/tā zhǔnbèile hěn duō lǐwù.*
_____是_____的生日。大家为他/她准备了很多礼物。_____

wèi tā/tā
为他/她_____，_____，

　　　　　　　　　　　　　　　　　　　　　　　　　　　　　　Tā/Tā gāoxìng jí le.
_____，_____。他/她高兴极了。

06   *Xiǎng kū jiù kū ba.*
想哭就哭吧。
울고 싶으면 우세요.

단어 연습

1 빈칸에 알맞은 보기를 고른 후, 큰 소리로 문장을 읽어 봅시다.

보기	*rěn*	*chǎnshēng*	*qīngchú*	*kū*	*yǐngxiǎng*	*chāoguò*
	A 忍	B 产生	C 清除	D 哭	E 影响	F 超过

(1) *Nǐ bǎ diànnǎo shang zhèxiē bú yòng de wénjiàn yíxià ba.*
你把电脑上这些不用的文件＿＿＿一下吧。

(2) *Xī yān huì shēntǐ jiànkāng.*
吸烟会＿＿＿身体健康。

(3) *Wǒmen mǎshàng jiù yào dào yīyuàn le, nǐ zài yíxià.*
我们马上就要到医院了，你再＿＿＿一下。

(4) *Nǐ zhīdao zhème duō huánjìng wèntí de yuányīn shì shénme ma?*
你知道这么多环境问题＿＿＿的原因是什么吗？

(5) *Zhōngwǔ shuì jiào zuìhǎo búyào yí ge xiǎoshí.*
中午睡觉最好不要＿＿＿一个小时。

(6) *Nǐ qù kànkan nàge xiǎopéngyǒu wèi shénme le.*
你去看看那个小朋友为什么＿＿＿了。

2 예와 같이 제시된 두 단어 위에 한어병음을 쓴 후, 문장 속 알맞은 위치에 넣어 봅시다.

| 예 | *píngjūn* 平均 | *píngfāngmǐ* 平方米 | *Zài wǒmen gōngsī, zhèxiē bàngōngshì de píngjūn miànjī shì èrshíwǔ píngfāngmǐ.* 在我们公司，这些办公室的 平均 面积是25 平方米 。 |

(1) 一些   这些
shuǐguǒ tài shǎo le, nǐ zài qù mǎi ba.
＿＿＿水果太少了，你再去买＿＿＿吧。

(2) 眼泪   眼睛
Kuài bǎ cāca, nǐ kàn nǐ dōu kūhóng le.
快把＿＿＿擦擦，你看你＿＿＿都哭红了。

(3) 最好   最近
tiānqì bú tài hǎo, nǐ měi tiān dōu dàizhe sǎn.
＿＿＿天气不太好，你＿＿＿每天都带着伞。

(4) 寿命   生命
Gǒu de yìbān shì shíjǐ nián, wǒmen yào zài tāmen jiéshù yǐqián,
狗的＿＿＿一般是十几年，我们要在它们＿＿＿结束以前，
hǎohāor ài tāmen.
好好儿爱它们。

(5) 因为   原因
Nǚrén de shòumìng bǐ nánrén cháng, yí ge shì tāmen ài kū,
女人的寿命比男人长，一个＿＿＿是她们爱哭，
kū néng bǎ shēntǐ li de yǒu hài wùzhì dōu qīngchú le.
＿＿＿哭能把身体里的有害物质都清除了。

30

3 조합할 수 있는 것끼리 모두 연결해 봅시다.

Běijīng	bù tóng	yì zhāng	yǒu hài	shēntǐ
北京	不同	一张	有害	身体

zhuōzi	fángjià	ménpiào	yìjiàn	jiànkāng	wùzhì
桌子	房价	门票	意见	健康	物质

4 제시된 단어와 반대되는 뜻의 단어를 써 봅시다.

(1) 男人 (nánrén) _____ (2) 笑 (xiào) _____

(3) 免费 (miǎnfèi) _____ (4) 赚钱 (zhuàn qián) _____

어법 연습

1 괄호 안 단어를 '想……就……' 형식으로 활용해 문장을 완성해 봅시다.

(1) 我们应该保护环境，塑料袋不能_____。（用）
Wǒmen yīnggāi bǎohù huánjìng, sùliàodài bù néng ... yòng

(2) 你要的照片都在电脑里，你_____吧。（拷）
Nǐ yào de zhàopiàn dōu zài diànnǎo li, nǐ ... ba. kǎo

(3) 毕业以后，你_____吧。（出国）
Bì yè yǐhòu, nǐ ... ba. chū guó

(4) 明天的晚会，你_____吧。（表演）
Míngtiān de wǎnhuì, nǐ ... ba. biǎoyǎn

(5) 我们还有时间，这些衣服，你_____吧。（试）
Wǒmen hái yǒu shíjiān, zhèxiē yīfu, nǐ ... ba. shì

(6) 我没意见，这套海景房你_____吧。（租）
Wǒ méi yìjiàn, zhè tào hǎijǐngfáng nǐ ... ba. zū

2 '反而'을 사용해 문장을 완성해 봅시다.

(1) 他很喜欢爬山，学校举行了一次爬山比赛，_____。
Tā hěn xǐhuan pá shān, xuéxiào jǔxíngle yí cì pá shān bǐsài,

(2) 江日新没有跟司机吵架，_____。
Jiāng Rìxīn méiyǒu gēn sījī chǎo jià,

(3) 方方昨天睡得很早，_____。
Fāngfāng zuótiān shuì de hěn zǎo,

(4) 几年不见了，我看你不但没变老，_____。
Jǐ nián bú jiàn le, wǒ kàn nǐ búdàn méi biànlǎo,

(5) 睡得越多，_____。
Shuì de yuè duō,

Tā xǐhuan de zúqiúduì yíngle bǐsài,　　　tā
(6) 他喜欢的足球队赢了比赛，他_____。

老 lǎo 형 늦다

3 제시된 낱말을 알맞게 배열해 문장을 완성해 봅시다.

(1) shēntǐ　hěn shǎo　fǎn'ér　tā　duànliàn　hěn jiànkāng
　　身体　　很少　　反而　　他　　锻炼　　很健康
→ _____

(2) tā　jīntiān　fàng fēngzheng　yào qù　fǎn'ér　fēng bú dà
　　她　　今天　　放风筝　　　要去　　反而　　风不大
→ _____

(3) juéde　fǎn'ér　chàng gē de rén　shì Ānnà　wǒ　bù hǎoyìsi
　　觉得　　反而　　唱歌的人　　　是安娜　　我　　不好意思
→ _____

(4) zhuōzi shang　nǐ　yǐnliào　xiǎng　yǒu　jiù　ba　hē　hē
　　桌子上　　　你　饮料　　想　　有　　就　　吧　喝　喝
→ _____

(5) dìng fángjiān　jiù　xiǎng　zài wǎng shang　kěyǐ　tuì fáng　tuì fáng
　　订房间　　　就　　想　　在网上　　　　可以　　退房　　退房
→ _____

(6) nǐ　zhè tiáo　xiǎng　hǎokàn　xiàngliàn　ba　hěn　jiù　mǎi　mǎi
　　你　这条　　想　　好看　　项链　　　吧　　很　　就　　买　　买
→ _____

듣기 연습

1 녹음을 듣고, 녹음 속 질문에 알맞은 답을 골라 봅시다. 🔊 W-06-01

(1) A zhège shēngyi hěn zhuàn qián　　B zhège shēngyi bú zhuàn qián　　C zhège shēngyi hěn nán zuò
　　这个生意很赚钱　　　　　　　　这个生意不赚钱　　　　　　　这个生意很难做

(2) A tāmen de yìjiàn chángcháng yíyàng　B tāmen bú shì hǎo péngyou　C tāmen shì hǎo péngyou
　　他们的意见常常一样　　　　　　　　他们不是好朋友　　　　　他们是好朋友

2 녹음을 듣고, 제시된 문장이 녹음의 내용과 일치하면 O, 다르면 X를 표기하세요. 🔊 W-06-02

(1) Wǒ yào qù mǎi bówùguǎn de ménpiào.
我要去买博物馆的门票。（　）

(2) Dàwèi bù xǐhuan gāngcái de diànyǐng.
大卫不喜欢刚才的电影。（　）

쓰기 연습

1 아는 단어를 떠올려 단어 퍼즐을 완성해 봅시다.

(1) 影

(2) 见

2 녹음을 듣고 문장을 받아써 봅시다. 🔊 W-06-03

(1) _____

(2) _____

회화 연습

괄호 안 표현을 활용해 대화를 완성해 봅시다.

(1) A: Xià zhōu gōngsī xiūxi, nǐ shuō wǒmen zuò diǎnr shénme?
下周公司休息，你说我们做点儿什么？

B: Zuìjìn gōngzuò tài máng le, bù néng _____ （休息），
最近工作太忙了，不能_____（xiūxi），
zhè jǐ tiān wǒmen hǎohāor xiūxi xiūxi ba.
这几天我们好好儿休息休息吧。

A: Wǒ xiǎng qù Shànghǎi lǚyóu, xíng ma?
我想去上海旅游，行吗？

B: Xíng. Yǐqián méiyǒu shíjiān, xiànzài _____ （去）。
行。以前没有时间，现在_____（qù）。

A: Tài hǎo le! Wǒ xiànzài jiù qù mǎi huǒchēpiào.
太好了！我现在就去买火车票。

B: Zuò fēijī qù ba, xiànzài jīpiào fǎn'ér _____ （便宜）。
坐飞机去吧，现在机票反而_____（piányi）。

(2) A 苹果你怎么不洗就吃?

B 我看_____（干净）。

A 苹果上有_____（有害），你看不见。

B 是吗？我以前常常不洗，拿起来就吃。

A 以后你要先洗洗再吃，不能拿起来_____（想……就……），吃多了，反而_____。

B 好，我现在就去洗。

담화 연습

괄호 안 표현을 활용해 글을 완성해 봅시다.

(1) 饿了的时候，可以_____（想……就……），但是也不能吃得太多，吃多了，_____（反而），去做运动也是这样，不但要选_____（适合），还要选好时间，不能_____（想……就……）。运动时也要注意时间不能太长，因为运动多了，_____（反而）。

(2) 今天是安妮的生日。下课以后，老师_____（饮料和蛋糕），他让我们_____（为……过生日）。大家都高兴地去拿饮料和蛋糕，安妮_____（反而）。大家都问她_____，她说大家都记住了她的生日，她妈妈_____（反而）。

注意 zhùyì 동 주의하다

07 Zhàopiàn shì wǒ zhào de.
照片是我照的。
사진은 제가 찍었어요.

단어 연습

1 그림이 나타내는 단어를 보기에서 골라 봅시다.

| 보기 | A diànzhǔ 店主 | B jiǎn 捡 | C qǔ 取 | D zhàoxiàngjī 照相机 | E xiǎohuǒzi 小伙子 | F jǔ 举 |

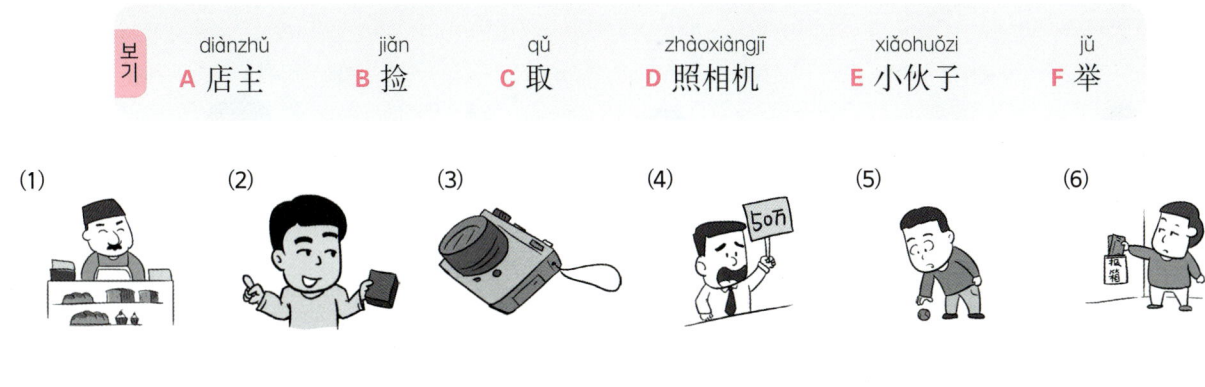

(1) ____ (2) ____ (3) ____ (4) ____ (5) ____ (6) ____

2 빈칸에 알맞은 보기를 고른 후, 큰 소리로 문장을 읽어 봅시다. (중복 답안 有)

| 보기 | A mǎshàng 马上 | B là 落 | C wàng 忘 | D suǒyǐ 所以 |

(1) Qǐng nǐ děng wǒ yíhuìr, wǒ ____ xià lóu!
   请你等我一会儿，我____下楼！

(2) Kǎoshì de shíhou wǒ ____ le xiě zìjǐ de míngzi.
   考试的时候我____了写自己的名字。

(3) Zuótiān wǒ bǎ shū ____ zài jiàoshì li le.
   昨天我把书____在教室里了。

(4) Háizi fā shāo le, ____ māma fēicháng zháojí.
   孩子发烧了，____妈妈非常着急。

3 빈칸에 알맞은 보기를 고른 후, 큰 소리로 문장을 읽어 봅시다.

| 보기 | A zhòngyào 重要 | B líkāi 离开 | C zháojí 着急 | D zhòng 种 | E ménkǒu 门口 | F bié 别 |

(1) Qùnián wǒ zài mén qián ____ le liǎng kē píngguǒshù.
   去年我在门前____了两棵苹果树。

(2) Míngtiān yǒu yí ge hěn ____ de huìyì, dàjiā dōu bù néng chídào.
   明天有一个很____的会议，大家都不能迟到。

(3) Wǒ kuàiyào bì yè le, yào ____ zhège chéngshì le.
   我快要毕业了，要____这个城市了。

(4) Wàibian hěn lěng, duō chuān yí jiàn yīfu ba, ____ gǎnmào le.
   外边很冷，多穿一件衣服吧，____感冒了。

(5) Yǐjīng shí diǎn le, háizi hái méi huí jiā, māma hěn ____.
   已经十点了，孩子还没回家，妈妈很____。

Xià bān yǐhòu wǒ zài gōngsī   děng nǐ.
(6) 下班以后我在公司_____等你。

4 그림 속 인물의 심정을 나타내는 단어를 보기에서 골라 봅시다.

보기
A 惊喜 jīngxǐ　B 伤心 shāngxīn　C 着急 zháojí　D 兴奋 xīngfèn　E 生气 shēng qì　F 紧张 jǐnzhāng

(1)　(2)　(3)　(4)　(5)　(6)

어법 연습

1 제시된 낱말을 알맞게 배열해 문장을 완성해 봅시다.

(1) 昨天晚上 就 了 8点 我 睡觉
 (zuótiān wǎnshang / jiù / le / bā diǎn / wǒ / shuìjiào)
 →_____

(2) 唱京剧 5岁 妹妹 会 就 了
 (chàng jīngjù / wǔ suì / mèimei / huì / jiù / le)
 →_____

(3) 10月 这个地方 了 下雪 就 今年
 (shíyuè / zhège dìfang / le / xià xuě / jiù / jīnnián)
 →_____

(4) 就 一会儿 我 收拾干净 把 房间 了
 (jiù / yíhuìr / wǒ / shōushi gānjìng / bǎ / fángjiān / le)
 →_____

(5) 公司 刘大双 到 才 走了两个小时
 (gōngsī / Liú Dàshuāng / dào / cái / zǒule liǎng ge xiǎoshí)
 →_____

(6) 走路 4岁 才 这孩子 会
 (zǒu lù / sì suì / cái / zhè háizi / huì)
 →_____

2 어법상 틀린 문장을 골라 바르게 고쳐 써 봅시다.

(1) Sùliàodài fàngzhe wǔ ge píngguǒ.
塑料袋放着五个苹果。

→ _____

(2) Nàge nánháir de shǒuli názhe yí shù xiānhuā.
那个男孩儿的手里拿着一束鲜花。

→ _____

(3) Bàngōngshì zuòzhe liǎng ge rén, wǒ bú rènshi tāmen.
办公室坐着两个人，我不认识他们。

→ _____

(4) Zǎoshang zuò gōnggòng qìchē de shíhou, wǒ pángbiān zhàn yí ge lǎonǎinai.
早上坐公共汽车的时候，我旁边站一个老奶奶。

→ _____

(5) Gōngyuán ménkǒu de páizi shang huà liǎng zhī xióngmāo.
公园门口的牌子上画两只熊猫。

→ _____

(6) Zhège chéngshì de lù biān zhòng hěn duō shù hé huār.
这个城市的路边种很多树和花儿。

→ _____

鲜花 xiānhuā 명 생화, 꽃 | 路边 lù biān 명 길가

3 괄호 안 단어의 문장 속 위치를 찾아 봅시다.

(1) Bàba hěn máng, měi tiān jiǔ diǎn huí jiā. cái
爸爸 A 很忙，每天 B 9点 C 回家。（才）

(2) Nǐ zěnme xiànzài lái? Wǒ yǐjīng děngle bàn ge xiǎoshí le. cái
你怎么现在 A 来? 我已经 B 等了 C 半个小时了。（才）

(3) Nà jiā shāngdiàn de miànbāo bā diǎn mài wán le. jiù
那家商店的面包 A 8点 B 卖 C 完了。（就）

(4) Qǐng nǐ děng yíhuìr, Zhāng jīnglǐ mǎshàng huílai. jiù
请你 A 等一会儿，张经理 B 马上 C 回来。（就）

(5) Wǒ jiā lóu shang yí wèi niánqīng de huàjiā zhùzhe
我家 A 楼上 B 一位年轻的画家 C 。（住着）

(6) Línjū jiā ménkǒu liǎng kē shù yòu gāo yòu dà. zhòngzhe
邻居家门口 A 两棵树 B，C 又高又大。（种着）

듣기 연습

1 녹음을 듣고, 녹음 속 질문에 알맞은 답을 골라 봅시다. 🔊 W-07-01

(1) A 他来得很早   B 他来得很晚   C 他跑得很快
       tā lái de hěn zǎo   tā lái de hěn wǎn   tā pǎo de hěn kuài

(2) A 他们站着聊天儿   B 他们坐着喝咖啡   C 他们坐着聊天
       tāmen zhànzhe liáo tiānr   tāmen zuòzhe hē kāfēi   tāmen zuòzhe liáo tiān

2 녹음을 듣고, 제시된 문장이 녹음의 내용과 일치하면 O, 다르면 X를 표기하세요. 🔊 W-07-02

(1) 邻居的丈夫每个周末都加班。（   ）
     Línjū de zhàngfu měi ge zhōumò dōu jiā bān.

(2) 老师让学生写下黑板上的句子。（   ）
     Lǎoshī ràng xuésheng xiěxia hēibǎn shang de jùzi.

쓰기 연습

1 제시된 두 글자를 문장 속 알맞은 위치에 써넣어 봅시다.

(1) 多   都 | 我看见桌子上_____了两把伞，_____是红色的。
     duō   dōu   Wǒ kàn jiàn zhuōzi shang ___ le liǎng bǎ sǎn, ___ shì hóngsè de.

(2) 重   种 | 老张认为最_____要的事就是_____花儿。
     zhòng   zhòng   Lǎo Zhāng rènwéi zuì ___ yào de shì jiù shì ___ huār.

2 녹음을 듣고 문장을 받아써 봅시다. 🔊 W-07-03

(1) _____

(2) _____

회화 연습

'才'와 '就', '동사+着'의 용법에 주의하며 자신의 실제 상황에 근거해 질문에 답해 봅시다.

(1) 你一般什么时候起床？周末呢？
     Nǐ yībān shénme shíhou qǐ chuáng? Zhōumò ne?

(2) 你是什么时候学会写汉字的？
     Nǐ shì shénme shíhou xuéhuì xiě Hànzi de?

(3) 你们教室的墙上都有什么？
     Nǐmen jiàoshì de qiáng shang dōu yǒu shénme?

(4) 你做作业做得快还是你朋友做得快？
     Nǐ zuò zuòyè zuò de kuài háishi nǐ péngyou zuò de kuài?

　　　　　Nǐ de línjū shì shénme yàng de rén?
(5) 你的邻居是什么样的人？

　　　　　Shuōshuo nǐ zhùguo de yí ge bīnguǎn fángjiān, lǐbian dōu yǒu shénme.
(6) 说说你住过的一个宾馆房间，里边都有什么。

담화 연습

1 자신의 실제 상황에 근거해 표의 빈칸을 채우고, '就'와 '才'의 용법의 주의하며 글을 완성해 봅시다.

	Ālǐ 阿里	wǒ 我
huì shuō huà 会说话	yī suì 1岁	
huì zǒu lù 会走路	sān suì 3岁	
kāishǐ xué Hànyǔ 开始学汉语	èrshí suì 20岁	
shàng dàxué 上大学	èrshíwǔ suì 25岁	

Ālǐ yī suì　　　　　huì shuō huà, wǒ
阿里1岁_____会说话，我_____。
Ālǐ sān suì　　　　　　wǒ
阿里3岁_____，我_____。
Ālǐ　　　　　　　　　wǒ
阿里_____，我_____。
Ālǐ　　　　　　　　　wǒ
阿里_____，我_____。

2 그림 속 알리의 방과 자신의 실제 방을 비교해 글을 완성해 봅시다. '동사+着'의 용법에 주의하세요.

Ālǐ fángjiān de zhuōzi shang
阿里房间的桌子上_____，
wǒ de fángjiān de zhuōzi shang
我的房间的桌子上_____。
Ālǐ fángjiān de yǐzi xiàbian
阿里房间的椅子下边_____，
wǒ de
我的_____。
Ālǐ de　　　　　　　　　　　　wǒ de
阿里的_____，我的_____。
Ālǐ de　　　　　　　　　　　　wǒ de
阿里的_____，我的_____。

08 采访
cǎifǎng
인터뷰하기

단어 연습

1 그림이 나타내는 단어를 보기에서 골라 봅시다.

보기
A 小说 xiǎoshuō　B 欢迎 huānyíng　C 采访 cǎifǎng　D 拒绝 jùjué　E 母鸡 mǔjī

(1) _____　(2) _____　(3) _____　(4) _____　(5) _____

2 예와 같이 제시된 두 단어 위에 한어병음을 쓴 후, 문장 속 알맞은 위치에 넣어 봅시다.

예
zuòjiā　zuòyè
作家　作业　｜　今天的 <u>作业</u> 是介绍一位中国 <u>作家</u> 。
　　　　　　　Jīntiān de zuòyè shì jièshào yí wèi Zhōngguó zuòjiā.

(1) 几　多　｜ 我的照相机里_____了_____张照片。
　　　　　　 Wǒ de zhàoxiàngjī li　　le　　zhāng zhàopiàn.

(2) 改变　改编 ｜ 这本小说_____了不少年轻人的生活，
　　　　　　　　Zhè běn xiǎoshuō　　le bù shǎo niánqīngrén de shēnghuó,
　　　　　　　　现在已经被_____成了电视剧。
　　　　　　　　xiànzài yǐjīng bèi　　chéngle diànshìjù.

(3) 被　受 ｜ 这个作家很_____欢迎，但是他不接受采访，
　　　　　　Zhège zuòjiā hěn　　huānyíng, dànshì tā bù jiēshòu cǎifǎng,
　　　　　　很多采访者都_____他拒绝了。
　　　　　　hěn duō cǎifǎngzhě dōu　　tā jùjué le.

(4) 结婚　婚姻 ｜ _____以后，他发现_____严重地影响了他的生活。
　　　　　　　　yǐhòu, tā fāxiàn　　yánzhòng de yǐngxiǎngle tā de shēnghuó.

(5) 生蛋　鸡蛋 ｜ 送给你一些_____吧，我家的母鸡又_____了。
　　　　　　　　Sònggěi nǐ yìxiē　　ba, wǒ jiā de mǔjī yòu　　le.

3 조합할 수 있는 것끼리 모두 연결해 봅시다.

sòng	fānyì	wánchéng	niàn	bǎohù
送	翻译	完成	念	保护

yīnyuèjiā	zìrán huánjìng	Yīngwén xiǎoshuō	péngyou	kèwén	gōngzuò
音乐家	自然环境	英文小说	朋友	课文	工作

4 빈칸에 알맞은 보기를 고른 후, 큰 소리로 문장을 읽어 봅시다.

| 보기 | A 著名 zhùmíng | B 播出 bōchū | C 只 zhī | D 打扮 dǎban | E 老人 lǎorén | F 行 xíng |

(1) Jīntiān tā yào qù wèi yí wèi _____ de kēxuéjiā huà xiàng.
今天他要去为一位_____的科学家画像。

(2) Jīnián xīnnián wǎnhuì, dàjiā dōu yào _____ de piàoliang diǎnr.
今年新年晚会，大家都要_____得漂亮点儿。

(3) Nàge _____ bèi zìxíngchē zhuàngdǎo le.
那个_____被自行车撞倒了。

(4) Nǐ xiǎng yǎng yī _____ kě'ài de xiǎo gǒu ma?
你想养一_____可爱的小狗吗？

(5) Tā kǎoshìtí dōu zuòduì le, zhēn _____ !
他考试题都做对了，真_____！

(6) Yìdàlì duì yǔ Xībānyá duì de nà chǎng zúqiú bǐsài jǐ diǎn _____ ?
意大利队与西班牙队的那场足球比赛几点_____？

新年 xīnnián 명 신년, 새해

어법 연습

1 괄호 안의 단어를 '把+A+동사+成+B' 형식으로 활용해 문장을 완성해 봅시다.

(1) Liú Xiǎoshuāng yào qù Měiguó lǚyóu, tā xiǎng _____ huàn
刘小双要去美国旅游，他想_____。（换）

(2) Zhège Xībānyáyǔ jùzi shì shénme yìsi? Nǐ néng bāng wǒ _____ fānyì
这个西班牙语句子是什么意思？你能帮我_____？（翻译）

(3) Ānni hěn xǐhuan huà huàr, māma xiǎng _____ péiyǎng
安妮很喜欢画画儿，妈妈想_____。（培养）

(4) Fāngfang shuō Xīngqīrì qù kàn diànyǐng, kěshì Dàwèi mǎile Xīngqīsì de piào, tā _____ tīng
方方说星期日去看电影，可是大卫买了星期四的票，他_____。（听）

(5) Zhè shì "huídá", bú shì "wèndá", nǐ _____ niàn
这是"回答"，不是"问答"，你_____。（念）

(6) Biǎoyǎn jiémù de shíhou, Xiǎomíng dàishangle bái tóufa, tā _____ dǎban
表演节目的时候，小明戴上了白头发，他_____。（打扮）

2 의미가 통하도록 두 절을 연결한 후, 큰 소리로 읽어 봅시다.

(1) 这本书您翻译得太好了， · · 你一定要穿衬衫、系领带。
 　　Zhè běn shū nín fānyì de tài hǎo le, 　　　　　　nǐ yídìng yào chuān chènshān、jì lǐngdài.

(2) 我女朋友很喜欢珍珠项链， · · 我一定要给她买一条。
 　　Wǒ nǚpéngyou hěn xǐhuan zhēnzhū xiàngliàn, 　　wǒ yídìng yào gěi tā mǎi yì tiáo.

(3) 今天要跟重要的客人见面， · · 一定要告诉我。
 　　Jīntiān yào gēn zhòngyào de kèrén jiàn miàn. 　　yídìng yào gàosu wǒ.

(4) 这是我做的包子， · · 但是我们一定不能放弃。
 　　Zhè shì wǒ zuò de bāozi, 　　　　　　　　dànshì wǒmen yídìng bù néng fàngqì.

(5) 虽然实验又失败了， · · 我们一定要出版。
 　　Suīrán shíyàn yòu shībài le, 　　　　　　　wǒmen yídìng yào chūbǎn.

(6) 这件事如果你不能做， · · 你一定要尝尝。
 　　Zhè jiàn shì rúguǒ nǐ bù néng zuò, 　　　　　nǐ yídìng yào chángchang.

3 괄호 안 단어의 문장 속 위치를 찾아 봅시다.

(1) 他把"眼睛" A 说 B 了"眼镜" C 。（成）
 　　Tā bǎ "yǎnjing"　　shuō　le "yǎnjìng"　 chéng

(2) 我把安妮看 A 是 B 我姐姐 C 了。（成）
 　　Wǒ bǎ Ānni kàn　shì　wǒ jiějie　le.　chéng

(3) 他把 A "我们"写 B 了 C "找们"。（成）
 　　Tā bǎ　"wǒmen" xiě　le　"zhǎomen".　chéng

(4) 如果 A 有他的消息，你 B 要 C 告诉我。（一定）
 　　Rúguǒ　yǒu tā de xiāoxi, nǐ　yào　gàosu wǒ.　yídìng

(5) A 我 B 要跟主持人一起 C 拍张照。（一定）
 　　　Wǒ　yào gēn zhǔchírén yìqǐ　pāi zhāng zhào.　yídìng

(6) 这个年轻人 A 要 B 为那位科学家 C 画像。（一定）
 　　Zhège niánqīngrén　yào　wèi nà wèi kēxuéjiā　huà xiàng.　yídìng

듣기 연습

1 녹음을 듣고, 녹음 속 질문에 알맞은 답을 골라 봅시다. 🔊 W-08-01

(1) A 红色的　　　　B 绿色的　　　　C 黄色的
 　 hóngsè de　　　　 lǜsè de　　　　　huángsè de

(2) A 听几场相声　　B 学说相声　　　C 给"我"说相声
 　 tīng jǐ chǎng xiàngsheng　 xué shuō xiàngsheng　 gěi "wǒ" shuō xiàngsheng

2 녹음을 듣고, 제시된 문장이 녹음의 내용과 일치하면 O, 다르면 X를 표기하세요. 🔊 W-08-02

(1) "我"想让这个小女孩儿演电影。（　　）
 　 "Wǒ" xiǎng ràng zhège xiǎo nǚháir yǎn diànyǐng.

(2) "我"要采访那个人，他文章写得非常好。（　　）
 　 "Wǒ" yào cǎifǎng nàge rén, tā wénzhāng xiě de fēicháng hǎo.

쓰기 연습

1 제시된 간체자가 들어간 단어를 아는 대로 다 써 봅시다.

(1) 家^{jiā} _____ _____ _____ _____

(2) 电^{diàn} _____ _____ _____ _____

2 녹음을 듣고 문장을 받아써 봅시다. W-08-03

(1) _____

(2) _____

회화 연습

괄호 안의 단어를 활용해 그림 속 상황에 맞는 대화를 완성해 봅시다.

(1)　A　你_____（拿），是要出差吗?
　　　　Nǐ　　　　　　　　　　　ná　shì yào chū chāi ma?

　　B　不是，我打算_____（旅游）。
　　　　Bú shì, wǒ dǎsuàn　　　　　　　　lǚyóu

　　A　听说你们公司很多人都去过海南。
　　　　Tīngshuō nǐmen gōngsī hěn duō rén dōu qùguo Hǎinán.

　　B　是啊，所以我_____（去）。
　　　　Shì a, suǒyǐ wǒ　　　　　　　　qù

　　A　你打算住几天?
　　　　Nǐ dǎsuàn zhù jǐ tiān?

　　B　那儿的风景那么美，我_____（住）。
　　　　Nàr de fēngjǐng nàme měi, wǒ　　　　　　zhù

　　A　你还应该去海边逛逛。
　　　　Nǐ hái yīnggāi qù hǎibiān guàngguang.

　　B　当然了，我_____（晒太阳　游泳）。
　　　　Dāngrán le, wǒ　　　　　　　　　shài tàiyang yóu yǒng

08 采访

(2)
A Jīntiān de kǎoshì nǐ zěnme zuòcuòle zhème duō tí?
今天的考试你怎么做错了这么多题?

B Shì ma? Wǒ_____ nǎr (哪儿)?
是吗？我_____（哪儿）？

A Nǐ kànkan, nǐ bǎ_____ xiě（写）。
你看看，你把_____（写）。

B Wǒ zhīdao "nǎr" zěnme xiě, kěnéng shì wǒ tīngcuò le,
我知道"哪儿"怎么写，可能是我听错了，
wǒ bǎ_____ tīng（听）。
我把_____（听）。

A Hái yǒu zhège ne, nǐ bǎ_____ fānyì（翻译）。
还有这个呢，你把_____（翻译）。

B Wǒ kàncuò le, wǒ bǎ_____ kàn（看）。
我看错了，我把_____（看）。

汉语考试

1 听写 tīngxiě：下午你去那儿？ Xiàwǔ nǐ qù nàr?

2 翻译 fānyì：音乐家 音乐 yīnyuè

3 ……

听写 tīngxiě 받아쓰기

담화 연습

1 자신의 중국어 실수담을 적어 봅시다. '把+A+동사+成+B' 형식을 활용하세요.

Yǒu yí cì, wǒ qù_____, wǒ xiǎng_____, kěshì wǒ què
有一次，我去_____，我想_____，可是我却
_____。 Yǐhòu wǒ yídìng yào zhùyì 以后我一定要注意_____，
bù néng zài bǎ 不能再把_____。

2 유명한 소설에 대해 소개해 봅시다. '一定'이나 '把+A+동사+成+B' 형식을 활용하세요.

Jīntiān wǒ gěi dàjiā jièshào yí bù xiǎoshuō, míngzi jiào_____。 Zhè bù xiǎoshuō shì_____ xiěde,
今天我给大家介绍一部小说，名字叫_____。这部小说是_____写的,
jiǎng de shì_____ de gùshi. Wǒ hěn xǐhuan zhè bù xiǎoshuō, yīnwèi_____。
讲的是_____的故事。我很喜欢这部小说，因为_____。
Tīngshuō yǒu rén bǎ_____, wǒ hái méi kànguo, wǒ_____。
听说有人把_____，我还没看过，我_____。

09 Yuán Lóngpíng
袁隆平
위앤룽핑

단어 연습

1 빈칸에 알맞은 보기를 고른 후, 큰 소리로 읽어 봅시다.

| 보기 | A tígāo 提高 | B péiyù 培育 | C zēngchǎn 增产 | D yǐnjìn 引进 |

(1) _____ Hànyǔ shuǐpíng 汉语水平

(2) _____ háizi 孩子

(3) _____ xīn fāngfǎ 新方法

(4) liángshi 粮食 _____ le 了

(5) _____ xīguā 西瓜

(6) chǎnliàng 产量 _____ le 了

2 빈칸에 알맞은 보기를 고른 후, 큰 소리로 문장을 읽어 봅시다.

| 보기 | A zhī 之 | B de 的 | C yì 亿 | D wàn 万 | E cóng 从 | F lí 离 |

(1) Tā bèi chēngzuò Zhōngguó xiǎoshuō fù. 他被称作中国小说_____父。

(2) Wǒ yào bǎ wǒ mǔqīn jièshào gěi dàjiā. 我要把我_____母亲介绍给大家。

(3) Wǒmen dàxué yǒu liǎng míng xuésheng. 我们大学有两_____名学生。

(4) Zhōngguó yǒu shísān rénkǒu. 中国有13_____人口。

(5) Zhōngguó dào Měiguó, zuò fēijī yào shíjǐ ge xiǎoshí. _____中国到美国，坐飞机要十几个小时。

(6) Zhōngguó Měiguó hěn yuǎn, yào zuò fēijī. 中国_____美国很远，要坐飞机。

3 예와 같이 제시된 두 단어 위에 한어병음을 쓴 후, 문장 속 알맞은 위치에 넣어 봅시다.

예) jíshí 及时 gǎnkuài 赶快 | Zhège xiāoxi lái de hěn jíshí, wǒ děi gǎnkuài gàosu Zhāng jīnglǐ. 这个消息来得很 及时，我得 赶快 告诉张经理。

(1) 主意　看法 | Wǒ zhège zěnmeyàng? Qǐng dàjiā shuōshuo zìjǐ de 我这个_____怎么样？请大家说说自己的_____。

(2) 丰盛　充实 | Zhè cì lǚyóu huódòng hěn fàncài yě fēicháng 这次旅游活动很_____，饭菜也非常_____。

(3) 人　　人们　｜ 记得我刚来的时候，_____见到我会问："你是哪国_____？"

(4) 网络　网上　｜ 现在_____非常方便，人们可以在_____购物。

(5) 看法　认为　｜ 我们_____，在这个问题上，你的_____是不对的。

饭菜 fàncài 명 식사, 밥과 반찬

4 그림이 나타내는 단어를 보기에서 골라 봅시다.

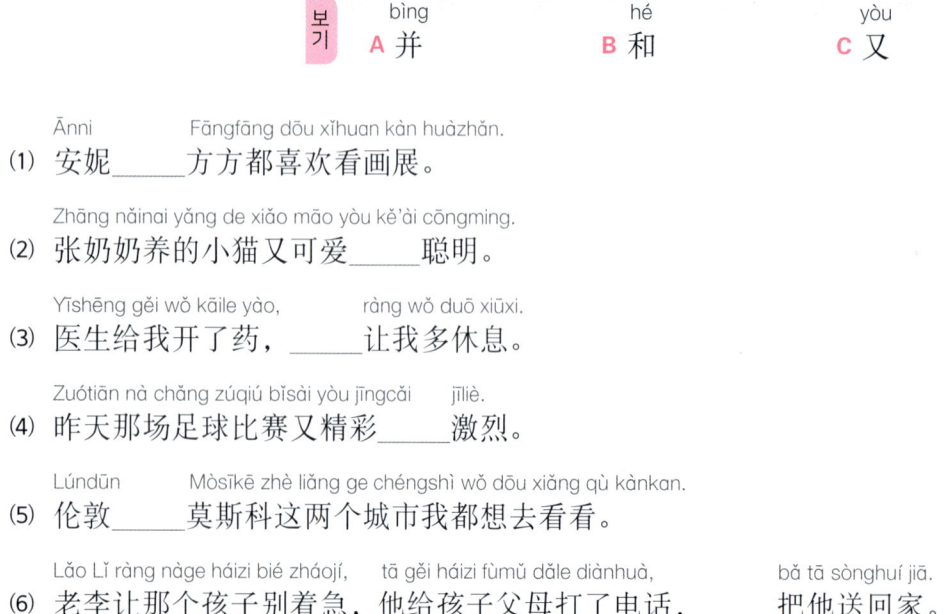

어법 연습

1 빈칸에 알맞은 보기를 고른 후, 큰 소리로 문장을 읽어 봅시다.

보기　A 并　　B 和　　C 又

(1) 安妮_____方方都喜欢看画展。

(2) 张奶奶养的小猫又可爱_____聪明。

(3) 医生给我开了药，_____让我多休息。

(4) 昨天那场足球比赛又精彩_____激烈。

(5) 伦敦_____莫斯科这两个城市我都想去看看。

(6) 老李让那个孩子别着急，他给孩子父母打了电话，_____把他送回家。

46

2 '出'의 문장 속 알맞은 위치를 고른 후, 큰 소리로 읽어 봅시다.

(1) 谁能 A 回答 B 这个问题 C？

(2) 如果你 A 不说 B 原因 C，就不能请假。

(3) 我想 A 了半天，也想 B 不 C 在哪儿见过这个人。

(4) 谁能猜 A 这篇小说 B 是哪个作家写 C 的？

(5) 现在，请 A 大家说 B 自己的看法 C。

(6) 先要找 A 问题 B，再想想怎么解决 C。

半天 bàntiān 수량 반나절, 한참 동안

3 제시된 두 문장을 '并'을 사용해 하나의 문장으로 바꿔 써 봅시다.

(1) 老师让我们写出听到的句子。
老师让我们把听到的句子翻译成英语。

→ _____

(2) 我捡到了一个钱包。
我把钱包交给了警察。

→ _____

(3) 我能很快查出你的电话号码。
我能记住你的电话号码。

→ _____

(4) 那辆车冲过来。
那辆车撞伤了我。

→ _____

(5) 王教授几十年如一日地做研究。
王教授研究出一种新方法。

→ _____

Nǐ néng tīngchū zhè shì shéi de shēngyīn ma?
(6) 你能听出这是谁的声音吗?
Nǐ néng gàosu wǒ zhè shì shéi de shēngyīn ma?
你能告诉我这是谁的声音吗?

→ _____

钱包 qiánbāo 명 지갑

듣기 연습

1 녹음을 듣고, 녹음 속 질문에 알맞은 답을 골라 봅시다. 🔊 W-09-01

（1）
A bù xǐhuan xiě nàge Hànzì
　不喜欢写那个汉字

B bù zhīdao zěnme xiě nàge Hànzì
　不知道怎么写那个汉字

C juéde nàge Hànzì hěn róngyì
　觉得那个汉字很容易

（2）
A tuō wàitào
　脱外套

B jiē diànhuà
　接电话

C mǎi shǒujī
　买手机

2 녹음을 듣고, 제시된 문장이 녹음의 내용과 일치하면 O, 다르면 X를 표기하세요. 🔊 W-09-02

（1）Nàge měishíjiā bù zhīdao zhège cài shì yòng shénme zuò de.
　那个美食家不知道这个菜是用什么做的。（　　）

（2）"Wǒ" dǎsuàn bì yè yǐhòu zài Zhōngguó gōngzuò.
　"我"打算毕业以后在中国工作。（　　）

쓰기 연습

1 제시된 두 글자를 문장 속 알맞은 위치에 써넣어 봅시다.

（1）并　开
Shíbā suì nà nián, wǒ ___ shǐ xuéxí Zhōngwén, ___ duì Hànzì tèbié gǎn xìngqù.
18岁那年，我_____始学习中文，_____对汉字特别感兴趣。

（2）交　父
___ qīn gàosu wǒ, yǐqián zhège dìfang de ___ tōng hěn bù fāngbiàn.
_____亲告诉我，以前这个地方的_____通很不方便。

2 녹음을 듣고 문장을 받아써 봅시다. 🔊 W-09-03

(1) _____

(2) _____

회화 연습

자신의 실제 상황에 근거해 질문에 답해 봅시다. '出'와 '并'을 활용해 보세요.

(1) Nǐ shì zěnme kànchū péngyou bù gāoxìng de?
　　你是怎么看出朋友不高兴的?

(2) Zuòchū yì zhuō fàncài, nǐ yào yòng duō cháng shíjiān?
　　做出一桌饭菜，你要用多长时间?

(3) Bì yè hòu nǐ dǎsuàn zuò shénme?
　　毕业后你打算做什么?

(4) Nǐ néng shuōchū Zhōngguó wénhuà hé nǐmen guójiā de wénhuà yǒu shénme bù yíyàng ma?
　　你能说出中国文化和你们国家的文化有什么不一样吗?

(5) Qí zìxíngchē hǎo bu hǎo? Wèi shénme?
　　骑自行车好不好？为什么?

(6) Nǐ juéde zěnme dānghǎo yí ge fùqīn/mǔqīn? Yīnggāi zuò xiē shénme?
　　你觉得怎么当好一个父亲/母亲？应该做些什么?

담화 연습

1 보기 문장 간의 의미 관계를 파악하여 순서대로 배열해 봅시다.

> 보기
> A suǒyǐ jǐngchá juéde tā kěnéng shì xiǎotōu
> 　所以警察觉得他可能是小偷
> B bìng wènle tā jǐ ge wèntí
> 　并问了他几个问题
> C jǐngchá zhǎodàole nàge rén
> 　警察找到了那个人
> D kěshì tā huídá bu chū zhèxiē wèntí
> 　可是他回答不出这些问题

_____

2 괄호 안 표현을 활용해 자신이 좋아하는 작가를 한 명 소개해 봅시다.

Wǒ xǐhuan de yí wèi zuòjiā jiào　　　　　　shì　　　　　　rén. Wǒ xǐhuan tā/tā, shì yīnwèi
我喜欢的一位作家叫_____，是_____人。我喜欢他/她，是因为

　　　　　　　　　　　Zhè běn xiǎoshuō shì　　　　　　　　　chū de
_____。这本小说是_____（出）的，

chūbǎn hòu　　　　　　shòu huānyíng　　　　　　bìng　fānyì
出版后_____（受欢迎），_____（并　翻译）。

10

Xìngfú xiàng zìzhùcān.
幸福像自助餐。
행복은 뷔페와 같습니다.

단어 연습

1 빈칸에 알맞은 보기를 고른 후, 큰 소리로 문장을 읽어 봅시다.

| 보기 | gèzì
A 各自 | zìjǐ
B 自己 | xūqiú
C 需求 | xūyào
D 需要 | lǐjiě
E 理解 | liǎojiě
F 了解 |

Zhè cì kǎoshì, wǒ duì ___ de chéngjì hěn mǎnyì.
(1) 这次考试，我对_____的成绩很满意。

Tāmen ___ zhǔnbèi de lǐwù dōu bù yíyàng.
(2) 他们_____准备的礼物都不一样。

Zhè jiā xīn gōngsī duì xiāoshòuyuán de ___ liàng hěn dà.
(3) 这家新公司对销售员的_____量很大。

Tā shēntǐ bù hǎo, ___ xiū jià yì nián.
(4) 她身体不好，_____休假一年。

Nǐ qù ___ yíxià zhè jiàn shìr.
(5) 你去_____一下这件事儿。

Měi ge rén duì chénggōng de ___ dōu bù tóng.
(6) 每个人对成功的_____都不同。

2 조합할 수 있는 것끼리 모두 연결해 봅시다.

3 그림이 나타내는 단어를 보기에서 골라 봅시다.

| 보기 | zuò mèng
A 做梦 | lǚxíng
B 旅行 | zìzhùcān
C 自助餐 | qiáo
D 桥 | guǎnggào
E 广告 | dìlǐ
F 地理 |

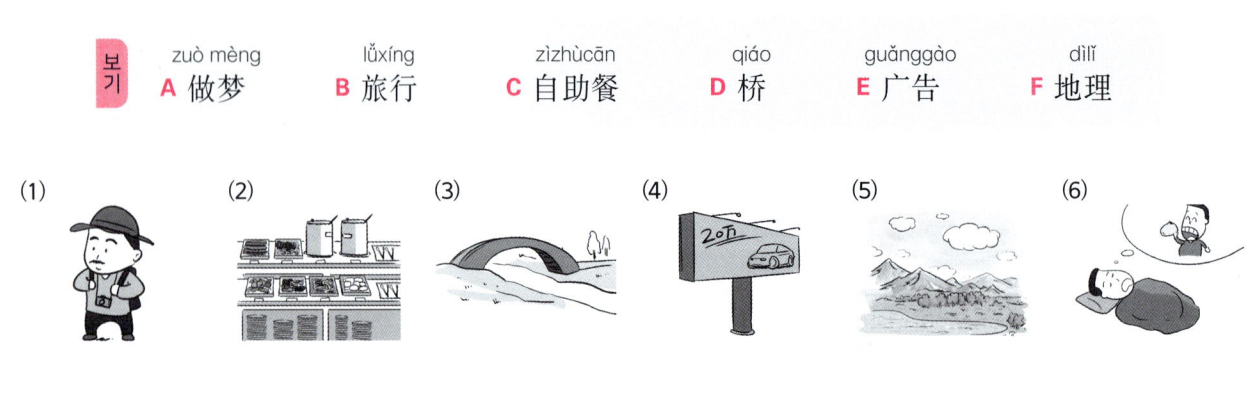

4 빈칸에 알맞은 보기를 고른 후, 큰 소리로 문장을 읽어 봅시다.

| 보기 | A 慢慢 (mànmàn) | B 有的 (yǒude) | C 情感 (qínggǎn) | D 饭量 (fànliàng) | E 自助餐 (zìzhùcān) | F 产品 (chǎnpǐn) |

(1) 这些礼物都很好，_____还很贵重。
Zhèxiē lǐwù dōu hěn hǎo, hái hěn guìzhòng.

(2) 听说你的_____很大，每天要吃六碗米饭。
Tīngshuō nǐ de hěn dà, měi tiān yào chī liù wǎn mǐfàn.

(3) 运动以后别马上喝水，过一会儿再喝，还要_____喝。
Yùndòng yǐhòu bié mǎshàng hē shuǐ, guò yíhuìr zài hē, hái yào hē.

(4) 我带你去参观一下我们公司的_____。
Wǒ dài nǐ qù cānguān yíxià wǒmen gōngsī de

(5) 这个周末，我们一起去吃_____吧。
Zhège zhōumò, wǒmen yìqǐ qù chī ba.

(6) 她最近怎么总是不高兴，是不是有了_____问题？
Tā zuìjìn zěnme zǒngshì bù gāoxìng, shì bu shì yǒule wèntí?

어법 연습

1 의미가 통하도록 두 내용을 연결한 후, 큰 소리로 읽어 봅시다.

(1) 她的性格 (Tā de xìnggé) · · 老是跟着我。(lǎoshì gēnzhe wǒ.)

(2) 小女孩儿觉得自己的生命 (Xiǎo nǚháir juéde zìjǐ de shēngmìng) · · 又唱又跳。(yòu chàng yòu tiào.)

(3) 他像我的影子，(Tā xiàng wǒ de yǐngzi,) · · 很像她妈妈。(hěn xiàng tā māma.)

(4) 他今天打扮得 (Tā jīntiān dǎban de) · · 可以飞得很高。(kěyǐ fēi de hěn gāo.)

(5) 我希望我的事业像风筝，(Wǒ xīwàng wǒ de shìyè xiàng fēngzheng,) · · 很像圣诞老人。(hěn xiàng Shèngdàn Lǎorén.)

(6) 他高兴得像个小孩子，(Tā gāoxìng de xiàng ge xiǎo háizi,) · · 就像那一片绿叶。(jiù xiàng nà yí piàn lǜyè.)

2 제시된 낱말을 알맞게 배열해 문장을 완성해 봅시다.

(1) 这件事   的   是   看法   你   对   什么
    zhè jiàn shì   de   shì   kànfǎ   nǐ   duì   shénme
    → _____

(2) 她   银行的工作   对   很了解
    tā   yínháng de gōngzuò   duì   hěn liǎojiě
    → _____

(3) 喝 可乐 对 太多 不好 身体
→ _____

(4) 每天 加班 有 对 大家 意见 很多
→ _____

(5) 自己的婚姻 她 满意 很 不 对
→ _____

(6) 不 我 感兴趣 对 政治
→ _____

3 빈칸에 알맞은 말을 자유롭게 써넣어 문장을 완성해 봅시다.

(1) 你在我这儿就像_____，不要客气，随便点儿。

(2) 那个人的性格像_____，从来不着急。

(3) 他就像我的哥哥，_____。

(4) 这儿太干燥了，我对这儿的天气_____。

(5) 我们在一起学汉语两年了，我对他_____。

(6) _____，我对他很不满意。

干燥 gānzào 형 건조하다

듣기 연습

1 녹음을 듣고, 녹음 속 질문에 알맞은 답을 골라 봅시다. W-10-01

(1) A 很好　　　　B 不好　　　　C 不知道

(2) A 让妈妈了解"我"　　B 出国　　　C 让妈妈出国

2 녹음을 듣고, 제시된 문장이 녹음의 내용과 일치하면 O, 다르면 X를 표기하세요. 🔊 W-10-02

(1) Tā shì wǒ de jīnglǐ.
他是我的经理。（　　）

(2) Nà běn xiǎoshuō duì dàjiā de yǐngxiǎng hěn dà.
那本小说对大家的影响很大。（　　）

쓰기 연습

1 제시된 간체자가 들어간 단어를 아는 대로 다 써 봅시다.

(1) gǎn
感 ＿＿＿＿＿＿　＿＿＿＿＿＿　＿＿＿＿＿＿　＿＿＿＿＿＿

(2) zì
自 ＿＿＿＿＿＿　＿＿＿＿＿＿　＿＿＿＿＿＿　＿＿＿＿＿＿

2 녹음을 듣고 문장을 받아써 봅시다. 🔊 W-10-03

(1) ＿＿＿＿＿＿＿＿＿＿＿＿＿＿＿＿＿＿＿＿＿＿＿＿＿

(2) ＿＿＿＿＿＿＿＿＿＿＿＿＿＿＿＿＿＿＿＿＿＿＿＿＿

회화 연습

괄호 안의 표현을 활용해 대화를 완성해 봅시다.

(1) A Nǐ zhēn xíng, yíngle "Hànyǔqiáo" de bǐsài.
你真行，赢了"汉语桥"的比赛。

B Wǒ yě méi xiǎngdào,
我也没想到，＿＿＿＿＿＿＿＿＿＿＿＿＿＿＿＿＿（做梦）。 zuò mèng

A Nǐ gāngcái de yǎnjiǎng shuō de zhēn hǎo,
你刚才的演讲说得真好，＿＿＿＿＿＿＿＿＿＿＿＿＿＿（像）。 xiàng

B Yǎnjiǎng de shíhou, wǒ
演讲的时候，我＿＿＿＿＿＿＿＿＿＿＿＿＿＿＿＿（既……又……）， jì……yòu……
hái
还＿＿＿＿＿＿＿＿＿＿＿＿＿＿＿＿＿＿＿＿＿。

A Méi wèntí, nàxiē jiābīn dōu
没问题，那些嘉宾都＿＿＿＿＿＿＿＿＿＿＿＿＿＿（对……满意）。 duì……mǎnyì

B Wǒ hái yào jìxù liànxí, xīwàng
我还要继续练习，希望＿＿＿＿＿＿＿＿＿＿＿＿＿＿＿＿＿。

10 幸福像自助餐。 **53**

(2) A 你家的书真多，_____（像）。

B 我_____（对……感兴趣）。

A 你对读书的理解是什么?

B 我觉得读书就像_____，要_____。

A 我_____（对）与你不同，我觉得_____。

B 我也_____。

담화 연습

괄호 안의 표현을 활용해 글을 완성해 봅시다.

(1) 每个人_____（对……理解）不同：有的人觉得时间像行驶的汽车，_____就过去了；有的人觉得_____（慢慢走的老人），_____往前走。我_____（对……理解）是_____，因为_____。

(2) 我的朋友_____很像我妈妈，总是告诉我_____（应该）。早上，我想多睡一会儿，可是她却让我_____；吃饭的时候，我想_____（肉），可是她_____（菜）；我_____的时候，她说我应该_____。我_____（对……不理解）。

11 水星 shuǐxīng
수성

단어 연습

1 '家'의 쓰임에 따라 보기의 단어를 분류해 봅시다.

> 보기
> A 家庭 jiātíng　B 在家 zài jiā　C 书法家 shūfǎjiā　D 家里 jiā li　E 文学家 wénxuéjiā
> F 家人 jiārén　G 回家 huí jiā　H 音乐家 yīnyuèjiā　I 家庭主妇 jiātíng zhǔfù

(1) 가정 _____　　(2) 집(장소) _____　　(3) 직업 _____

2 예와 같이 제시된 두 단어 위에 한어병음을 쓴 후, 문장 속 알맞은 위치에 넣어 봅시다.

> 예　表面 biǎomiàn　外面 wàimian｜在房间里看，这张桌子 表面 的颜色是红色；Zài fángjiān li kàn, zhè zhāng zhuōzi biǎomiàn de yánsè shì hóngsè;
> 搬到 外面 ，颜色就变浅了。bāndào wàimian, yánsè jiù biànchéng qiǎn le.

(1) 相比　比｜虽然我_____阿里矮，但是跟本杰明_____，我算是高的。
Suīrán wǒ　Ālǐ ǎi, dànshì gēn Běnjiémíng　wǒ suànshì gāo de.

(2) 照　晒｜我最喜欢在海边_____太阳，太阳_____在身上很舒服。
Wǒ zuì xǐhuan zài hǎibiān tàiyang, tàiyang zài shēnshang hěn shūfu.

(3) 温度　体温｜身体的_____叫_____。
Shēntǐ de jiào

(4) 命名　名字｜这座大楼是一位艺术家_____的，大家都觉得这个_____很好。
Zhè zuò dà lóu shì yí wèi yìshùjiā de, dàjiā dōu juéde zhège hěn hǎo.

(5) 之一　其中｜收入高的工作有很多，_____，律师是赚钱最多的工作_____。
Shōurù gāo de gōngzuò yǒu hěn duō, lǜshī shì zhuàn qián zuì duō de gōngzuò

身上 shēnshang 몡 몸

3 빈칸에 알맞은 보기를 고른 후, 큰 소리로 문장을 읽어 봅시다.

> 보기　A 不错 búcuò　B 挺 tǐng　C 怎样 zěnyàng　D 真正 zhēnzhèng　E 理想 lǐxiǎng　F 现实 xiànshí

(1) _____生活中，不都是阳光，也有风雨。
shēnghuó zhōng, bù dōu shì yángguāng, yě yǒu fēngyǔ.

(2) 你知道_____做蛋糕才能又好看又好吃吗？
Nǐ zhīdao zuò dàngāo cái néng yòu hǎokàn yòu hǎochī ma?

(3) 今天天气真_____，咱们出去走走，怎么样？

Jīntiān tiānqì zhēn　　　　zánmen chūqu zǒuzou, zěnmeyàng?

(4) 今天晚上我请你吃_____的老北京炸酱面。

Jīntiān wǎnshang wǒ qǐng nǐ chī　　de lǎo Běijīng zhájiàngmiàn.

(5) 当导游是我的_____。

Dāng dǎoyóu shì wǒ de

(6) 我觉得这个工作_____适合你的，你可以去应聘。

Wǒ juéde zhège gōngzuò　　shìhé nǐ de, nǐ kěyǐ qù yìngpìn.

阳光 yángguāng 명 햇빛

4 자료를 찾아 보고, 태양계의 8대 행성을 중국어로 적어 보세요.

_____　_____　_____　_____

_____　_____　_____　_____

어법 연습

1 제시된 낱말을 알맞게 배열해 문장을 완성해 봅시다.

(1) 算是　好方法　走路上班　一个　健身的

suànshì　hǎo fāngfǎ　zǒu lù shàng bān　yí ge　jiànshēn de

→ _____

(2) 语言　算是　汉语　最有意思的　之一

yǔyán　suànshì　Hànyǔ　zuì yǒu yìsi de　zhī yī

→ _____

(3) 浪漫的　什么样的　算是　礼物

làngmàn de　shénmeyàng de　suànshì　lǐwù

→ _____

(4) 最有名的　之一　《围城》　中国　算是　电视剧

zuì yǒumíng de　zhīyī　《Wéi Chéng》　Zhōngguó　suànshì　diànshìjù

→ _____

(5) 算是　这个公司　只　个小公司

suànshì　zhège gōngsī　zhǐ　ge xiǎo gōngsī

→ _____

(6) 传统　节日　中国的　不　这个节日　算是

chuántǒng　jiérì　Zhōngguó de　bù　zhège jiérì　suànshì

→ _____

2 빈칸에 알맞은 보기를 고른 후, 큰 소리로 문장을 읽어 봅시다.

> 보기 A 从 cóng   B 离 lí   C 到 dào

(1) _____那个海景房_____市中心很远。
　　Nàge hǎijǐngfáng shì zhōngxīn hěn yuǎn.

(2) _____现在_____考试结束还有十五分钟。
　　xiànzài kǎoshì jiéshù hái yǒu shíwǔ fēnzhōng.

(3) 我们_____前边的车太近了，请你慢点儿开。
　　Wǒmen qiánbian de chē tài jìn le, qǐng nǐ màn diǎnr kāi.

(4) _____火车站_____宾馆有点儿远，咱们坐出租车吧。
　　huǒchēzhàn bīnguǎn yǒudiǎnr yuǎn, zánmen zuò chūzūchē ba.

(5) 他的事业_____成功很近，但他_____家庭却很远。
　　Tā de shìyè chénggōng hěn jìn, dàn tā jiātíng què hěn yuǎn.

(6) 很多人觉得_____城市_____沙漠距离很远，其实沙漠_____我们非常近。
　　Hěn duō rén juéde chéngshì shāmò jùlí hěn yuǎn, qíshí shāmò wǒmen fēicháng jìn.

3 괄호 안 단어의 문장 속 위치를 찾아 봅시다.

(1) 我家 A 海边 B 很近，小时候我每天去 C 海边玩儿。（离）
　　Wǒ jiā hǎibiān hěn jìn, xiǎoshíhou wǒ měi tiān qù hǎibiān wánr.

(2) A 阿里 B 我们班 C 最聪明的学生。（算是）
　　Ālǐ wǒmen bān zuì cōngming de xuésheng. suànshì

(3) 现在刚 A 开学，B 暑假还 C 非常远。（离）
　　Xiànzài gāng kāi xué, shǔjià hái fēicháng yuǎn. lí

(4) 这幅画像 A 算 B 是那个年轻画家 C 最有名的画儿。（不）
　　Zhè fú huàxiàng suàn shì nàge niánqīng huàjiā zuì yǒumíng de huàr. bù

(5) 春节 A 中国 B 最重要的 C 传统节日。（算是）
　　Chūn Jié Zhōngguó zuì zhòngyào de chuántǒng jiérì. suànshì

(6) 那个女人总是 A 觉得自己 B 幸福很远 C 。（离）
　　Nàge nǚrén zǒngshì juéde zìjǐ xìngfú hěn yuǎn. lí

小时候 xiǎoshíhou 명 어린 시절

듣기 연습

1 녹음을 듣고, 제시된 문장이 녹음의 내용과 일치하면 O, 다르면 X를 표기하세요. 🔊 W-11-01

(1) 莫斯科的冬天比北京冷。（　　）
　　Mòsīkē de dōngtiān bǐ Běijīng lěng.

(2) 这个地方房价很低，因为离市中心很远。（　　）
　　Zhège dìfang fángjià hěn dī, yīnwèi lí shì zhōngxīn hěn yuǎn.

2 녹음을 듣고, 녹음 속 질문에 알맞은 답을 골라 봅시다. 🔊 W-11-02

(1) A 是最贵的礼物 (shì zuì guì de lǐwù)　　B 是最有意义的礼物 (shì zuì yǒu yìyì de lǐwù)　　C 不是生日礼物 (bú shì shēngrì lǐwù)

(2) A 天气太热 (tiānqì tài rè)　　B 商场不远 (shāngchǎng bù yuǎn)　　C 博物馆不远 (bówùguǎn bù yuǎn)

쓰기 연습

1 제시된 두 글자를 문장 속 알맞은 위치에 써넣어 봅시다.

(1) 第 (dì)　弟 (dì) ｜ 今年的演讲比赛的_____一名是我兄_____。 (Jīnnián de yǎnjiǎng bǐsài de yì míng shì wǒ xiōng)

(2) 箱 (xiāng)　相 (xiāng) ｜ 这个_____子和那个_____比，虽然贵，但是很漂亮。 (Zhège zi hé nàge bǐ, suīrán guì, dànshì hěn piàoliang.)

2 녹음을 듣고 문장을 받아써 봅시다. 🔊 W-11-03

(1) _____

(2) _____

회화 연습

자신의 실제 상황에 근거해 질문에 답해 봅시다. 되도록 'A离B近/远'이나 '算是'를 활용해 보세요.

(1) 你一般怎么去机场？为什么？ (Nǐ yìbān zěnme qù jīchǎng? Wèi shénme?)

(2) 你觉得姚明怎么样？ (Nǐ juéde Yáo Míng zěnmeyàng?)

(3) 你想住在学校里边还是学校外边？为什么？ (Nǐ xiǎng zhù zài xuéxiào lǐbian háishi xuéxiào wàibian? Wèi shénme?)

(4) 你看过的最好看的电影是什么？ (Nǐ kànguo de zuì hǎokàn de diànyǐng shì shénme?)

(5) 你觉得自己是个成功的人吗？ (Nǐ juéde zìjǐ shì ge chénggōng de rén ma?)

(6) 谁是你的家里最幸福的人？ (Shéi shì nǐ de jiāli zuì xìngfú de rén?)

담화 연습

1 보기 문장 간의 의미 관계를 파악하여 순서대로 배열해 봅시다.

보기
A 虽然它离市中心很远
suīrán tā lí shì zhōngxīn hěn yuǎn

B 其中长城算是最有名的地方之一
qízhōng Chángchéng suànshì zuì yǒumíng de dìfang zhī yī

C 北京有很多有名的地方
Běijīng yǒu hěn duō yǒumíng de dìfang

D 但是每天都有很多人去参观
dànshì měi tiān dōu yǒu hěn duō rén qù cānguān

_____

2 자신의 실제 상황에 근거해 표의 빈칸을 채우고, 글을 완성해 봅시다.

	Zhōngguó 中国	wǒ de jiāxiāng 我的家乡
yǒumíng de chéngshì 有名的城市	Běijīng、Xī'ān 北京、西安	
hǎo hē de yǐnliào 好喝的饮料	chá 茶	
zuì zhòngyào de chuántǒng jiérì 最重要的传统节日	Chūn Jié 春节	

Wǒmen guójiā lí Zhōngguó
我们国家离中国_____。北京和西安算是_____。北京离_____,
                      Běijīng hé Xī'ān suànshì   Běijīng lí

yǒu yìqiān duō gōnglǐ   hé   kěyǐ suànshì wǒmen guójiā
有一千多公里。_____和_____可以算是我们国家_____,

     lí   Zhōngguórén ài hē chá, chá suànshì
_____离_____。中国人爱喝茶，茶算是_____。

Wǒmen guójiā de rén ài hē   suànshì
我们国家的人爱喝_____，_____算是_____。

Chūn Jié shì Zhōngguó   shì wǒmen guójiā
春节是中国_____，_____是我们国家_____。

家乡 jiāxiāng 명 고향

12 송蜡烛
sòng làzhú
초 선물하기

단어 연습

1 그림이 나타내는 단어를 보기에서 골라 봅시다.

보기 A 搬家 bān jiā B 蜡烛 làzhú C 敲门 qiāo mén D 阿姨 āyí E 心 xīn

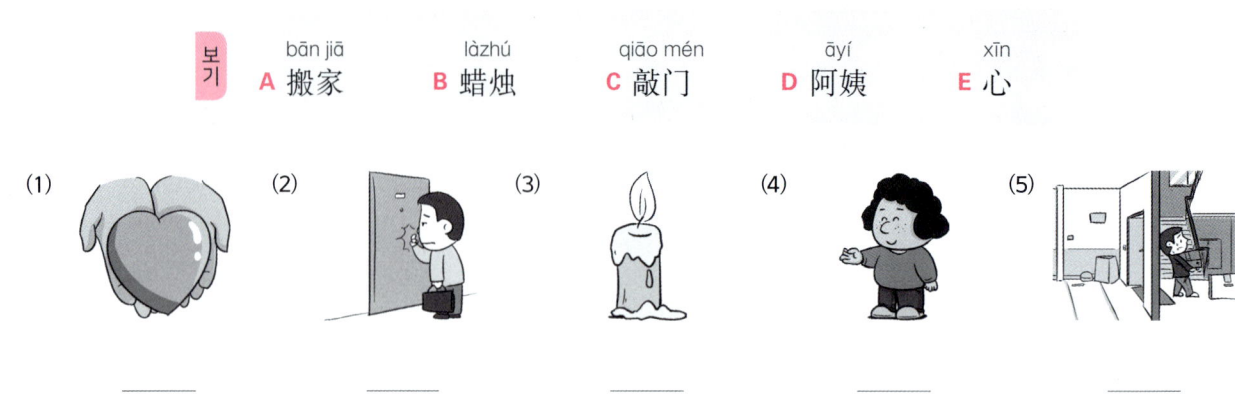

(1) _____ (2) _____ (3) _____ (4) _____ (5) _____

2 예와 같이 제시된 두 단어 위에 한어병음을 쓴 후, 문장 속 알맞은 위치에 넣어 봅시다.

예) 正在 zhèngzài | 正 zhèng | Wǒ zhèng xiǎng diǎn làzhú, tīngjiàn yǒu rén zhèngzài qiāo mén.
我<u>正</u>想点蜡烛，听见有人<u>正在</u>敲门。

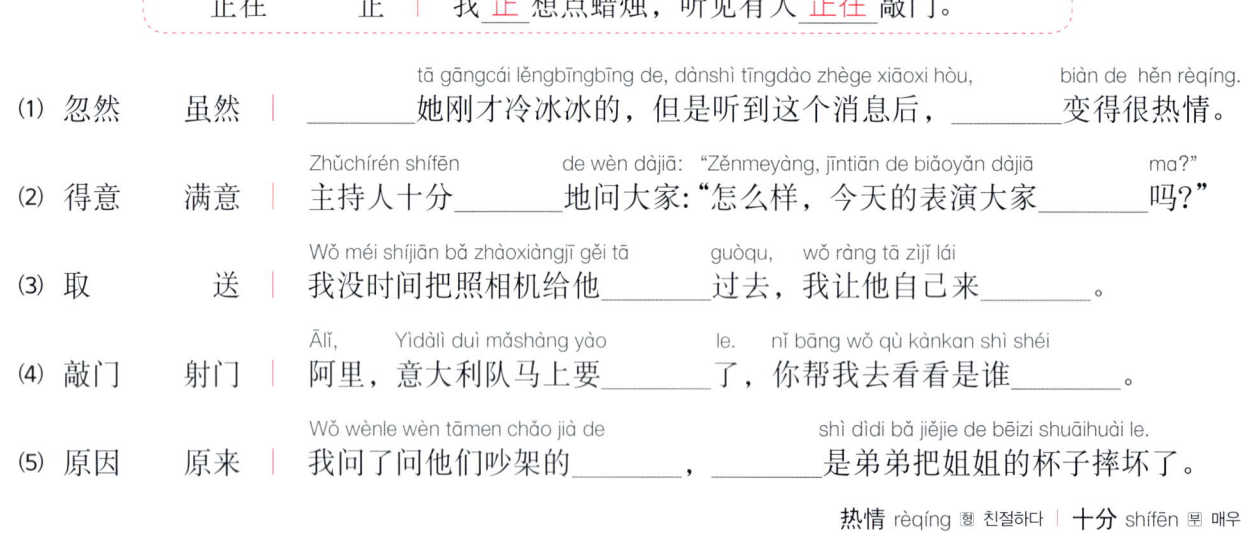

(1) 忽然 虽然 | tā gāngcái lěngbīngbīng de, dànshì tīngdào zhège xiāoxi hòu, biàn de hěn rèqíng.
_____她刚才冷冰冰的，但是听到这个消息后，_____变得很热情。

(2) 得意 满意 | Zhǔchírén shífēn de wèn dàjiā: "Zěnmeyàng, jīntiān de biǎoyǎn dàjiā ma?"
主持人十分_____地问大家："怎么样，今天的表演大家_____吗？"

(3) 取 送 | Wǒ méi shíjiān bǎ zhàoxiàngjī gěi tā guòqu, wǒ ràng tā zìjǐ lái
我没时间把照相机给他_____过去，我让他自己来_____。

(4) 敲门 射门 | Ālǐ, Yìdàlì duì mǎshàng yào le. nǐ bāng wǒ qù kànkan shì shéi
阿里，意大利队马上要_____了，你帮我去看看是谁_____。

(5) 原因 原来 | Wǒ wènle wèn tāmen chǎo jià de shì dìdi bǎ jiějie de bēizi shuāihuài le.
我问了问他们吵架的_____，_____是弟弟把姐姐的杯子摔坏了。

热情 rèqíng 형 친절하다 | 十分 shífēn 부 매우

3 빈칸에 알맞은 보기를 고른 후, 큰 소리로 문장을 읽어 봅시다.

보기 A 冷冰冰 lěngbīngbīng B 半天 bàntiān C 长 zhǎng D 关机 guānjī E 幽默 yōumò F 家人 jiārén

(1) Nǐ gēn nǐ yìqǐ qù lǚxíng ma?
你_____跟你一起去旅行吗？

(2) Nǐ kuài jìnqu ba, tā dōu děngle le.
你快进去吧，她都等了_____了。

(3) Nàge fànguǎnr de fúwùyuán zǒngshì de.
那个饭馆儿的服务员总是_____的。

(4) Ānnī shuō tā xǐhuan shuō huà de rén.
安妮说她喜欢说话_____的人。

Nǐ de shǒujī wèi shénme　　　le?　　　　　　　　　　Dàshuāng hé Xiǎoshuāng de zhēn xiàng!
(5) 你的手机为什么_____了?　　　　(6) 大双和小双_____得真像!

4 빈칸에 알맞은 보기를 고른 후, 큰 소리로 읽어 봅시다.

보기	tíng	tīng	bān	diǎn	zhù	ānzhuāng
	A 停	B 听	C 搬	D 点	E 住	F 安装

　　　jiā　　　　　　　　　yuàn　　　　　　　　　ruǎnjiàn
(1) _____家　　(2) _____院　　(3) _____软件

　　　làzhú　　　　　　　　diàn　　　　　　　　　jiǎngzuò
(4) _____蜡烛　(5) _____电　　(6) _____讲座

어법 연습

1 '原来'와 괄호 안의 단어를 사용해 문장을 완성해 봅시다.

　　　Lín Mù juéde hěn bù hǎoyìsi,　　　　　　　　　　xǐshǒujiān
(1) 林木觉得很不好意思，_____。(洗手间)

　　　Ānni juéde hěn jǐnzhāng,　　　　　　　　　　　　kǎoshì
(2) 安妮觉得很紧张，_____。(考试)

　　　Dàwèi juéde hěn xīngfèn,　　　　　　　　　　　　bǐsài
(3) 大卫觉得很兴奋，_____。(比赛)

　　　Guàibude Xiǎoshuāng nàme shāngxīn,　　　　　　shǒujī
(4) 怪不得小双那么伤心，_____。(手机)

　　　Qiánmiàn de chē wèi shénme bàntiān dōu bú dòng?　　xī huǒ
(5) 前面的车为什么半天都不动？_____。(熄火)

　　　Guàibude zhè jǐ tiān méi kàn jiàn Lín Mù,　　　　chū chāi
(6) 怪不得这几天没看见林木，_____。(出差)

2 개사 '给'의 문장 속 위치를 찾아 봅시다.

　　　Qīzi　　měi tiān zǎoshang　　zhàngfu　　jì lǐngdài.
(1) 妻子 A 每天早上 B 丈夫 C 系领带。

　　　jiějie zài　　mèimei　　huà zhuāng.
(2) A 姐姐在 B 妹妹 C 化妆。

　　　wǒ wàngle dài hùzhào,　　tā xiànzài yào　　wǒ sònglai.
(3) A 我忘了带护照，B 他现在要 C 我送来。

　　　Wǒmen　　liǎng ge dōu kě le,　　nǐ qù　　wǒmen mǎi píng kuàngquánshuǐ ba.
(4) 我们 A 两个都渴了，B 你去 C 我们买瓶矿泉水吧。

　　　Shàng ge yuè,　　māma　　méi　　érzi xiě xìn.
(5) 上个月，A 妈妈 B 没 C 儿子写信。

Wǒ   péngyou gāng   gōngsī fānyìle   yì piān wénzhāng.
(6) 我　A　朋友刚　B　公司翻译了　C　一篇文章。

3 제시된 문장을 예와 같이 '给'와 '原来'를 사용한 문장으로 바꿔 써 봅시다.

예　Lín Mù chángcháng mǎi lǐwù, dàjiā dōu xǐhuan tā.
　　林木常常买礼物，大家都喜欢他。

　　　　　Guàibude dàjiā dōu xǐhuan Lín Mù, yuánlái tā chángcháng gěi dàjiā mǎi lǐwu.
→ 怪不得大家都喜欢林木，原来他常常给大家买礼物。

Xiǎo Wáng jiǎngle yí ge xiàohuà, dàjiā dōu xiào le.
(1) 小王讲了一个笑话，大家都笑了。

→ _____

Liú yīshēng mǎile yì tiáo zhēnzhū xiàngliàn, nǚpéngyou hěn gāoxìng.
(2) 刘医生买了一条珍珠项链，女朋友很高兴。

→ _____

Xiàozhǎng yào fā jiǎng, dàjiā dōu hěn xīngfèn.
(3) 校长要发奖，大家都很兴奋。

→ _____

Qīzi shuō yào zuò yì zhuō fēngshèng de cài, zhàngfu juéde hěn xìngfú.
(4) 妻子说要做一桌丰盛的菜，丈夫觉得很幸福。

→ _____

Érzi méi dǎ diànhuà, bàba hěn zháojí.
(5) 儿子没打电话，爸爸很着急。

→ _____

듣기 연습

1 녹음을 듣고, 제시된 문장이 녹음의 내용과 일치하면 O, 다르면 X를 표기하세요. W-12-01

Tā xīwàng shíyàn néng chénggōng.　　　　　　　　Nǚ'ér hěn xǐhuan jiǎng gùshi.
(1) 他希望实验能成功。（　）　　(2) 女儿很喜欢讲故事。（　）

2 녹음을 듣고, 녹음 속 질문에 알맞은 답을 골라 봅시다. W-12-02

　　　　　　tā juéde liǎng ge rén qù Xībānyá méi yìsi　　　　　　kàn diànyǐng
(1) A 她觉得两个人去西班牙没意思　　(2) A 看电影

　　　　　　tā qùguo Xībānyá　　　　　　　　　　　　　kǎo diànyǐng
　　B 她去过西班牙　　　　　　　　　　　　B 拷电影

　　　　　　tā bù xǐhuan Xībānyá　　　　　　　　　　　xiě zuòyè
　　C 她不喜欢西班牙　　　　　　　　　　　C 写作业

쓰기 연습

1 제시된 간체자가 들어간 단어를 아는 대로 다 써 봅시다.

(1) 意^{yì} _____ _____ _____ _____

(2) 院^{yuàn} _____ _____ _____ _____

2 녹음을 듣고 문장을 받아써 봅시다. 🔊 W-12-03

(1) _____

(2) _____

회화 연습

괄호 안의 단어를 활용해 대화를 완성해 봅시다.

(1) A: 服务员，请_____（给　菜单）。
　　　Fúwùyuán, qǐng　　　　　　　　　　　　　 gěi　càidān

B: 你想吃点儿什么？牛肉怎么样？
　　Nǐ xiǎng chī diǎnr shénme? Niúròu zěnmeyàng?

A: 我不吃肉，你_____。
　　Wǒ bù chī ròu, nǐ

B: 怪不得你这么瘦，_____（原来）。
　　Guàibude nǐ zhème shòu,　　　　　　　　　yuánlái

A: 我们_____？
　　Wǒmen

B: 喝啤酒吧，今天_____（打折）。
　　Hē píjiǔ ba, jīntiān　　　　　　　　　　　dǎzhé

A: 怪不得大家都在高兴地喝啤酒，_____（原来）。
　　Guàibude dàjiā dōu zài gāoxìng de hē píjiǔ,　　　　yuánlái

(2) A: 你为什么现在就回来了，还这么不高兴？
　　　Nǐ wèi shénme xiànzài jiù huílai le, hái zhème bù gāoxìng?

B: 我跟女朋友说好_____，可是电影开始了，她_____（来）。
　　Wǒ gēn nǚpéngyou shuōhǎo　　　　　　kěshì diànyǐng kāishǐ le, tā　　　lái

A: 她没_____（给　电话）？
　　Tā méi　　　　　　　　　　　　　gěi　diànhuà

B: 刚才_____（给　短信），
　　Gāngcái　　　　　　　　　　　gěi　duǎnxìn

_____（原来），她得跟爸妈一起逛街。
yuánlái　　tā děi gēn bàmā yìqǐ guàng jiē.

Nǐ shì tā nánpéngyou, kěyǐ yìqǐ qù a.
A 你是她男朋友，可以一起去啊。

Tā bàmā bù zhīdao wǒmen de shì.
B 她爸妈不知道我们的事。

yuánlái
A _____（原来）。

담화 연습

1 보기 문장 간의 의미 관계를 파악하여 순서대로 배열해 봅시다.

보기
dàjiā dōu shuō tā de jiǎngzuò hěn jīngcǎi
A 大家都说他的讲座很精彩

zuótiān Wáng lǎoshī gěi liúxuéshēng zuòle yí ge jiǎngzuò
B 昨天王老师给留学生做了一个讲座

tā gěi dàjiā jièshàole xuéxí Hànyǔ de fāngfǎ
C 他给大家介绍了学习汉语的方法

yuánlái tā jiǎng de yòu qīngchu yòu yǒu yòng, hái hěn yōumò
D 原来他讲得又清楚又有用，还很幽默

_____

留学生 liúxuéshēng 명 유학생 | 有用 yǒuyòng 형 유용하다

2 괄호 안 단어를 활용해 선물 받았던 경험에 대해 써 봅시다.

de shíhou, wǒ shōudàole   sònggěi
_____的时候，我收到了_____送给

wǒ de yí ge lǐwù. Tā/Tā gěi wǒ mǎile   wǒ juéde
我的一个礼物。他/她给我买了_____，我觉得

_____。

Zhège lǐwù
这个礼物_____

yòu……yòu……   wǒ wèn tā/tā wèi shénme   gěi   yuánlái
（又……又……），我问他/她为什么_____（给），_____（原来）。

64

13 mài shànzi 卖扇子
부채 팔기

단어 연습

1 그림이 나타내는 단어를 보기에서 골라 봅시다.

| 보기 | A 围 wéi | B 老奶奶 lǎonǎinai | C 扇子 shànzi | D 抢 qiǎng | E 集市 jíshì | F 书法家 shūfǎjiā |

(1) ____ (2) ____ (3) ____ (4) ____ (5) ____ (6) ____

2 예와 같이 제시된 두 단어 위에 한어병음을 쓴 후, 문장 속 알맞은 위치에 넣어 봅시다.

예) fàng xīn 放心 dān xīn 担心 | Fàng xīn ba, wǒ yídìng néng xiūhǎo nǐ de diànnǎo, bié dān xīn. 放心 吧，我一定能修好你的电脑，别 担心。

(1) 一定 保证 | Jīnglǐ, wǒ _____, jīntiān _____ wánchéng zhè xiàng gōngzuò. 经理，我_____，今天_____完成这项工作。

(2) 自己 自信 | Kǎoshì de shíhou yào yǒu _____, _____ zuò tí, bié kàn biéren de. 考试的时候要有_____，_____做题，别看别人的。

(3) 保证 一定 | Wǒ _____ dàjiā _____ huì tóngyì nǐ de zhǔyi. 我_____大家_____会同意你的主意。

(4) 极其 极了 | Nánpéngyou sònggěi Fāngfāng yì tiáo _____ piàoliang de zhēnzhū xiàngliàn, tā gāoxìng _____. 男朋友送给方方一条_____漂亮的珍珠项链，她高兴_____。

(5) 立刻 赶紧 | Nǐ _____ qù ba, diànyǐngpiào _____ jiù huì màiguāng. 你_____去吧，电影票_____就会卖光。

担心 dān xīn 동 걱정하다 | 做题 zuò tí 동 연습 문제를 풀다

3 빈칸에 알맞은 보기를 고른 후, 큰 소리로 문장을 읽어 봅시다.

| 보기 | A 追 zhuī | B 响 xiǎng | C 点 diǎn | D 鼓掌 gǔ zhǎng | E 迎 yíng | F 端 duān |

(1) Fúwùyuán, wǒmen xiànzài ____ cài. 服务员，我们现在____菜。

(2) Nàge jǐngchá zhèngzài ____ xiǎotōu. 那个警察正在____小偷。

13 卖扇子 **65**

(3) 经理刚下飞机，秘书就_____上来了。　　(4) 服务员把咖啡_____过来了。

(5) 观众都为那个演员的精彩表演而_____。　　(6) 你的手机_____了，是谁打来的？

4 조합할 수 있는 것끼리 모두 연결해 봅시다.

어법 연습

1 제시된 낱말을 알맞게 배열해 문장을 완성해 봅시다.

(1) 高兴地　歌　妹妹　起　来　唱
→ _____

(2) 起来　那个　伤心地　女孩儿　哭
→ _____

(3) 舞　来　立刻　大家　起　跳
→ _____

(4) 聊　兴奋地　来　朋友们　起　天儿
→ _____

(5) 疼　嗓子　起来了　我的　突然
→ _____

(6) 响　洗澡的时候　我　起来了　电话　我的
→ _____

洗澡 xǐ zǎo 동 목욕하다

2 방향보어 '上来'의 문장 속 위치를 찾아 봅시다.

(1) 老师，本杰明 A 的作业还没 B 交 C 。
   Lǎoshī, Běnjiémíng de zuòyè hái méi jiāo

(2) 服务员，请 A 把我们的菜端 B 吧 C 。
   Fúwùyuán, qǐng bǎ wǒmen de cài duān ba

(3) 我们开 A 得很慢，后边 B 的车很快就追 C 了。
   Wǒmen kāi de hěn màn, hòubian de chē hěn kuài jiù zhuī le.

(4) 咱们等 A 后边的人跟 B 再继续走 C 吧。
   Zámen děng hòubian de rén gēn zài jìxù zǒu ba.

(5) 画家画像 A 的时候，人们都围 B 看 C 。
   Huàjiā huà xiàng de shíhou, rénmen dōu wéi kàn

(6) 放心，咱们走 A 得快，他们追 B 不 C 。
   Fàng xīn, zánmen zǒu de kuài, tāmen zhuī bu

3 빈칸에 알맞은 보기를 고른 후, 큰 소리로 문장을 읽어 봅시다.

보기   A 上来 shànglai   B 起来 qǐlai

(1) 他回到自己的房间，打开钢琴，弹了＿＿＿。
   Tā huídào zìjǐ de fángjiān, dǎkāi gāngqín, tánle

(2) 你听，外边那几个人吵＿＿＿了。
   Nǐ tīng, wàibian nà jǐ ge rén chǎo le.

(3) 那位主持人很有名，所以节目结束后，观众们都冲＿＿＿跟他拍照。
   Nà wèi zhǔchírén hěn yǒumíng, suǒyǐ jiémù jiéshù hòu, guānzhòngmen dōu chōng gēn tā pāi zhào.

(4) 看到那只漂亮的小猫，大家立刻围了＿＿＿。
   Kàndào nà zhī piàoliang de xiǎo māo, dàjiā lìkè wéile

(5) 孩子很晚还没回家，妈妈担心＿＿＿。
   Háizi hěn wǎn hái méi huí jiā, māma dān xīn

(6) 拿到好吃的糖，那个孩子立刻不哭了，笑了＿＿＿。
   Nádào hǎochī de táng, nàge háizi lìkè bù kū le, xiàole

듣기 연습

1 녹음을 듣고, 제시된 문장이 녹음의 내용과 일치하면 O, 다르면 X를 표기하세요. 🔊 W-13-01

(1) 今天下午没下雨。（　　）
   Jīntiān xiàwǔ méi xià yǔ.

(2) "我"跑得太慢，所以小伙子追上了"我"。（　　）
   "Wǒ" pǎo de tài màn, suǒyǐ xiǎohuǒzi zhuīshangle "wǒ".

2 녹음을 듣고, 녹음 속 질문에 알맞은 답을 골라 봅시다. 🔊 W-13-02

(1) A 卖水果 (mài shuǐguǒ)　　B 买水果 (mǎi shuǐguǒ)　　C 种水果 (zhòng shuǐguǒ)

(2) A 人多了 (rén duō le)　　B 车便宜了 (chē piányi le)　　C 人们生活好了 (rénmen shēnghuó hǎo le)

쓰기 연습

1 제시된 두 글자를 문장 속 알맞은 위치에 써넣어 봅시다.

(1) 孩 | 刻 | 每天下午三点一_____，奶奶都要去幼儿园门口接_____子。
(Měi tiān xiàwǔ sān diǎn yī hái, nǎinai dōu yào qù yòu'éryuán ménkǒu jiē kè zi.)

(2) 式 | 试 | 这件衣服的款_____不错，你_____一下吧。
(Zhè jiàn yīfu de kuǎn shì búcuò, nǐ shì yíxià ba.)

2 녹음을 듣고 문장을 받아써 봅시다. 🔊 W-13-03

(1) _____

(2) _____

회화 연습

괄호 안의 단어를 활용해 대화를 완성해 봅시다.

(1) A 天怎么突然_____了？（起来）
　　(Tiān zěnme tūrán _____ le? qǐlai)

B 已经下了半天了。
(Yǐjīng xiàle bàntiān le.)

A 这雨是什么时候_____的？（起来）
(Zhè yǔ shì shénme shíhou _____ de? qǐlai)

B 一个小时前就_____了。（起来）
(Yí ge xiǎoshí qián jiù _____ le. qǐlai)

A 是吗？_____，不知道下雨，也没带伞。
(Shì ma? _____, bù zhīdao xià yǔ, yě méi dài sǎn.)

B 我有两把伞，可以借给你。
(Wǒ yǒu liǎng bǎ sǎn, kěyǐ jiègěi nǐ.)

(2) A 昨天运动会的跑步比赛怎么样？
(Zuótiān yùndònghuì de pǎo bù bǐsài zěnmeyàng?)

B _____。（激烈）(jīliè)

A _____?

Zuìhòu Ānni déle guànjūn.
B 最后安妮得了冠军。

Ānnà kāishǐ bú shì zài zuì qiánmiàn ma? Zěnme méi dé guànjūn a?
A 安娜开始不是在最前面吗? 怎么没得冠军啊?

shànglai
B _____。（上来）

冠军 guànjūn 명 우승, 우승자, 1등

담화 연습

1 보기 문장 간의 의미 관계를 파악하여 순서대로 배열해 봅시다.

보기

Lǎo Wáng dāying le
A 老王答应了

zì xiěwán le,　　niánqīngrén gāoxìng de názǒu le
B 字写完了，年轻人高兴地拿走了

yǒu yì tiān,　yǒu ge niánqīngrén qǐngqiú tā wèi zìjǐ xiě jǐ ge zì
C 有一天，有个年轻人请求他为自己写几个字

Lǎo Wáng shì ge yǒumíng de shūfǎjiā
D 老王是个有名的书法家

tā bǎ zhǐ dǎkāi,　　jiù xiěqǐ zì lai
E 他把纸打开，就写起字来

_____

2 그림을 보고, 괄호 안에 제시된 방향보어를 활용해 글을 완성해 봅시다.

Yǒu yí ge shí'èr suì de xiǎo nánháir, huì　　　　　　　　　　Tā měi ge zhōumò dōu
有一个12岁的小男孩儿，会_____。他每个周末都

Xiǎo nánháir měi cì dōu xiān bǎ màozi
_____。小男孩儿每次都先把帽子

xiàlai　　ránhòu　　　　　　　　qǐlai
_____（下来），然后_____（起来）。

Gāng kāishǐ de shíhou, zhǐ yǒu　　　　　　　tīng tā lā qín.　Yīnwèi tā lā de
刚开始的时候，只有_____听他拉琴。因为他拉得_____，

suǒyǐ yíhuìr jiù yǒu　　　　　　　shànglai
所以一会儿就有_____（上来）。

14 找声音
zhǎo shēngyīn
소리 찾기

단어 연습

1 빈칸에 알맞은 보기를 고른 후, 큰 소리로 문장을 읽어 봅시다.

보기
A 以后 yǐhòu　B 之后 zhī hòu　C 最后 zuìhòu　D 终于 zhōngyú　E 对 duì　F 双 shuāng

(1) 我十岁跟妈妈一起去美国生活了三年，_____又去日本生活了两年。
Wǒ shí suì gēn māma yìqǐ qù Měiguó shēnghuóle sān nián, Yòu qù Rìběn shēnghuóle liǎng nián.

(2) 明天下课_____，我跟你一起去博物馆。
Míngtiān xià kè wǒ gēn nǐ yìqǐ qù bówùguǎn.

(3) 昨天是谁_____一个离开教室的？
Zuótiān shì shéi yí ge líkāi jiàoshì de?

(4) 他给我安装了这个软件后，我的电脑_____能用了。
Tā gěi wǒ ānzhuāngle zhège ruǎnjiàn hòu, wǒ de diànnǎo néng yòng le.

(5) 方方，你去厨房给我拿一_____筷子。
Fāngfāng, nǐ qù chúfáng gěi wǒ ná yī kuàizi.

(6) 隔壁的那个女人生了一_____双胞胎。
Gébì de nàge nǚrén shēngle yī shuāngbāotāi.

2 빈칸에 알맞은 보기를 고른 후, 큰 소리로 문장을 읽어 봅시다.

보기
A 好几 hǎojǐ　B 翻箱倒柜 fānxiāngdǎoguì　C 弄 nòng　D 到底 dàodǐ　E 喊 hǎn　F 和好 héhǎo

(1) 女儿高兴地_____起来：“我找到钱包啦！”
Nǚ'ér gāoxìng de qǐlai: "Wǒ zhǎodào qiánbāo la!"

(2) 你_____地找什么呢？
Nǐ de zhǎo shénme ne?

(3) 明天晚上的聚会你_____去不去？
Míngtiān wǎnshang de jùhuì nǐ qù bu qù?

(4) 这对夫妻还没_____，好几天一直不说话。
Zhè duì fūqī hái méi hǎojǐ tiān yìzhí bù shuō huà.

(5) 大卫把我的照相机_____坏了。
Dàwèi bǎ wǒ de zhàoxiàngjī huài le.

(6) 这个假期，我写了_____篇读书报告。
Zhège jiàqī, wǒ xiěle piān dú shū bàogào.

3 조합할 수 있는 것끼리 모두 연결해 봅시다.

一首 yì shǒu　实现 shíxiàn　通过 tōngguò　童年的 tóngnián de　简单的 jiǎndān de

幸福 xìngfú　问题 wèntí　歌 gē　生活 shēnghuó　考试 kǎoshì　梦想 mèngxiǎng

4 그림이 나타내는 단어를 보기에서 골라 봅시다.

> 보기: A 拐弯 guǎi wān B 夫妻 fūqī C 乱七八糟 luànqībāzāo D 说话 shuō huà E 进屋 jìn wū F 睡着 shuìzháo

(1) ____ (2) ____ (3) ____ (4) ____ (5) ____ (6) ____

어법 연습

1 제시된 두 문장을 '一……就……'를 사용해 하나의 문장으로 바꿔 써 봅시다.

(1) 他回家了。／他打开电视机。
   Tā huí jiā le. / Tā dǎkāi diànshìjī.
   → _____

(2) 老师说我通过了考试。／我高兴地跳了起来。
   Lǎoshī shuō wǒ tōngguòle kǎoshì. / Wǒ gāoxìng de tiàole qǐlai.
   → _____

(3) 昨天晚上停电了。／隔壁的小女孩儿给我送来了蜡烛。
   Zuótiān wǎnshang tíng diàn le. Gébì de xiǎo nǚháir gěi wǒ sònglaile làzhú.
   → _____

(4) 音乐响起来。／我想跳舞。
   Yīnyuè xiǎng qǐlai. / Wǒ xiǎng tiào wǔ.
   → _____

(5) 我知道会议的时间。／我打电话告诉你。
   Wǒ zhīdao huìyì de shíjiān. / Wǒ dǎ diànhuà gàosu nǐ.
   → _____

(6) 我发现手机落在商店了。／我赶紧给店主打电话。
   Wǒ fāxiàn shǒujī là zài shāngdiàn le. / Wǒ gǎnjǐn gěi diànzhǔ dǎ diànhuà.
   → _____

2 '终于'와 괄호 안의 단어를 사용해 문장을 완성해 봅시다.

(1) 他住了一个月院，_____。（好）
   Tā zhùle yí ge yuè yuàn,   hǎo

(2) 这篇文章我读了三遍，_____。（明白）

(3) 我喊了他好几次，_____。（醒）

(4) 他们生了好几天的气，_____。（和好）

(5) 袁隆平几十年如一日地培育杂交水稻，_____。（提高亩产量）

(6) 这几年他一直在寻找他的兄弟，现在_____。（找到）

4 제시된 문장을 '一……就……'와 '终于'를 사용한 문장으로 바꿔 써 봅시다.

(1) 我回家以后马上开始打扫房间，现在才打扫完。
→ _____

(2) 我进屋以后立刻翻箱倒柜地找扇子，现在才找到。
→ _____

(3) 他上班以后就开始写报告，中午才写完。
→ _____

(4) 王师傅进屋以后就帮我弄网络，一个小时以后才弄好。
→ _____

(5) 这些年，我们到春天就开始种树，现在环境变好了。
→ _____

(6) 周末人多，我们进饭馆儿以后开始点菜，40分钟后菜才上来。
→ _____

듣기 연습

1 녹음을 듣고, 제시된 문장이 녹음의 내용과 일치하면 O, 다르면 X를 표기하세요. W-14-01

(1) 我会唱好几首中国歌。（　　）
(2) 我要去坐地铁。（　　）

2 녹음을 듣고, 녹음 속 질문에 알맞은 답을 골라 봅시다. 🔊 W-14-02

(1) A 我们很喜欢唱歌
  wǒmen hěn xǐhuan chàng ge

 B 我们常跟王教授一起唱歌
  wǒmen cháng gēn Wáng jiàoshòu yìqǐ chàng gē

 C 王教授跟我们去唱歌，我们很高兴
  Wáng jiàoshòu gēn wǒmen qù chàng gē, wǒmen hěn gāoxìng

(2) A 去邮局
  qù yóujú

 B 去前边的路口
  qù qiánbian de lùkǒu

 C 过马路
  guò mǎlù

쓰기 연습

1 제시된 간체자가 들어간 단어를 아는 대로 다 써 봅시다.

(1) 后   *hòu*
_____　_____　_____　_____

(2) 明   *míng*
_____　_____　_____　_____

2 녹음을 듣고 문장을 받아써 봅시다. 🔊 W-14-03

(1) _____

(2) _____

회화 연습

괄호 안의 표현을 활용해 대화를 완성해 봅시다.

(1) A 你在_____（翻箱倒柜）？
  Nǐ zài   *fānxiāngdǎoguì*

 B 明天我要出差，你看见我的护照没有？
  Míngtiān wǒ yào chū chāi, nǐ kàn jiàn wǒ de hùzhào méiyǒu?

 A 没看见。你是不是_____？
  Méi kàn jiàn. Nǐ shì bu shì

 B 太好了，在这儿，_____（终于）。
  Tài hǎo le, zài zhèr,   *zhōngyú*

 A 你看你把_____（乱七八糟）。
  Nǐ kàn nǐ ba   *luànqībāzāo*

 B 我太着急了，_____（一……就……），
  Wǒ tài zháojí le,   *yī……jiù……*

  我现在_____（收拾）吧。
  wǒ xiànzài   *shōushi ba.*

(2) A 演唱会＿＿＿＿＿＿＿＿＿＿＿＿＿＿＿＿＿＿＿＿＿＿＿（终于）。

B 什么意思？你不喜欢吗？

A 你觉得＿＿＿＿＿＿＿＿＿＿＿＿＿＿＿＿＿＿？

B 当然好！你看，她＿＿＿＿＿＿＿＿＿＿＿＿＿＿＿＿＿（上台　鼓掌）。

A 可是她＿＿＿＿＿＿＿＿＿＿（唱歌），我＿＿＿＿＿＿＿＿＿＿＿＿（头疼）。

B 一点儿都不懂艺术，下次不跟你一起来了。

담화 연습

1 보기 문장 간의 의미 관계를 파악하여 순서대로 배열해 봅시다.

보기
A 小明想一毕业就结婚
B 结婚以前他们常常吵架
C 小明和女朋友终于结婚了
D 可是女朋友却想工作几年以后再结婚
E 原来是他们两个人的意见不一样

＿＿＿＿＿＿＿＿＿＿＿＿＿＿＿＿

2 가장 바빴던 날에 대해 소개해 봅시다.

＿＿＿＿＿＿是我最忙的一天。那天早上，我一起床就＿＿＿＿＿＿＿＿＿＿。到了中午，一吃完午饭就＿＿＿＿＿＿＿＿。吃完晚饭以后，我终于把＿＿＿＿＿＿做完了。晚上，＿＿＿＿＿＿＿＿＿＿。到了晚上＿＿＿＿点，我终于可以睡觉了。

15 一封被退回来的信
yì fēng bèi tuì huílai de xìn

되돌아온 편지 한 통

단어 연습

1 단어 옆에 한어병음과 의미를 써 봅시다.

(1) 收信人 _____ _____
(2) 寄信人 _____ _____
(3) 信封 _____ _____
(4) 邮政编码 _____ _____
(5) 邮票 _____ _____
(6) 报名表 _____ _____

2 빈칸에 알맞은 보기를 고른 후, 큰 소리로 문장을 읽어 봅시다.

| 보기 | A 仔仔细细 zǐzǐxìxì | B 仔细 zǐxì | C 填写 tiánxiě | D 写 xiě | E 退 tuì | F 还 huán |

(1) 我很_____地检查了一遍地址，没发现问题。
   Wǒ hěn _____ de jiǎnchále yí biàn dìzhǐ, méi fāxiàn wèntí.

(2) 我把作业_____地检查了一遍，没发现错字。
   Wǒ bǎ zuòyè _____ de jiǎnchále yí biàn, méi fāxiàn cuò zì.

(3) 不会_____汉字的时候别着急，多想想。
   Bú huì _____ Hànzì de shíhou bié zháojí, duō xiǎngxiang.

(4) 想参加比赛的同学请先_____报名表。
   Xiǎng cānjiā bǐsài de tóngxué qǐng xiān _____ bàomíngbiǎo.

(5) 在这个商店买了东西，不喜欢的话可以_____。
   Zài zhège shāngdiàn mǎile dōngxi, bù xǐhuan dehuà kěyǐ _____.

(6) 我借给阿里的书，他现在还没_____我。
   Wǒ jiègěi Ālǐ de shū, tā xiànzài hái méi _____ wǒ.

3 빈칸에 알맞은 보기를 고른 후, 큰 소리로 문장을 읽어 봅시다.

| 보기 | A 导游 dǎoyóu | B 航班 hángbān | C 样式 yàngshì | D 印象 yìnxiàng | E 粗心 cūxīn | F 入口 rùkǒu |

(1) 超市_____在那边，请您从那边进去。
   Chāoshì _____ zài nàbian, qǐng nín cóng nàbian jìnqu.

(2) 当_____虽然很辛苦，却很有意思。
   Dāng _____ suīrán hěn xīnkǔ, què hěn yǒu yìsi.

(3) 第一次来西安，我对这个城市的_____非常好。
   Dì-yī cì lái Xī'ān, wǒ duì zhège chéngshì de _____ fēicháng hǎo.

(4) 考试的时候我太_____了，写错了好几个字。
Kǎoshì de shíhou wǒ tài___le, xiěcuòle hǎojǐ ge zì.

(5) 这种_____的包现在已经不流行了。
Zhè zhǒng___de bāo xiànzài yǐjīng bù liúxíng le.

(6) 告诉我你的_____号，我去接你。
Gàosu wǒ nǐ de___hào, wǒ qù jiē nǐ.

4 제시된 단어와 반대되는 뜻의 단어를 써 봅시다.

(1) 近 jìn _____　　(2) 多 duō _____　　(3) 安静 ānjìng _____

(4) 仔细 zǐxì _____　　(5) 入口 rùkǒu _____　　(6) 外面 wàimian _____

어법 연습

1 제시된 낱말을 알맞게 배열해 문장을 완성해 봅시다.

(1) 100块钱　竟然　这儿的　一杯　要　咖啡
　　yìbǎi kuài qián　jìngrán　zhèr de　yì bēi　yào　kāfēi
→ _____

(2) 地震中　这个　十几个人　救出了　这次　竟然　小男孩儿
　　dìzhèn zhōng　zhège　shíjǐ ge rén　jiùchūle　zhè cì　jìngrán　xiǎo nánháir
→ _____

(3) 去过　从来没　刘大双　竟然　长城
　　qùguo　cónglái méi　Liú Dàshuāng　jìngrán　Chángchéng
→ _____

(4) 比赛　第一次　跑了　他　参加　竟然　第一名
　　Bǐsài　dì-yī cì　pǎole　tā　cānjiā　jìngrán　dì-yī míng
→ _____

(5) 免费　竟然　上网　这么大的　不能　宾馆
　　miǎnfèi　jìngrán　shàng wǎng　zhème dà de　bù néng　bīnguǎn
→ _____

(6) 听说过　姚明　没　竟然　你
　　tīngshuōguo　Yáo Míng　méi　jìngrán　nǐ
→ _____

地震 dìzhèn 명 지진 ｜ 救 jiù 동 구하다

2 제시된 문장을 큰 소리로 읽고, 문장 속 '怎么'의 쓰임을 보기에서 골라 봅시다.

> 보기
> A '이유'를 묻는 zěnme 怎么
> B '방법'을 묻는 zěnme 怎么
> C '상황'을 묻는 zěnme 怎么

(1) Zámen zěnme qù chāoshì? Zuò chē qù háishi zǒu lù qù?
咱们怎么去超市? 坐车去还是走路去? ☐

(2) Zěnme cái néng xiěhǎo Hànzì? Nǐ zhīdao ma?
怎么才能写好汉字? 你知道吗? ☐

(3) Běnjiémíng zěnme hái méi lái?
本杰明怎么还没来? ☐

(4) Nǐ jīntiān zěnme le? Bù shūfu ma?
你今天怎么了? 不舒服吗? ☐

(5) Nǐ zhàngfu zuìjìn zěnme zǒngshì hěn wǎn cái huí jiā?
你丈夫最近怎么总是很晚才回家? ☐

(6) Tā yìzhí bù shuō huà, dàodǐ zěnme le?
他一直不说话，到底怎么了? ☐

3 괄호 안의 표현을 사용해 문장을 완성해 봅시다.

(1) Nǐ de gǎnmào gāng hǎo,
你的感冒刚好, _____? （怎么 病）

(2) Kǎoshì de shíhou, Ānnī
考试的时候，安妮_____。（竟然 忘写名字）

(3) Zhème wǎn le, nǐ
这么晚了，你_____? （怎么 起床）

(4) Shuǐxīng biǎomiàn wēnchā
水星表面温差_____。（600摄氏度 竟然）

(5) Bìng de zhème lìhai, nǐ
病得这么厉害，你_____? （不吃药 怎么）

(6) Wǒ duì zhège dìfang
我对这个地方_____。（竟然 没有印象）

厉害 lìhai 형 심하다, 심각하다

듣기 연습

1 녹음을 듣고, 제시된 문장이 녹음의 내용과 일치하면 O, 다르면 X를 표기하세요. 🔊 W-15-01

(1) Zhāng jiàoshòu shuìle liǎng tiān jiào.
张教授睡了两天觉。（　　）

(2) "Wǒ" bù zhīdao wèi shénme xìn bèi tuì huílai.
"我"不知道为什么信被退回来。（　　）

2 녹음을 듣고, 녹음 속 질문에 알맞은 답을 골라 봅시다. 🔊 W-15-02

(1) A nán de bù gāoxìng le 男的不高兴了
  B nán de méi gěi tā mǎi lǐwù 男的没给她买礼物
  C nán de wàngle tā de shēngrì 男的忘了她的生日

(2) A lùshang chē hěn duō 路上车很多
  B nán de zǒu de hěn màn 男的走得很慢
  C nán de de chē huài le 男的的车坏了

쓰기 연습

1 제시된 두 글자를 문장 속 알맞은 위치에 써넣어 봅시다.

(1) 收 受 | 那个____欢迎的足球运动员经常____到很多球迷的信。
shōu　shòu　　Nàge huānyíng de zúqiú yùndòngyuán jīngcháng dào hěn duō qiúmí de xìn.

(2) 边 编 | 请你再写一____你的邮政____码。
biān　biān　　Qǐng nǐ zài xiě yī nǐ de yóuzhèng mǎ.

球迷 qiúmí 명 축구 팬

2 녹음을 듣고 문장을 받아써 봅시다. 🔊 W-15-03

(1) _____

(2) _____

회화 연습

괄호 안의 단어를 활용해 대화를 완성해 봅시다.

(1) A 对不起，我_____。
Duìbuqǐ, wǒ

B 现在已经_____了，你_____（怎么）?
Xiànzài yǐjīng　　　　　le, nǐ　　　　zěnme

A 我出来的时候，_____。
Wǒ chūlai de shíhou

B 电影已经_____，快点儿进去吧。
Diànyǐng yǐjīng　　　　kuài diǎnr jìnqu ba.

A 看完电影我_____。
Kànwán diànyǐng wǒ

B 好。
Hǎo.

(2) A 今天是_____?
Jīntiān shì

B 八月十四号啊。怎么了?
Bāyuè shísì hào a. Zěnme le?

A 今天是_____（生日）。
Jīntiān shì　　　　　　　shēngrì

B 对不起，我_____。
Duìbuqǐ, wǒ

A 你_____（竟然）!
Nǐ　　　　　　　jìngrán

B 我现在_____（礼物）。
Wǒ xiànzài　　　　　　　lǐwù

담화 연습

1 보기 문장 간의 의미 관계를 파악하여 순서대로 배열해 봅시다.

> **보기**
>
> wǒ zhǐ néng zhànzhe, bù néng dòng
> **A** 我只能站着，不能动
>
> wǒ hěn hàipà, xīn xiǎng: "Wǒ zěnme bù néng dòng le?"
> **B** 我很害怕，心想："我怎么不能动了？"
>
> zǎoshang qǐ chuáng de shíhou, wǒ fāxiàn zìjǐ jìngrán biànchéngle yì kē shù
> **C** 早上起床的时候，我发现自己竟然变成了一棵树
>
> wǒ zhèng dān xīn de shíhou, māma bǎ wǒ jiàoxǐng le
> **D** 我正担心的时候，妈妈把我叫醒了
>
> yuánlái shì wǒ zuòle yí ge mèng
> **E** 原来是我做了一个梦

_____

2 그림에 드러난 알리의 상황과 자신의 실제 상황에 맞게 글을 완성해 봅시다.

Zǎoshang gāi qǐ chuáng de shíhou, Ālǐ de māma huì shuō:
早上该起床的时候，阿里的妈妈会说：＿＿＿＿＿＿＿＿＿＿＿＿＿＿？

Ālǐ＿＿＿＿＿＿＿＿＿＿＿＿＿＿＿＿＿＿＿ de shíhou, māma huì shuō:
阿里＿＿＿＿＿＿＿＿＿＿＿＿＿＿＿＿＿＿的时候，妈妈会说：＿＿＿＿＿＿＿＿＿＿？

Ālǐ＿＿＿＿＿＿＿＿＿＿＿＿＿＿＿＿＿＿＿ de shíhou, māma huì shuō:
阿里＿＿＿＿＿＿＿＿＿＿＿＿＿＿＿＿＿＿的时候，妈妈会说：＿＿＿＿＿＿＿＿＿＿？

＿＿＿＿＿＿＿＿＿＿＿＿＿＿＿＿ de shíhou, māma huì shuō:
＿＿＿＿＿＿＿＿＿＿＿＿＿＿＿的时候，妈妈会说：＿＿＿＿＿＿＿＿＿＿？

Wǒ de＿＿＿＿ gēn Ālǐ de māma＿＿＿＿, ＿＿＿＿＿＿＿＿＿＿＿＿＿＿＿ de shíhou, tā/tā huì shuō:
我的＿＿＿＿跟阿里的妈妈＿＿＿＿，＿＿＿＿＿＿＿＿＿＿＿＿＿的时候，他/她会说：

＿＿＿＿＿＿＿＿＿＿＿＿＿＿＿？

16 汽车的颜色和安全
qìchē de yánsè hé ānquán

자동차의 색깔과 안전

단어 연습

1 빈칸에 알맞은 보기를 고른 후, 큰 소리로 문장을 읽어 봅시다.

| 보기 | A 良好 liánghǎo | B 关系 guānxi | C 雨天 yǔ tiān | D 容易 róngyì | E 行车 xíng chē | F 宽 kuān |

(1) ＿＿＿安全，最重要的是开车习惯。
  ānquán, zuì zhòngyào de shì kāi chē xíguàn.

(2) 雨停了再出发吧，＿＿＿开车不太安全。
  Yǔ tíngle zài chūfā ba, kāi chē bú tài ānquán.

(3) 对我来说，我更喜欢＿＿＿一点儿的床。
  Duì wǒ lái shuō, wǒ gèng xǐhuan yìdiǎnr de chuáng.

(4) 他们俩长得很像，人们很＿＿＿把他们叫错。
  Tāmen liǎ zhǎng de hěn xiàng, rénmen hěn bǎ tāmen jiàocuò.

(5) 你觉得幸福和钱有＿＿＿吗？
  Nǐ juéde xìngfú hé qián yǒu ma?

(6) 我们要培养孩子＿＿＿的生活习惯。
  Wǒmen yào péiyǎng háizi de shēnghuó xíguàn.

2 '운전' '운행'과 관련된 단어를 아는 대로 다 써 봅시다.

＿＿＿＿＿＿＿＿＿＿ ＿＿＿＿＿＿＿＿＿＿ ＿＿＿＿＿＿＿＿＿＿ ＿＿＿＿＿＿＿＿＿＿

＿＿＿＿＿＿＿＿＿＿ ＿＿＿＿＿＿＿＿＿＿ ＿＿＿＿＿＿＿＿＿＿ ＿＿＿＿＿＿＿＿＿＿

3 조합할 수 있는 것끼리 모두 연결해 봅시다.

污染 wūrǎn　缺少 quēshǎo　发生 fāshēng　引起 yǐnqǐ　接近 jiējìn

粮食 liángshi　注意 zhùyì　银色 yínsè　事故 shìgù　环境 huánjìng　一亿 yí yì

4 그림이 나타내는 단어를 보기에서 골라 봅시다.

| 보기 | A 傍晚 bàngwǎn | B 雨天 yǔ tiān | C 事故 shìgù | D 心脏 xīnzàng | E 道路 dàolù |

(1) _____ (2) _____ (3) _____ (4) _____ (5) _____

어법 연습

1 제시된 낱말을 알맞게 배열해 문장을 완성해 봅시다.

(1) 喜欢 xǐhuan / 我 wǒ / 尤其是 yóuqí shì / 喝饮料 hē yǐnliào / 很 hěn / 可乐 kělè
→ _____

(2) 项链 xiàngliàn / 银色的 yínsè de / 很漂亮 hěn piàoliang / 这些 zhèxiē / 都 dōu / 尤其是 yóuqí shì / 这条 zhè tiáo
→ _____

(3) 很热闹 hěn rènao / 市中心 shì zhōngxīn / 尤其是 yóuqí shì / 这个城市 zhège chéngshì / 晚上 wǎnshang
→ _____

(4) 很简单 hěn jiǎndān / 尤其是 yóuqí shì / 这次 zhè cì / 口语 kǒuyǔ / 考试 kǎoshì
→ _____

(5) 我对 wǒ duì / 印象 yìnxiàng / 安妮 Ānni / 他们的 tāmen de / 尤其是 yóuqí shì / 都很好 dōu hěn hǎo
→ _____

(6) 塑料袋 sùliàodài / 污染 wūrǎn / 都会 dōu huì / 这些东西 zhèxiē dōngxi / 尤其是 yóuqí shì / 环境 huánjìng
→ _____

2 괄호 안의 단어를 사용해 '不是……, 而是……' 형식의 문장을 완성해 봅시다.

(1) 他不是去看电影了, Tā bú shì qù kàn diànyǐng le, _____。（讲座 jiǎngzuò）

(2) 信封上贴的不是邮票, Xìnfēng shang tiē de bú shì yóupiào, _____。（照片 zhàopiàn）

(3) 他点蜡烛不是因为停电了，＿＿＿＿＿＿＿＿＿＿＿＿＿＿＿＿＿＿。（浪漫）

(4) 我想要看的不是城市的美，＿＿＿＿＿＿＿＿＿＿＿＿＿＿＿＿＿＿。（大自然）

(5) 他不是去旅游了，＿＿＿＿＿＿＿＿＿＿＿＿＿＿＿＿＿＿。（出差）

(6) 敲门的不是我妈妈，＿＿＿＿＿＿＿＿＿＿＿＿＿＿＿＿＿＿。（隔壁）

3 제시된 낱말과 '不是……, 而是……' '尤其是'를 사용해 문장을 만들어 봅시다.

(1) 他的爱好　弹钢琴　听歌　中国歌
　→

(2) 他来中国　为了旅游　为了学汉语　学汉字
　→

(3) 我缺少的　钱　家人的理解　妈妈对我的理解
　→

(4) 我　太困了　不喜欢看电影　功夫电影
　→

(5) 我喜欢的　深颜色　浅颜色　白色
　→

(6) 袁隆平研究的　环境问题　粮食问题　怎么培育杂交水稻
　→

듣기 연습

1 녹음을 듣고, 제시된 문장이 녹음의 내용과 일치하면 O, 다르면 X를 표기하세요. W-16-01

(1) 张方方很喜欢看电视剧。（　　）

(2) 大卫把收信人的地址写到寄信人的地方了。（　　）

2 녹음을 듣고, 녹음 속 질문에 알맞은 답을 골라 봅시다. 🔊 W-16-02

(1) A 她弄坏了杯子   B 她的杯子被弄坏了   C 小双的态度不好
     tā nònghuàile bēizi   tā de bēizi bèi nònghuài le   Xiǎoshuāng de tàidu bù hǎo

(2) A 大双   B 安妮   C 大卫
     Dàshuāng   Ānni   Dàwèi

쓰기 연습

1 제시된 간체자가 들어간 단어를 아는 대로 다 써 봅시다.

(1) 起   qǐ _____ _____ _____ _____

(2) 出   chū _____ _____ _____ _____

2 녹음을 듣고 문장을 받아써 봅시다. 🔊 W-16-03

(1) _____

(2) _____

회화 연습

자신의 실제 상황에 근거해 질문에 답해 봅시다. '不是……, 而是……'나 '尤其'를 활용해 보세요.

(1) 对你来说，什么是幸福？
     Duì nǐ lái shuō, shénme shì xìngfú?

(2) 你学习汉语的原因是什么？
     Nǐ xuéxí Hànyǔ de yuányīn shì shénme?

(3) 你认为出去旅游，最重要的是什么？
     Nǐ rènwéi chūqu lǚyóu, zuì zhòngyào de shì shénme?

(4) 你想去哪些地方旅游？
     Nǐ xiǎng qù nǎxiē dìfang lǚyóu?

(5) 你喜欢看电影吗？
     Nǐ xǐhuan kàn diànyǐng ma?

(6) 你喜欢运动吗？
     Nǐ xǐhuan yùndòng ma?

담화 연습

1 보기 문장 간의 의미 관계를 파악하여 순서대로 배열해 봅시다.

보기

A 她感到很不好意思
tā gǎndào hěn bù hǎoyìsi

B 年轻女人开门之后发现
niánqīng nǚrén kāi mén zhī hòu fāxiàn

C 而是给她送蜡烛的
ér shì gěi tā sòng làzhú de

D 尤其是想到自己刚才冷冰冰的态度
yóuqí shì xiǎngdào zìjǐ gāngcái lěngbīngbīng de tàidu

E 小女孩儿不是来借蜡烛的
xiǎo nǚháir bú shì lái jiè làzhú de

_____

2 괄호 안의 단어를 활용해 글을 완성해 봅시다.

昨天我一回家，就看见_____（乱七八糟），我以为是_____
Zuótiān wǒ yì huí jiā, jiù kàn jiàn   luànqībāzāo   wǒ yǐwéi shì

_____（小偷）。我正要_____（警察），走进屋里才发现，
                  xiǎotōu   Wǒ zhèng yào   jǐngchá   zǒujìn wū li cái fāxiàn,

原来不是_____，而是_____（丈夫）。我埋怨他总是
yuánlái bú shì   ér shì   zhàngfu   Wǒ mányuàn tā zǒngshì

_____（找东西），尤其是_____。
                zhǎo dōngxi   yóuqí shì

17 明天别来了。
Míngtiān bié lái le.
내일은 나오지 마세요.

단어 연습

1 '快'의 쓰임에 따라 보기의 단어를 분류해 봅시다.

| 보기 | A 快 (kuài) | B 凉快 (liángkuai) | C 快递 (kuàidì) | D 快乐 (kuàilè) | E 赶快 (gǎnkuài) | F 愉快 (yúkuài) |

(1) 속도의 빠름 _____

(2) 즐겁고 편안한 심정 _____

2 예와 같이 제시된 두 단어 위에 한어병음을 쓴 후, 문장 속 알맞은 위치에 넣어 봅시다.

예) kào pèng
靠 碰 | *Gāngcái pèngdào xiāngzi de nàge gōngrén, zhèng kào zài mén shang dǎ diànhuà.*
刚才 <u>碰</u> 倒箱子的那个工人，正 <u>靠</u> 在门上打电话。

(1) 检查 查 | *Yǒu bú huì xiě de Hànzì jiù ___ zìdiǎn, xiěwánle hái yào ___ yí biàn.*
有不会写的汉字就_____字典，写完了还要_____一遍。

(2) 周 星期 | *Zhè ___ wǒ děi jiā bān, zánmen xià ge ___ yī jiàn miàn ba.*
这_____我得加班，咱们下个_____一见面吧。

(3) 严重 严肃 | *Wáng jīnglǐ ___ de shuō: "Zhège wèntí hěn ___ !"*
王经理_____地说："这个问题很_____！"

(4) 小心 小心翼翼 | *Guò mǎlù de shíhou yéye zǒngshì ___ de, hái zǒngshì duì wǒ shuō: "___ chē!"*
过马路的时候爷爷总是_____的，还总是对我说："_____车！"

(5) 懒洋洋 懒 | *Nà zhī māo hěn ___ , tā zǒngshì ___ de tǎng zài shāfā shang kàn diànshì.*
那只猫很_____，它总是_____地躺在沙发上看电视。

3 조합할 수 있는 것끼리 모두 연결해 봅시다.

完成 (wánchéng) 接受 (jiēshòu) 收到 (shōudào) 了解 (liǎojiě)

实验 (shíyàn) 邀请 (yāoqǐng) 情况 (qíngkuàng) 任务 (rènwu) 现实 (xiànshí) 工作 (gōngzuò)

4 (1)의 빈칸에는 앞에 제시된 단어의 반의어를, (2)의 빈칸에는 동의어를 써 봅시다.

(1) guān dēng 关灯 _____   bùmǎn 不满 _____   jiēshòu 接受 _____

(2) yúkuài 愉快 _____   zhèng qián 挣钱 _____   nánguo 难过 _____

어법 연습

1 조사 '地'의 문장 속 위치를 찾아 봅시다.

(1) Yùndòngyuánmen jǐnzhāng kāishǐ le dì-yī chǎng bǐsài.
运动员们紧张 A 开始 B 了第一场 C 比赛。

(2) Wǒ qīngchu jìde tā shì sān nián qián lái Běijīng de.
我 A 清楚 B 记得他是 C 三年前来北京的。

(3) Nàge fúwùyuán kànzhe wǒ, lěngbīngbīng shuō: "Miànbāo màiwán le."
那个服务员 A 看着 B 我，冷冰冰 C 说："面包卖完了。"

(4) Wǒ zǐzǐxìxì bǎ wénzhāng yòu jiǎnchá le yí biàn.
我仔仔细细 A 把文章又 B 检查 C 了一遍。

(5) Bié liáo le, kuài diǎnr ānjìng bǎ fàn chīwán.
别聊了，快点儿 A 安静 B 把 C 饭吃完。

(6) Jǐ wèi kēxuéjiā chénggōng wánchéng le nàge shíyàn.
几位科学家成功 A 完成 B 了那个 C 实验。

2 괄호 안의 단어를 '别……了' 형식으로 활용해 문장을 완성해 봅시다.

(1) Wàibian zhèng guāzhe dà fēng, nǐ _____ chūqu (出去)。
外边正刮着大风，你_____（出去）。

(2) _____ zhuī (追)，那辆车已经开走了。
_____（追），那辆车已经开走了。

(3) Duìbuqǐ, wǒ cuò le, nǐ _____ shēng qì (生气)。
对不起，我错了，你_____（生气）。

(4) _____ shuō (说)，我不想听！
_____（说），我不想听！

(5) Yǐjīng shí'èr diǎn le, _____ wánr (玩儿), gǎnkuài qù shuì jiào ba.
已经十二点了，_____（玩儿），赶快去睡觉吧。

(6) Nǐ _____ dān xīn (担心) tā yǐjīng dǎlai diànhuà shuō kuài dào jiā le.
你_____（担心），他已经打来电话说快到家了。

3 제시된 낱말을 알맞게 배열해 문장을 완성해 봅시다.

(1) tā le bié zánmen děng
他　了　别　咱们　等

→ _____

(2) 衣服 咱们 那么多 带 别 了
→ _____

(3) 我 了 请 别 你 跟着
→ _____

(4) 阿里 吧 地 自信 说: 放心
→ _____

(5) 笑 本杰明 了 得意 地
→ _____

(6) 地上 地 那个孩子 从 爬起来 慢慢 了
→ _____

듣기 연습

1 녹음을 듣고, 제시된 문장이 녹음의 내용과 일치하면 O, 다르면 X를 표기하세요. W-17-01

(1) 方方想让我应聘工厂的工作。（　　）
Fāngfāng xiǎng ràng wǒ yìngpìn gōngchǎng de gōngzuò.

(2) 阿里汉语说得很流利。（　　）
Ālǐ Hànyǔ shuō de hěn liúlì.

2 녹음을 듣고, 녹음 속 질문에 알맞은 답을 골라 봅시다. W-17-02

(1) A 上完了数学课　　B 解决了一个难题　　C 帮助了学生
    shàngwánle shùxuékè   jiějuéle yí ge nán tí   bāngzhùle xuésheng

(2) A 别喝酒　　B 别回家　　C 别开车
    bié hē jiǔ   bié huí jiā   bié kāi chē

쓰기 연습

1 제시된 두 글자를 문장 속 알맞은 위치에 써넣어 봅시다.

(1) 广　　厂　｜　小刘是这个汽车_____的_____播员。
    guǎng chǎng   Xiǎo Liú shì zhège qìchē ___ de ___ bōyuán.

(2) 检　　捡　｜　快把手机_____起来，_____查一下。
    jiǎn   jiǎn   Kuài bǎ shǒujī ___ qǐlai, ___ chá yíxià.

2 녹음을 듣고 문장을 받아써 봅시다. 🔊 W-17-03

(1) _____

(2) _____

회화 연습

괄호 안의 단어를 활용해 대화를 완성해 봅시다.

(1) A 咱们出去_____（踢球）。

　Zánmen chūqu　　　　　　　　　　　　　　tīqiú

　B 外边那么热，_____（别）。

　Wàibian nàme rè,　　　　　　　　　bié

　A 那就去_____。

　Nà jiù qù

　B 游泳那么累，_____（别）。

　Yóu yǒng nàme lèi,　　　　　　　bié

　A 那在屋里_____，怎么样？

　Nà zài wū li　　　　　　　　　　zěnmeyàng?

　B _____。

(2) A 张秘书，邀请信送到了吗？

　Zhāng mìshū, yāoqǐngxìn sòngdào le ma?

　B _____。

　A 会议内容刘先生已经知道了吧？

　Huìyì nèiróng Liú xiānsheng yǐjīng zhīdao le ba?

　B 我_____（地）了一下会议内容。

　Wǒ　　　　　　　　　de　　le yíxià huìyì nèiróng.

　A 刘先生同意参加这次会议吗？

　Liú xiānsheng tóngyì cānjiā zhè cì huìyì ma?

　B 他_____（地）接受_____。

　Tā　　　　　　　　　　　de　　jiēshòu

邀请信 yāoqǐngxìn 명 초청장 ｜ **内容** nèiróng 명 내용

담화 연습

1 보기 문장 간의 의미 관계를 파악하여 순서대로 배열해 봅시다.

> 보기
>
> A 就看见林木
> jiù kàn jiàn Lín Mù
>
> B 懒洋洋地坐在椅子上
> lǎnyángyáng de zuò zài yǐzi shang
>
> C 我一打开房间的门
> wǒ yì dǎkāi fángjiān de mén
>
> D 喝着茶，舒服地看着报纸
> hēzhe chá, shūfu de kànzhe bàozhǐ

_____

2 '형용사+地'의 용법에 주의하여 글을 완성해 봅시다.

Wǒ yǒu yí ge hǎo péngyou, tā duì wǒ jiù xiàng jiārén yíyàng. Wàibian xià dà yǔ shí, tā huì dān xīn de shuō: "Bié
我有一个好朋友，他对我就像家人一样。外边下大雨时，他会担心地说："别_____。"

Wǒ bù xiǎng qǐ chuáng de shíhou, tā huì shēng qì de shuō: "Kuài diǎnr qǐlai!" Wǒ tīngzhe yīnyuè xiě zuòyè de shíhou, tā huì
我不想起床的时候，他会生气地说："快点儿起来！" 我听着音乐写作业的时候，他会_____

de shuō: Wǒ dǎzhe diànhuà kāi chē shí, tā huì   de shuō:
地说：_____。我打着电话开车时，他会_____地说：

                                    Tā ràng wǒ shàng kè shí   tīngjiǎng, kǎoshì shí   jiǎnchá.
_____。他让我上课时_____听讲，考试时_____检查。

Wǒ kǎoshì dé dì-yī shí,   tā huì   shuō:
我考试得第一时，他会_____说：_____。

18 狗不理
Gǒubùlǐ
거우부리

단어 연습

1 빈칸에 알맞은 보기를 고른 후, 큰 소리로 문장을 읽어 봅시다.

보기
A 店 diàn   B 已经 yǐjīng   C 小名 xiǎomíng   D 只好 zhǐhǎo   E 钱数 qián shù   F 叫作 jiàozuò

(1) 今天的工作没做完，她____加班继续做。
Jīntiān de gōngzuò méi zuòwán, tā ___ jiā bān jìxù zuò.

(2) 妈妈在家里叫你的____吗?
Māma zài jiāli jiào nǐ de ___ ma?

(3) 前边开了一家咖啡____，我们去坐坐吧。
Qiánbian kāile yì jiā kāfēi ___, wǒmen qù zuòzuo ba.

(4) 我们把这种表演____相声。
Wǒmen bǎ zhè zhǒng biǎoyǎn ___ xiàngsheng.

(5) 我____很努力了，能不能考好，只好听天由命了。
Wǒ ___ hěn nǔlì le, néng bu néng kǎohǎo, zhǐhǎo tīngtiān yóumìng le.

(6) 服务员，你给我们的____不对，少给了一块。
Fúwùyuán, nǐ gěi wǒmen de ___ bú duì, shǎo gěile yí kuài.

2 빈칸에 알맞은 보기를 고른 후, 큰 소리로 문장을 읽어 봅시다.

보기
A 后来 hòulái   B 之后 zhī hòu   C 传说 chuánshuō   D 听说 tīngshuō   E 理 lǐ   F 注意 zhùyì

(1) 安娜打开礼物____，感到非常高兴。
Ānnà dǎkāi lǐwù ___, gǎndào fēicháng gāoxìng.

(2) 这本小说很受欢迎，____被改编成了电视剧。
Zhè běn xiǎoshuō hěn shòu huānyíng, ___ bèi gǎibiān chéng le diànshìjù.

(3) 我____你的邻居是一个画家。
Wǒ ___ nǐ de línjū shì yí ge huàjiā.

(4) ____这片海里住着三条大鱼，它们晚上会变成人。
___ zhè piàn hǎili zhùzhe sān tiáo dà yú, tāmen wǎnshang huì biànchéng rén.

(5) 那对夫妻生气了，谁也不____谁。
Nà duì fūqī shēng qì le, shéi yě bù ___ shéi.

(6) 过马路的时候，要____行驶的车辆。
Guò mǎlù de shíhou, yào ___ xíngshǐ de chēliàng.

3 조합할 수 있는 것끼리 모두 연결해 봅시다.

调查 diàochá   推迟 tuīchí   赶上 gǎnshàng   开 kāi   邀请 yāoqǐng

顾客 gùkè   雨天 yǔ tiān   问题 wèntí   出国 chū guó   运动会 yùndònghuì   玩笑 wánxiào

4 질병, 직업과 관련된 단어를 아는 대로 다 써 봅시다.

(1) 질병 _____ _____ _____ _____

(2) 직업 _____ _____ _____ _____

어법 연습

1 괄호 안의 단어와 부사 '还'를 사용해 문장을 완성해 봅시다.

(1) Tā yǒu chénggōng de shìyè,
他有成功的事业,_____。(家庭)

(2) Jīntiān de cài hěn fēngshèng,
今天的菜很丰盛,_____。(好吃)

(3) Zhè cì lǚxíng tā qùle hěn duō dìfang,
这次旅行他去了很多地方,_____。(拍照片)

(4) Tā de fànliàng bú dà,
她的饭量不大,_____。(少吃)

(5) Tā zhǎng de hěn shuài,
他长得很帅,_____。(又……又……)

(6) Shuǐxīng shang méiyǒu shuǐ,
水星上没有水,_____。(温差 大)

2 제시된 낱말을 알맞게 배열해 문장을 완성해 봅시다.

(1) wǒ xiěcuòle / zhǐhǎo / yì zhāng / míngzi / zhè zhāng bàomíngbiǎo / zài xiě
我写错了　只好　一张　名字　这张报名表　再写
→ _____

(2) tài nán / zhǐhǎo / zhè zhǒng fāngfǎ / fàngqì le / wǒmen
太难　只好　这种方法　放弃了　我们
→ _____

(3) zhǐhǎo / bù néng / wǒmen / fēijī / xiànzài / qǐfēi / yìzhí děng
只好　不能　我们　飞机　现在　起飞　一直等
→ _____

(4) wǒmen / zhège dìfang / tài lìhai / bān jiā le / zhǐhǎo / wūrǎn
我们　这个地方　太厉害　搬家了　只好　污染
→ _____

(5) kāiwán / zhǐhǎo / hángbān / hái méi / huìyì / tuīchí / tā
开完　只好　航班　还没　会议　推迟　他
→ _____

	tài gānzào le	hē shuǐ	zhǐhǎo	zhège dìfang	rénmen	duō
(6)	太干燥了	喝水	只好	这个地方	人们	多

→ _____

3 괄호 안 단어를 활용해 문장을 완성해 봅시다.

(1) Jīntiān tiānqì bù hǎo, tā hái
今天天气不好，他还_____（病），只好_____。

(2) Lín lǜshī bú zài bàngōngshì, wǒ děngle bàntiān tā hái méi huílai, wǒ zhǐhǎo
林律师不在办公室，我等了半天他还没回来，我只好_____。

(3) Yǐjīng méiyǒu gōnggòng qìchē le, wǒ hái ... qián zhǐhǎo
已经没有公共汽车了，我还_____（钱），只好_____。

(4) Fángjiān li luànqībāzāo, hái ... wǎn māma zhǐhǎo
房间里乱七八糟，还_____（碗），妈妈只好_____。

(5) Wàimian xiàzhe yǔ, hái ... fēng yóudìyuán zhǐhǎo
外面下着雨，还_____（风），邮递员只好_____。

(6) Zhège diànshì jiémù hěn nán zuò, guānzhòng ... xǐhuan dàjiā zhǐhǎo
这个电视节目很难做，观众_____（喜欢），大家只好_____。

듣기 연습

1 녹음을 듣고, 제시된 문장이 녹음의 내용과 일치하면 O, 다르면 X를 표기하세요. 🔊 W-18-01

(1) Zhàngfu cónglái bù xī yān.
丈夫从来不吸烟。（　　）

(2) Wǒ yào xuéhuì zhè shǒu gē.
我要学会这首歌。（　　）

2 녹음을 듣고, 녹음 속 질문에 알맞은 답을 골라 봅시다. 🔊 W-18-02

(1) A liànxí kāi chē 练习开车　　B guò mǎlù 过马路　　C qù lǚxíng 去旅行

(2) A jīn wǎn méiyǒu piào 今晚没有票　　B tā xiǎng míngtiān kàn 她想明天看　　C tā bù xiǎng qù kàn 她不想去看

쓰기 연습

1 아는 단어를 떠올려 단어 퍼즐을 완성해 봅시다.

(1) 微 / 玩

(2) 听 / 由

2 녹음을 듣고 문장을 받아써 봅시다. 🔊 W-18-03

(1) _____

(2) _____

회화 연습

자신의 실제 상황에 근거해 질문에 답해 봅시다. '还'나 '只好'를 활용해 보세요.

(1) Nǐ xǐhuan kàn shénme yàng de diànshì jiémù?
你喜欢看什么样的电视节目？

(2) Nǐ xǐhuan zuò shénme gōngzuò? Wèi shénme?
你喜欢做什么工作？为什么？

(3) Nǐ juéde xìngfú shì shénme?
你觉得幸福是什么？

(4) Kǎoshì méi tōngguò, nǐ huì zěnme bàn?
考试没通过，你会怎么办？

(5) Nǐ hé tóngshì yìjiàn bù yíyàng de shíhou, nǐ huì zěnme zuò?
你和同事意见不一样的时候，你会怎么做？

(6) Nǐ zuì dǎoméi de shì shì shénme? Fāshēng zhè jiàn shì yǐhòu, nǐ shì zěnme zuò de?
你最倒霉的事是什么？发生这件事以后，你是怎么做的？

담화 연습

1 보기 문장 간의 의미 관계를 파악하여 순서대로 배열해 봅시다.

> 보기
> A wǒ zhǐhǎo gěi lǎobǎn dǎ diànhuà qǐng jià le
> 我只好给老板打电话请假了
>
> B hái juéde hěn lèi
> 还觉得很累
>
> C zuótiān wǎnshang wǒ méi shuìhǎo
> 昨天晚上我没睡好
>
> D xiànzài wǒ tóu hěn téng
> 现在我头很疼

_____

2 괄호 안의 표현을 활용해 글을 완성해 봅시다.

Jīnnián shǔjià, wǒ dǎsuàn qù Hángzhōu lǚxíng. Wǒ tīngshuō nàr de fēngjǐng
今年暑假，我打算去杭州旅行。我听说那儿的风景_____，

qìhòu
气候

hái
_____（还）。

Hángzhōucài yě hěn yǒumíng,
杭州菜也很有名，_____

yòu……yòu…… hái pínyi
（又……又……），还_____（便宜）。

Kěshì kuài fàng jià de shíhou, lǎoshī tūrán gěi wǒ yí ge rènwu,
可是快放假的时候，老师突然给我一个任务，

ràng wǒ bàogào guójì huìyì
让我_____（报告），_____（国际会议）。

Wǒ zhǐhǎo xīwàng
我_____（只好），希望_____。

19 Bù gǎn shuō.
不敢说。
말할 용기가 없어요.

단어 연습

1 빈칸에 알맞은 보기를 고른 후, 큰 소리로 읽어 봅시다.

보기
A 发炎 (fāyán)　B 切除 (qiēchú)　C 看 (kàn)　D 手术 (shǒushù)　E 体温 (tǐwēn)　F 盲肠 (mángcháng)

(1) _____扁桃体 (biǎntáotǐ)
(2) _____病 (bìng)
(3) 做_____ (zuò)
(4) 扁桃体_____ (biǎntáotǐ)
(5) _____发炎 (fāyán)
(6) 量_____ (liáng)

2 빈칸에 알맞은 보기를 고른 후, 큰 소리로 읽어 봅시다.

보기
A 认真 (rènzhēn)　B 建议 (jiànyì)　C 受不了 (shòu bu liǎo)　D 小声 (xiǎo shēng)　E 不敢 (bù gǎn)　F 切 (qiē)

(1) 如果你不好意思，就_____告诉我。
 Rúguǒ nǐ bù hǎoyìsi, jiù _____ gàosu wǒ.

(2) 快过来，大家都在等你_____蛋糕。
 Kuài guòlai, dàjiā dōu zài děng nǐ _____ dàngāo.

(3) 我相信他们一定会接受你的_____。
 Wǒ xiāngxìn tāmen yídìng huì jiēshòu nǐ de _____.

(4) 做完作业，应该_____地检查一遍。
 Zuòwán zuòyè, yīnggāi _____ de jiǎnchá yí biàn.

(5) 把空调打开吧，我热得_____了。
 Bǎ kōngtiáo dǎkāi ba, wǒ rè de _____ le.

(6) 阿里喜欢方方，却_____告诉她。
 Ālǐ xǐhuan Fāngfāng, què _____ gàosu tā.

相信 xiāngxìn 통 믿다

3 조합할 수 있는 것끼리 모두 연결해 봅시다.

介绍 (jièshào)　解释 (jiěshì)　遵守 (zūnshǒu)

经验 (jīngyàn)　问题 (wèntí)　方法 (fāngfǎ)　法律 (fǎlǜ)　情况 (qíngkuàng)　时间 (shíjiān)

4 제시된 단어와 반대되는 뜻의 단어를 써 봅시다.

(1) 必须 (bìxū) _____
(2) 受不了 (shòubuliǎo) _____
(3) 不敢 (bù gǎn) _____
(4) 复杂 (fùzá) _____
(5) 小声 (xiǎoshēng) _____
(6) 认真 (rènzhēn) _____

어법 연습

1 긍정문은 부정문으로, 부정문은 긍정문으로 바꿔 써 봅시다.

(1) 你太胖了，必须减肥。
　Nǐ tài pàng le, bìxū jiǎn féi.
　→ _____

(2) 这个病人病得很严重，必须住院。
　Zhège bìngrén bìng de hěn yánzhòng, bìxū zhù yuàn.
　→ _____

(3) 这次会议很重要，你必须参加。
　Zhè cì huìyì hěn zhòngyào, nǐ bìxū cānjiā.
　→ _____

(4) 进我房间的时候不必敲门。
　Jìn wǒ fángjiān de shíhou bú bì qiāo mén.
　→ _____

(5) 我自己能解决这个问题，咱们不必见面谈。
　Wǒ zìjǐ néng jiějué zhège wèntí, zánmen bú bì jiàn miàn tán.
　→ _____

(6) 我自己能解决这件事，你不必跟我一起去。
　Wǒ zìjǐ néng jiějué zhè jiàn shì, nǐ bú bì gēn wǒ yìqǐ qù.
　→ _____

病人 bìngrén 명 환자

2 제시된 문장을 큰 소리로 읽고, 문장 속 '跟'의 쓰임을 보기에서 골라 봅시다.

> 보기
> A '따르다'라는 뜻을 나타내는 동사 '跟 gēn'
> B 동작, 행위의 대상을 가리키는 개사 '跟 gēn'
> C 비교의 대상을 가리키는 개사 '跟 gēn'

(1) 那只小狗一直跟着我走。☐
　Nà zhī xiǎo gǒu yìzhí gēnzhe wǒ zǒu.

(2) 我跟大家介绍一下，这位是我的丈夫。☐
　Wǒ gēn dàjiā jièshào yíxià, zhè wèi shì wǒ de zhàngfu.

(3) 弟弟跟哥哥一样高。☐
　Dìdi gēn gēge yíyàng gāo.

(4) 我们国家跟你们不一样，我们不习惯马上打开礼物。☐
　Wǒmen guójiā gēn nǐmen bù yíyàng, wǒmen bù xíguàn mǎshàng dǎkāi lǐwù.

(5) 别害怕，你跟着我过马路。☐
　Bié hàipà, nǐ gēnzhe wǒ guò mǎlù.

Nǐ shì gēn shéi jiè de qián?
(6) 你是跟谁借的钱？ ☐

3 제시된 낱말을 알맞게 배열해 문장을 완성해 봅시다.

(1) bìxū 必须　nǐ 你　qīngchu 清楚　dàjiā 大家　shuō 说　gēn 跟

→ _____

(2) bìxū 必须　duìbuqǐ 对不起　shuō 说　nǐ 你　nǐ de péngyou 你的朋友　gēn 跟

→ _____

(3) dǎ zhāohu 打招呼　lǎorén 老人　háizi 孩子　bìxū 必须　gēn 跟

→ _____

(4) zhè jiàn shì 这件事　tā 他　shuō 说　gēn 跟　bú bì 不必

→ _____

(5) yuányīn 原因　jiěshì 解释　gēn 跟　wǒ 我　bú bì 不必　nǐ 你

→ _____

(6) qǐng jià 请假　bú bì 不必　jīnglǐ 经理　gēn 跟　mìshū 秘书

→ _____

듣기 연습

1 녹음을 듣고, 제시된 문장이 녹음의 내용과 일치하면 O, 다르면 X를 표기하세요. 🔊 W-19-01

(1) Yīshēng shuō wǒ bìxū duō hē shuǐ, hái děi chī yào.
医生说我必须多喝水，还得吃药。（　　）

(2) Běnjiémíng xiànzài bù shēng qì le.
本杰明现在不生气了。（　　）

2 녹음을 듣고, 녹음 속 질문에 알맞은 답을 골라 봅시다. 🔊 W-19-02

(1) A chū mén qù mǎi 出门去买　B qù gòuwù zhōngxīn mǎi 去购物中心买　C zài wǎng shang mǎi 在网上买

(2) A Ānni 安妮　B Fāngfāng 方方　C Dàshuāng 大双

쓰기 연습

1 제시된 두 글자를 문장 속 알맞은 위치에 써넣어 봅시다.

(1) 义　议　｜　大家的建_____都很有意_____，谢谢你们。

(2) 新　辛　｜　老刘在一家_____开的饭馆儿工作，非常_____苦。

2 녹음을 듣고 문장을 받아써 봅시다. 🔊 W-19-03

(1) _____

(2) _____

회화 연습

자신의 실제 상황에 근거해 질문에 답해 봅시다. 되도록 '必须'나 '跟'을 활용해 보세요.

(1) 你每天必须要做什么事儿？

(2) 想减肥成功，必须怎么做？

(3) 你觉得网上购物怎么样？为什么？

(4) 遇到高兴的事儿你一般会跟谁说？

(5) 伤心的时候你会去找谁？

(6) 见到新朋友你会怎么做？

遇到 yùdào 동 맞닥뜨리다

담화 연습

1 보기 문장 간의 의미 관계를 파악하여 순서대로 배열해 봅시다.

보기
A 现在请她跟大家打个招呼，介绍一下自己
B 这位是咱们班新来的同学
C 我先跟大家介绍一下
D 她叫周月
E 这个人大家可能还不认识

_____

2 자신을 병원 원장이라고 가정하고 아래의 표와 글을 완성해 봅시다. '必须'와 '不必'의 용법에 주의하세요.

1. 上班时间: _____
2. 穿什么: _____
3. 工作态度: _____
4. 游戏: _____

医生和护士每天_____到办公室，上班时_____穿_____，
下班时_____。对病人说话时_____。
上班时_____游戏。每次开会，没有急事的医生_____；
有手术的医生_____。每人每周_____一次报告，
出差的医生和护士_____。

护士 hùshi 명 간호사 | 开会 kāi huì 동 회의를 열다 | 急事 jíshì 명 급한 일

20 数字中国
shùzì Zhōngguó

숫자로 보는 중국

1 그림이 나타내는 단어를 보기에서 골라 봅시다.

보기: A 数字 shùzì B 陆地 lùdì C 河 hé D 山峰 shānfēng E 人口 rénkǒu F 海洋 hǎiyáng

(1) ____ (2) ____ (3) ____ (4) ____ (5) ____ (6) ____

2 빈칸에 알맞은 보기를 고른 후, 큰 소리로 문장을 읽어 봅시다.

보기: A 东边 dōngbian B 东部 dōngbù C 全国 quán guó D 国家 guójiā E 以上 yǐshàng F 更 gèng

(1) 你往前走，银行就在邮局的____。
Nǐ wǎng qián zǒu, yínháng jiù zài yóujú de

(2) 中国在亚洲的____。
Zhōngguó zài Yàzhōu de

(3) 大卫，你去过多少个____？
Dàwèi, nǐ qùguo duōshao ge

(4) 中国的汉族人口占____总人口的90%以上。
Zhōngguó de Hànzú rénkǒu zhàn zǒng rénkǒu de bǎi fēnzhī jiǔshí yǐshàng.

(5) 这个地方的房租很高，平均一个月要3000元____。
Zhège dìfang de fángzū hěn gāo, píngjūn yí ge yuè yào sānqiān yuán

(6) 黄河很长，长江比黄河____长。
Huáng Hé hěn cháng, Cháng Jiāng bǐ Huáng Hé cháng.

3 조합할 수 있는 것끼리 모두 연결해 봅시다.

计算 jìsuàn 使用 shǐyòng 尽 jìn 占 zhàn 爬上 páshang

山峰 shānfēng 总人口 zǒng rénkǒu 百分之一 bǎi fēnzhī yī 最大的努力 zuì dà de nǔlì 钱数 qiánshù 语言 yǔyán

4 빈칸에 알맞은 보기를 고른 후, 큰 소리로 문장을 읽어 봅시다.

| 보기 | cháng
A 长 | gāo
B 高 | zhī jiān
C 之间 | hǎiyáng
D 海洋 | zhǐyào
E 只要 | wǎngmín
F 网民 |

(1) Yǔyán shì guó yǔ guó ___ de yí zuò qiáo.
语言是国与国_____的一座桥。

(2) Zài nǐmen guójiā, dì-yī dà hé yǒu duō ___
在你们国家，第一大河有多_____？

(3) Dìqiú shang, ___ de miànjī zhàn zǒng miànjī de bǎi fēnzhī qīshíyī.
地球上，_____的面积占总面积的71%。

(4) ___ yǒu rén yāoqǐng wǒ qù cānjiā jùhuì, wǒ jiù yídìng qù.
_____有人邀请我去参加聚会，我就一定去。

(5) Wǒmen guójiā niánqīng de ___ yuè lái yuè duō.
我们国家年轻的_____越来越多。

(6) Yáo Míng ___ èr diǎn èr liù mǐ.
姚明_____2.26米。

与 yǔ 접 ~와

어법 연습

1 제시된 숫자를 중국어로 쓰고, 큰 소리로 읽어 봅시다.

(1) 52,376,000 _____   (2) 985,324,600 _____

(3) 1,265.53 _____   (4) 23% _____

(5) 98.99% _____   (6) 100% _____

2 그림과 자료를 보고 질문에 답해 봅시다.

	태양과 행성 간 거리
水星 shuǐxīng 수성	57,910,000km
金星 jīnxīng 금성	108,200,000km
地球 dìqiú 지구	149,600,000km
火星 huǒxīng 화성	227,940,000km
木星 mùxīng 목성	778,330,000km
土星 tǔxīng 토성	1,426,940,000km
天王星 tiānwángxīng 천왕성	2,870,990,000km
海王星 hǎiwángxīng 해왕성	4,504,000,000km

(1) Shuǐxīng jùlí tàiyang duōshao gōnglǐ?
水星距离太阳多少公里?
→ _____

(2) Jīnxīng jùlí tàiyang duōshao gōnglǐ?
金星距离太阳多少公里?
→ _____

(3) Dìqiú jùlí tàiyang duōshao gōnglǐ?
地球距离太阳多少公里?
→ _____

(4) Huǒxīng jùlí tàiyang duōshao gōnglǐ?
火星距离太阳多少公里?
→ _____

(5) Mùxīng jùlí tàiyang duōshao gōnglǐ?
木星距离太阳多少公里?
→ _____

(6) Tǔxīng jùlí tàiyang duōshao gōnglǐ?
土星距离太阳多少公里?
→ _____

(7) Tiānwángxīng jùlí tàiyang duōshao gōnglǐ?
天王星距离太阳多少公里?
→ _____

(8) Hǎiwángxīng jùlí tàiyang duōshao gōnglǐ?
海王星距离太阳多少公里?
→ _____

3 제시된 낱말을 알맞게 배열해 문장을 완성해 봅시다.

(1) bǎi fēnzhī wǔshí / kǎowán / yǐjīng / wénjiàn / le
50% / 拷完 / 已经 / 文件 / 了
→ _____

(2) tóngshì / bǎi fēnzhī qīshí de / huí jiā / zuò huǒchē / Chūn Jié
同事 / 70%的 / 回家 / 坐火车 / 春节
→ _____

(3) zǒng miànjī de / lùdì miànjī / bǎi fēnzhī èrshíjiǔ / zhàn / dìqiú / zhǐ
总面积的 / 陆地面积 / 29% / 占 / 地球 / 只
→ _____

(4) bǎi fēnzhī sānbǎi / mǔchǎnliàng / zájiāo shuǐdào de / zēngchǎn / le
300% / 亩产量 / 杂交水稻的 / 增产 / 了
→ _____

(5) xuésheng / zhège bān / chū guó / bǎi fēnzhī èrshí / de / liú xué
学生 / 这个班 / 出国 / 20% / 的 / 留学
→ _____

(6) guānzhòng / jiémù / bù xǐhuan / bǎi fēnzhī liùshí / de / zhège
观众 / 节目 / 不喜欢 / 60% / 的 / 这个
→ _____

듣기 연습

1 녹음을 듣고, 제시된 문장이 녹음의 내용과 일치하면 O, 다르면 X를 표기하세요. 🔊 W-20-01

　　Jīnnián niúnǎi de jiàgé jiào dī.
(1) 今年牛奶的价格较低。（　　）

　　Zhè jiā gōngsī xiāoshòuyuán yǒu bābǎi duō rén.
(2) 这家公司销售员有800多人。（　　）

2 녹음을 듣고, 녹음 속 질문에 알맞은 답을 골라 봅시다. 🔊 W-20-02

　　　nǚ de hěn xǐhuan xiě xìn
(1) A 女的很喜欢写信

　　　hěn duō rén gěi nǚ de xiě xìn
　　B 很多人给女的写信

　　　nǚ de méiyǒu shíjiān xiě xìn
　　C 女的没有时间写信

　　　nǚ de gōngzī hěn shǎo
(2) A 女的工资很少

　　　nǚ de shǎo zhèngle bǎi fēnzhī wǔshí de gōngzī
　　B 女的少挣了50%的工资

　　　nǚ de bù xǐhuan shàng bān
　　C 女的不喜欢上班

쓰기 연습

1 제시된 간체자가 들어간 단어를 아는 대로 다 써 봅시다.

　　dì
(1) 地 ＿＿＿＿＿＿＿　＿＿＿＿＿＿＿　＿＿＿＿＿＿＿　＿＿＿＿＿＿＿

　　yǐ
(2) 以 ＿＿＿＿＿＿＿　＿＿＿＿＿＿＿　＿＿＿＿＿＿＿　＿＿＿＿＿＿＿

2 녹음을 듣고 문장을 받아써 봅시다. 🔊 W-20-03

(1) ＿＿＿＿＿＿＿＿＿＿＿＿＿＿＿＿＿＿＿＿＿＿＿＿＿＿＿＿＿＿＿＿

(2) ＿＿＿＿＿＿＿＿＿＿＿＿＿＿＿＿＿＿＿＿＿＿＿＿＿＿＿＿＿＿＿＿

회화 연습

자신의 실제 상황에 근거해 질문에 답해 봅시다.

　　Nǐ zhù de chéngshì miànjī yǒu duō dà? Yǒu duōshao rénkǒu?
(1) 你住的城市面积有多大？有多少人口？

　　Nǐ zhù de chéngshì yǒu méiyǒu hé? Hé yǒu duō cháng?
(2) 你住的城市有没有河？河有多长？

　　Nǐ zhù de chéngshì yǒu méiyǒu shān? Hǎibá duōshao mǐ?
(3) 你住的城市有没有山？海拔多少米？

Zài nǐmen bān, nánshēng zhàn duōshao? Nǚshēng zhàn duōshao?
(4) 在你们班，男生占多少？女生占多少？

Zài nǐmen bān, huì shuō liǎng zhǒng yǔyán yǐshàng de rén zhàn duōshao?
(5) 在你们班，会说两种语言以上的人占多少？

Zài nǐmen bān, yǒu wǎng shang gòuwù jīnglì de rén zhàn duōshao?
(6) 在你们班，有网上购物经历的人占多少？

海拔 hǎibá 명 해발

담화 연습

1 보기 문장 간의 의미 관계를 파악하여 순서대로 배열해 봅시다.

보기

lùdì miànjī yuē sānshí diǎn yī sān wàn píngfāng gōnglǐ
A 陆地面积约30.13万平方公里

zǒng rénkǒu dá liùqiān yìbǎi wàn
B 总人口达61000000

Yìdàlì zài Ōuzhōu nánbù
C 意大利在欧洲南部

dào èr líng yī sān nián
D 到2013年

_____

欧洲 Ōuzhōu 고유 유럽

2 자신의 실제 상황에 근거해 표의 빈칸을 채운 후, 애니와 자신의 소비 습관에 대해 써 봅시다.

	Ānni 安妮	wǒ 我
měi ge yuè yǒu 每个月有	liǎngqiān wǔbǎi kuài 2500块	
chī fàn 吃饭	yìqiān kuài 1000块	
mǎi yīfu 买衣服	yìqiān kuài 1000块	
dǎ diànhuà 打电话	liǎngbǎi kuài 200块	

Ānni měi ge yuè yǒu　　　　qián; wǒ
安妮每个月有_____钱；我_____。

Tā chī fàn yào yòng　　　　qián, zhàn bǎi fēnzhī sìshí; wǒ　　　　zhàn
她吃饭要用_____钱，占百分之四十；我_____，占_____。

Tā mǎi yīfu yào yòng　　　qián, zhàn　　　　wǒ　　　　zhàn
她买衣服要用_____钱，占_____；我_____，占_____。

Tā dǎ diànhuà yào yòng　　qián, zhàn　　　　wǒ　　　　zhàn
她打电话要用_____钱，占_____；我_____，占_____。

20 数字中国 103

다락원 홈페이지에서 MP3 파일
다운로드 및 실시간 재생 서비스

New Concept Chinese
신개념 중국어 3 워크북

지은이 崔永华
옮긴이 임대근, 이수영
펴낸이 정규도
펴낸곳 (주)다락원

기획·편집 박소정, 이상윤
디자인 박나래, 최영란

다락원 경기도 파주시 문발로 211
전화 (02)736-2031 (내선 250~252/내선 430, 437)
팩스 (02)732-2037
출판등록 1977년 9월 16일 제406-2008-000007호

Copyright ⓒ 2013, 北京语言大学出版社
한국 내 Copyright ⓒ 2017, (주)다락원

이 책의 한국 내 저작권은 北京语言大学出版社와의
독점 계약으로 (주)다락원이 소유합니다.

저자 및 출판사의 허락 없이 이 책의 일부 또는 전부를 무단 복제·전재·발췌할 수 없습니다. 구입 후 철회는 회사 내규에 부합하는 경우에 가능하므로 구입처에 문의하시기 바랍니다. 분실·파손 등에 따른 소비자 피해에 대해서는 공정거래위원회에서 고시한 소비자 분쟁 해결 기준에 따라 보상 가능합니다. 잘못된 책은 바꿔 드립니다.

www.darakwon.co.kr
다락원 홈페이지를 방문하시면 상세한 출판 정보와 함께 동영상 강좌, MP3 자료 등 다양한 어학 정보를 얻으실 수 있습니다.